Töpfer/Greff   Servicequalität am Telefon

Armin Töpfer / Günter Greff

Servicequalität am Telefon
Corporate Identity im Kundendialog

2. durchgesehene und erweiterte Auflage

Luchterhand

Die Deutsche Bibliothek – CIP-Einheitsaufnahme

Töpfer, Armin:
Servicequalität am Telefon : Corporate Identity im Kundendialog, / Armin Töpfer ; Günter Greff. – 2. Auflage – Neuwied ; Kriftel : Luchterhand, 2000
ISBN 3-472-03963-9
NE: Greff, Günter:

Alle Rechte vorbehalten
© 2000 Hermann Luchterhand Verlag GmbH, Neuwied, Kriftel/Ts.
Das Werk einschließlich aller seiner Teile ist urheberrechtlich geschützt. Jede Verwertung außerhalb der engen Grenzen des Urheberrechtsgesetzes ist ohne Zustimmung des Verlags unzulässig und strafbar. Das gilt insbesondere für Vervielfältigungen, Übersetzungen, Mikroverfilmungen und die Einspeicherung und Verarbeitung in elektronischen Systemen.
Umschlaggestaltung: Ute Weber GrafikDesign, München
Satz: Hümmer GmbH, Waldbüttelbrunn
Druck, Bindung: Wilhelm & Adam, Heusenstamm
Printed in Germany, Dezember 1999

Vorwort zur zweiten Auflage

Nach der großen Resonanz auf die erste Auflage dieses Buches und der wachsenden Bedeutung von Servicequalität für die Unternehmensentwicklung wurde diese Ausgabe aktualisiert und erweitert.

Neben der Durchsicht bereits bestehender Kapitel wurde ein neues hinzugefügt, das sich mit aktuellen Entwicklungen im Telefonservice beschäftigt. Dabei wurde vor allem auf folgende Fragestellungen eingegangen:

- Was ist ein Call Center und warum ist dessen Einbindung in die Unternehmensprozesse zur Kundenbetreuung notwendig?
- Welche Schritte sind bei der Einrichtung eines Call Centers zu beachten?
- Welche Stolpersteine treten bei der Umsetzung auf?
- Welchen Einfluß hat das Internet auf die Gestaltung eines Call Centers insbesondere im Hinblick auf die Organisation, das Personal und die Technik?
- In welchem Umfang werden Call Center bereits in der unternehmerischen Praxis genutzt?
- Wie sieht, gerade hinsichtlich technischer Innovationen der Telekommunikationstechnik, das Call Center der Zukunft aus?

Ferner wurden die bereits in der letzten Auflage enthaltenen Beispiele des siebten Kapitels aktualisiert und um einige weitere ergänzt.

Unser besonderer Dank gilt dabei Ines Eydam sowie Kati Förster für die Überarbeitung des Buches.

Im August 1999
Armin Töpfer
Dresden/Kassel

Günter Greff
Rodgau/Jever

Vorwort

Wer sich über Servicequalität von Wettbewerbern abheben will, muß nicht nur die Bedeutung des Service verstanden haben, sondern auch den Weg kennen, wie er dieses Ziel in eine Strategie einbringt, seine Mitarbeiter dafür begeistert und nachvollziehbare positive Ergebnisse erreicht.

Hier setzt das vorliegende Buch an. Speziell bezogen auf die Servicequalität am Telefon zeigen wir Ergebnisse über die Ist-Situation in deutschen Unternehmen auf und vergleichen diese mit den Anforderungen der Kunden, der Unternehmen selbst sowie den Urteilen von Experten. Das Ziel ist, hierdurch einerseits fundierte Fakten und Defizite aufzeigen zu können sowie andererseits Handlungsbedarf erkennen und Handlungsempfehlungen geben zu können.

Verglichen mit dem Forschungsstand und der Umsetzung in der Unternehmenspraxis stehen wir in deutschen Unternehmen noch weitgehend am Anfang, Servicequalität strategisch einzuordnen und konsequent umzusetzen. Die Forschung hat bisher auch nur wenig Hilfestellung in diese Richtung geliefert. Beides wird sich in Zukunft zweifellos ändern. Mit unserem Buch und den darin enthaltenen empirischen Ergebnissen sowie Handlungsempfehlungen wollen wir einen Beitrag zu diesem Entwicklungsprozeß leisten. Wir hoffen, daß eine steigende Zahl von Unternehmen auf diesem Feld zur Differenzierung vom Wettbewerb bereits sät, pflegt und fördert, um dann auch die Früchte des Erfolges ernten zu können.

Unser besonderer Dank gilt Dipl.-Oec. Fritz Lechelt, Projektleiter der Forschungsgruppe Management + Marketing, der dieses Projekt von Anfang an betreut, die empirische Untersuchung mit durchgeführt und ausgewertet hat und als ständiger Diskussionspartner die Inhalte dieses Buches konstruktiv kritisch mitgeprägt hat. Ferner danken wir den Experten im Telefonservice und Telefonmarketing der Prisma Unternehmensberatung für Telefonkommunikation für die begleitende Analyse von mehr als 1.000 Kontaktanrufen. Eine kritische Durchsicht des Manuskriptes hat Dipl.-Oec Andreas Mann vorgenommen; auch ihm sei an dieser Stelle herzlich gedankt.

Im März 1995
Armin Töpfer
Dresden/Kassel

Günter Greff
Rodgau/Jever

Schnell-Überblick

1. **Defizite im Telefonservice mit Kunden**
   In deutschen Unternehmen werden Kunden und Interessenten am Telefon oft verschreckt 1
2. **Wegweiser durch dieses Buch**
   Warum dieses Buch notwendig ist:
   Wer schlecht telefoniert, verliert 15
3. **»Augenblicke der Wahrheit« in Kundentelefonaten**
   Wie in deutschen Unternehmen telefoniert wird 27
4. **Differenzierungschance oder Wettbewerbsnachteil im Kundenservice**
   Worauf es im Kundenkontakt – am Telefon – besonders ankommt 81
5. **Aufbau einer kundenorientierten Telefonkultur**
   Wie die Servicequalität im eigenen Unternehmen verbessert wird 103
6. **Der Prüfstein der Telefonkommunikation: »Kritische« Anfragen, Beschwerden und Reklamationen**
   Wie schwierige Situationen zu Chancen für die Kundenbindung werden 163
7. **Erfolgreiche Verbesserung des Telefonservice in der Unternehmenspraxis**
   Wie Unternehmen mehr Servicequalität im Kundendialog erreichen 185
8. **Wettbewerbsvorsprung durch Servicequalität am Telefon**
   Meilensteine, auf die in Zukunft besonders geachtet werden muß 195
9. **Neuere Entwicklungen im Telefonservice**
   Wie Unternehmen ihren Telefonservice verbessern können 203

Inhaltsverzeichnis

1. **Defizite im Telefonservice mit Kunden**
   In deutschen Unternehmen werden Kunden und Interessenten am Telefon oft verschreckt 1
2. **Wegweiser durch dieses Buch**
   Warum dieses Buch notwendig ist:
   Wer schlecht telefoniert, verliert 15
3. **»Augenblicke der Wahrheit« in Kundentelefonaten**
   Wie in deutschen Unternehmen telefoniert wird:
   Ergebnisse der Untersuchung »Corporate Identity am Telefon« .. 27
   - 3.1. Welche Ebenen der Kommunikation sind für den Dialog mit Kunden wichtig? 27
   - 3.2. Wie lassen sich die Qualität von Service und Kommunikation beim Telefonieren analysieren? 31
   - 3.3. Welche Bedeutung hat das Telefon in deutschen Unternehmen? 39
   - 3.4. Welchen Einfluß hat professionelles Telefonieren auf das Image eines Unternehmens? 43
   - 3.5. Wissen Unternehmen wirklich, wie gut oder wie schlecht ihre Mitarbeiter mit Kunden oder Interessenten telefonieren? ... 48
   - 3.6. Wie werden die Unternehmen bei den Kontaktanrufen beurteilt? 53
   - 3.7. Welche Schlußfolgerungen sind aus der Qualität der Gesprächsführung der Mitarbeiter anhand der Kontaktanrufe zu ziehen? 76
4. **Differenzierungschance oder Wettbewerbsnachteil im Kundenservice**
   Worauf es im Kundenkontakt – am Telefon – besonders ankommt 81
   - 4.1. Was umfaßt Servicequalität im Kundendialog? 81
   - 4.2. Fallen und Stolpersteine, die umgangen werden müssen, auf dem Weg zur Servicequalität 89
   - 4.3. Einsatz neuer Techniken und Infrastruktur als Grundlage für erfolgreiche Servicequalität am Telefon 93
5. **Aufbau einer kundenorientierten Telefonkultur**
   Wie die Servicequalität im eigenen Unternehmen verbessert wird 103
   - 5.1. Die 10 CIT-Schlüssel zur Servicequalität im Kundendialog 103
   - 5.2. Analyse und Verbesserung der Servicequalität durch ein CIT-Telefon-Audit 117
   - 5.3. Gestaltungsfelder einer Servicestrategie 128

5.4. Wie bei telefonischen Anfragen und Bestellungen service- und verkaufsaktiv gehandelt wird 138
5.5. Die Stimme und Sprechweise als Erfolgsvoraussetzung in der Telefonkommunikation 152
6. **Der Prüfstein der Telefonkommunikation: »Kritische« Anfragen, Beschwerden und Reklamationen**
Wie schwierige Situationen zu Chancen für die Kundenbindung werden 163
    6.1. Durch professionelles Beschwerdemanagement werden unzufriedene Kunden zu treuen Kunden 163
    6.2. Mit aufgeregten und verärgerten Kunden und Anrufern »richtig« umgehen 172
7. **Erfolgreiche Verbesserung des Telefonservice in der Unternehmenspraxis**
Wie Unternehmen mehr Servicequalität im Kundendialog erreichen 185
    7.1. Wie die Advance Bank durch objektive telefonische Vermögensberatung versucht, Hauptbankverbindung zu werden ... 186
    7.2. Wie Dell durch Intensivierung der Kundenbeziehung seinen Umsatz steigert 187
    7.3. Wie bei DaimlerChrysler der europaweite Kundenservice realisiert wird 188
    7.4. Wie Xerox durch außergewöhnlichen Kundenservice mehr Kundenbindung erreicht 189
8. **Wettbewerbsvorsprung durch Servicequalität am Telefon**
Meilensteine, auf die in Zukunft besonders geachtet werden muß   195
9. **Neuere Entwicklungen im Telefonservice**
Wie Unternehmen ihren Telefonservice verbessern können 203
    9.1. Komponenten eines erfolgreichen Call Centers 203
    9.2. Einfluß des Internet auf den Call Center-Managementprozeß 216
    9.3. Bewertung und zukünftige Entwicklung 221

Anhang 227
Literaturverzeichnis 227
Autoren-Kurzbiographien 245
Stichwortverzeichnis 247

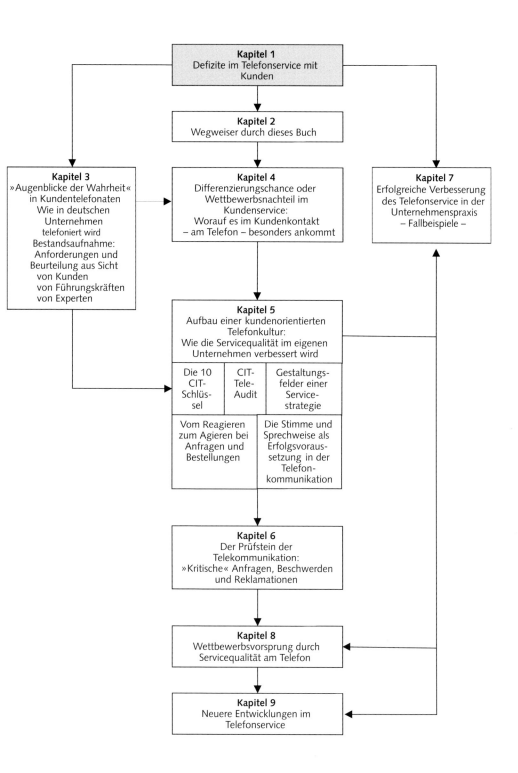

1. Defizite im Telefonservice mit Kunden
In deutschen Unternehmen werden Kunden und Interessenten am Telefon oft verschreckt

Als zentrale Fragen werden in diesem Kapitel behandelt:
- Ist der Kunde König oder nur Bittsteller?
- Verlieren deutsche Unternehmen Aufträge, weil schlecht und wenig kundenorientiert telefoniert wird?
- Wie behandeln die eigenen Mitarbeiter Kunden am Telefon?

Ist der Kunde König oder nur Bittsteller?
Wahrscheinlich hat es jeder von Ihnen schon einmal erlebt, wie unterschiedlich Sie behandelt werden können, wenn Sie ein Hotelzimmer telefonisch reservieren wollen. In einem Fall fühlen Sie sich fast wie ein Bittsteller. Sie werden unfreundlich und wenig zuvorkommend behandelt. Der Mitarbeiter bzw. die Mitarbeiterin[1] des Hotels meldet sich wenig engagiert am Telefon, nennt nur den Namen des Hotels und sagt noch nicht einmal »Guten Tag«.

Im anderen Fall haben Sie das Gefühl, willkommen zu sein, obwohl Sie noch nie da waren. Sie werden während des Telefonates mit dem eigenen Namen angesprochen und Sie hören ein: »Wir freuen uns auf Ihren Besuch«.

Dabei ist klar unterscheidbar, ob diese Freundlichkeit nur »aufgesetzt« ist oder ob sie echt und überzeugend ist. Auf jeden Fall haben Sie nach diesem Telefonat ein besseres Gefühl als in der ersten Situation. Und zwar nicht nur vom Hotel, sondern auch von der eigenen Entscheidung, dort wohnen zu wollen.

Wichtig ist, daß die positive Erwartungshaltung bei Ihrer Ankunft im Hotel auch erfüllt wird. Setzt sich der freundliche Empfang und die zuvorkommende Behandlung kontinuierlich über die Zeit des Aufenthaltes und bei allen Mitarbeitern des Hotels fort, dann wird das Ganze zu einem »stimmi-

---

1 Im folgenden sprechen wir nur von Mitarbeitern. Aber wir sind uns bewußt, daß gerade im Telefonservice viele Mitarbeiterinnen eingesetzt werden. Und dies ist gut so, da Mitarbeiterinnen häufiger mehr Einfühlungsvermögen haben und deshalb besser auf Kunden eingehen als Mitarbeiter. Um den Text nicht schwerfällig zu machen, wird im folgenden jedoch immer nur von Mitarbeitern gesprochen.

Defizite im Telefonservice

gen Erlebnis«. Dieses Hotel werden Sie danach gerne in Ihrem Bekanntenkreis weiterempfehlen.

Sie fragen sich an dieser Stelle natürlich sofort, warum es nicht allgemeiner Standard für ein Hotel ist, seine Gäste freundlich und zuvorkommend zu behandeln.

Es liegt zum einen sicherlich am einzelnen Mitarbeiter, der vielleicht kaum motiviert ist oder sich über seinen Vorgesetzten geärgert hat. Zum anderen liegt es aber auch am »Geist und Stil des Hauses«. Also an der Philosophie und der Kultur des Unternehmens und damit in unserem Falle am Management des Hotels.

Es reicht nicht aus, wenn das Management dem Mitarbeiter nur Vorgaben für freundliches Verhalten macht. Es muß vielmehr das Bewußtsein dafür schaffen und die Rahmenbedingungen so gestalten, daß ein guter und stimmiger Service- und Kundenkontakt realisierbar sind. Im Detail kommt es darauf an, daß die Hotelführung dies vorlebt und erreichbar einfordert. Und zwar indem sie geeignete Maßnahmen der Mitarbeiterführung und auch entsprechende Incentives zur Mitarbeitermotivation einsetzt. Hierzu gehört auch eine Rückkoppelung an die Mitarbeiter, wie gut oder auch wie verbesserungsbedürftig das eigene Verhalten aus Sicht der Gäste war. Nichts überzeugt mehr als die Anerkennung, daß das eigene kundenfreundliche Verhalten bemerkt und honoriert wird.

Allerdings: Manchmal sind es auch die Gäste im Hotel oder ganz allgemein die Kunden eines Unternehmens, die es den Mitarbeitern nicht leicht machen, immer freundlich und zuvorkommend zu sein.

Wissenschaftliche Ergebnisse belegen, daß es nicht nur auf den Mitarbeiter im Einsatz ankommt, sondern auch auf die Philosophie und Kultur des Unternehmens und damit auf das Management. Nach Erfahrungswerten aus der Beratungspraxis werden 20% aller Fehler an der »front line« durch Mitarbeiter verursacht. 40% der Fehler liegen beim Unternehmen, das heißt beim Management. Und zusätzlich: 40% der Fehler liegen beim Kunden. Gerade angesichts der letzten Zahl gilt heute nicht mehr, daß der Kunde immer recht hat. Aber er darf auf keinen Fall ins Unrecht gesetzt werden. Hier kommt es vor allem also auf das Fingerspitzengefühl im Management und beim einzelnen Mitarbeiter an, Versäumnisse, falsche Sichtweisen oder auch feststellbare Verhaltensprobleme aufzufangen und die Grundlage für einen positiven Kundendialog zu schaffen.

Zurück zu unserem Beispiel: Bei diesem alltäglichen Verhalten gegenüber dem Gast eines Hotels geht es um einen kurzen und einfachen Kontakt zwischen dem Unternehmen und einem Kunden. Die Frage ist, ob etwa bei Investitionen in neue Maschinen oder Geräte insbesondere im gewerblichen Bereich die Qualität des Kundendialoges und damit das Niveau der Servicequalität erheblich höher liegen als bei Geschäften mit Privatkunden. Hängt also die Qualität der Kundennähe von der Größe des Auftrages bzw. der Investition ab?

Wie das folgende authentische Beispiel zeigt – weit gefehlt. Es handelt sich um den Versuch, einen Fotokopierer zu bestellen.

Verlieren deutsche Unternehmen Aufträge, weil schlecht und wenig kundenorientiert telefoniert wird?

Oder: Wie Sie es schaffen, keinen Kopierer kaufen zu können.

Unser Unternehmen benötigt neue Kopiergeräte. Da wir mit diesen Geräten unterschiedliche Broschüren für Kunden und auch Folien für Vorträge anfertigen wollen, müssen die Geräte sehr leistungsfähig sein. Was liegt näher, als sich aus dem CeBIT-Katalog die Hersteller herauszusuchen, die solche Farbkopierer herstellen: Laut CeBIT-Katalog sind es 12 an der Zahl.

Also rufen wir diese 12 Hersteller der Reihe nach an, um Unterlagen zu erhalten. Hier beginnt die Telefon-Odyssee. Bei den Mitarbeitern der Telefonzentrale »besticht« die generell unfreundliche Begrüßung. Bis auf eine Ausnahme führte dies zu dem Gefühl, als Kunde nicht sonderlich willkommen zu sein.

Die eigentlichen Probleme tauchen dann beim Versuch auf, unsere Anfrage zu beantworten: Wer ist überhaupt zuständig für den Versand von Unterlagen? Darf dies das Unternehmen, oder macht das nur der zuständige Händler?

Uns als Kunde, der fast DM 100.000 für Hochleistungsfarbkopierer ausgeben will, interessieren diese internen Probleme natürlich nicht. Unserer anfänglichen Irritation folgt sehr schnell eine nachhaltige Verärgerung. Die räumt auch der Sachbearbeiter nicht aus, mit dem wir verbunden werden: »Sie wollen Unterlagen?« – »Ja« – »Dann geben Sie mir mal bitte Ihren Namen und Ihre Adresse.« Bereitwillig nennen wir Namen und die Anschrift unserer Firma. Auch hier haben wir das Gefühl, daß man uns möglichst schnell abschieben will. Und keineswegs die Bestätigung, als Kunde, der DM 100.000 ausgeben will, wichtig zu sein. Denn von den Mitarbeitern keines einzigen Unternehmens wurden wir gefragt, wofür wir die Kopierer brauchen, wieviel Kopien pro Tag, pro Woche, pro Monat wir machen. Ob wir doppelseitig kopieren möchten, ob wir die Kopierer auch für Folien für Präsentationszwecke einsetzen wollen. Ob wir eventuell sogar Broschüren anfertigen wollen und dann ein automatisches Bindesystem brauchen.

Defizite im Telefonservice

Kein einziger unserer Gesprächspartner hat also eine **Bedarfsanalyse** erhoben. Die einfachste und wichtigste Grundlage für einen guten und erfolgreichen Kontakt mit dem Kunden. Statt dessen wurden schnell Name und Anschrift notiert – nicht selten sogar noch falsch wie die zugestellten Unterlagen belegten – und der störende Anrufer war abgefertigt.

Bedenkt man, wieviel Geld Unternehmen für Werbung ausgeben, wie hart das Geschäft gerade in der Kopiererbranche ist und wie wichtig dann Kunden überhaupt und erst recht zufriedene Kunden sind, so kann man kaum nachvollziehen, wie leichtfertig diese Unternehmen und ihre Mitarbeiter mit Interessenten umgehen. Denn es kann nicht das Ziel sein, eher Aufträge zu verhindern als Kunden bedarfsgerecht zu bedienen und zufriedenzustellen.

Diesen Eindruck verstärkten auch die eintreffenden Unterlagen: Von den 12 angerufenen Unternehmen schickten 8 ihr Prospektmaterial. Bei 6 von diesen 8 waren Name oder Anschrift des Begleitbriefes falsch geschrieben. Alle schickten uns ihr Gesamtprospektmaterial, das auf teurem Hochglanzpapier gedruckt war, oft auch noch in einer teuren Umschlagmappe. Wir erhielten Prospektmaterial von Telefaxgeräten, Diktiergeräten und auch eine große Anzahl von Prospekten über Kopiergeräte.

Eigentlich hatten wir ganz klare Vorstellungen, was wir haben wollen. Nur, es hat uns niemand danach gefragt. Wie finden wir in diesem Wust von Unterlagen das Gerät, das für unsere Anforderungen geeignet ist? Da keiner der Mitarbeiter, mit denen wir telefoniert hatten, eine Bedarfsanalyse gemacht hat, ist unsere Frage nach einem geeigneten Gerät wieder an uns zurückgegeben worden. Also haben wir den »schwarzen Peter«, obwohl wir doch einen Auftrag von DM 100.000 vergeben wollen. Welche Arroganz der Hersteller, die uns als Kunde jetzt auch noch das geeignete Gerät suchen lassen! Von einem Käufermarkt also keine Spur.

Da Zeit Geld ist, hätten wir am liebsten nur einige auf unser Problem zugeschnittene Prospekte erhalten. Auch das Unternehmen hätte teures Prospektmaterial sparen können. Und wir wären vor allem zufriedener gewesen. Wir hätten das Gefühl gehabt, daß sich ein Hersteller für unsere Kopierprobleme interessiert und ein professionelles Angebot machen kann.

Eigentlich ist unser authentisches Erlebnis an dieser Stelle zu Ende. Wir wollten es aber noch genauer wissen und haben die 4 Unternehmen angerufen, die uns trotz telefonischer Anfrage und der Nennung eines Bedarfs von DM 100.000 innerhalb von 3 Wochen keinerlei Unterlagen zugeschickt haben. Anschließend lesen Sie in Abbildung 1 den »schlimmsten« Dialog im Original.

Den Namen der Firma haben wir verändert, ansonsten ist dieser Anruf wortwörtlich so abgelaufen.

> Zentrale meldet sich.
>
> GG: Guten Morgen, mein Name ist Günter Greff, ich hatte vor etwa 2 bis 2 ½ Wochen Unterlagen zu großvolumigen Kopierern angefordert. Die sind bis jetzt nicht eingegangen.
> Ich verbinde sie mal in die Abteilung, einen Moment.
> *Musik läuft im Hintergrund.*
> Weibliche Stimme meldet sich mit Namen.
>
> GG: Ja, guten Morgen, mein Name ist Greff. Ich hatte vor 2 oder 2 ½ Wochen Unterlagen angefordert über hochvolumige Kopierer. Die sind aber bisher noch nicht eingegangen.
> Wo sind Sie bitte?
>
> GG: Bitte?
> Wo sind Sie bitte?
>
> GG: Wo ich bin?
> Ja.
>
> GG: Sie meinen jetzt den Ort.
> Ja.
>
> GG: Ach so ja, ich bin in der Nähe von Frankfurt, der Ort heißt Rodgau.
> Ja, das macht unser Herr..., aber der kommt Mittwoch erst wieder. Ich kann Ihnen jetzt gar nicht beantworten, warum die Unterlagen noch nicht eingegangen sind.
>
> GG: Können Sie denn welche schicken, denn wir stehen kurz vor der Entscheidung.
> Also ich kann Ihnen ohne weiteres nicht Unterlagen schicken. Wenn Sie mir die Sache vielleicht mal erklären könnten, was Sie da angefordert haben.
>
> GG: Ja, ich hatte dem Mitarbeiter Ihres Unternehmens nur gesagt, daß wir vor der Anschaffung eines hochvolumigen Kopierers stehen.
> Was sind sie für eine Firma bitte?
>
> GG: Wir sind eine Schule für Telefonmarketing.
> Sie sind eine Schule für Telefonmarketing, und sie wollten einen Kopierer erwerben?
>
> GG: Ja, und das wollen wir immer noch.
> Und Sie sitzen jetzt direkt in Frankfurt?
>
> GG: Nein, in Rodgau.
> Rodgau, ist das bei Frankfurt?
>
> →

Defizite im Telefonservice

GG: Das ist bei Frankfurt.
Kleinen Moment mal bitte.
Musik im Hintergrund – Bitte warten Sie.
Hören Sie bitte.

GG: Ja
Wenden Sie sich bitte an die Firma XY direkt in Frankfurt.

GG: Können Sie mir denn nicht direkt Unterlagen schicken?
Nein, ich kann Ihnen gar nicht direkt Unterlagen schicken, das muß die Firma XY in Frankfurt machen wegen der Preise usw.

GG: Mich interessiert eigentlich erst mal die technische Ausstattung.
Ja, da müssen Sie sich an einen unserer Fachhändler wenden.

GG: Ähm
Gucken Sie mal, Sie müssen mir schon sagen, für was für ein Modell Sie sich interessieren.

GG: Ja, ich kann Ihnen höchstens sagen, wieviel Kopien wir monatlich und jährlich in etwa machen und wie er ungefähr ausgestattet sein soll.
Ja, ganz kleinen Moment mal eben bitte.
Musik im Hintergrund – Please hold the line. Männliche Stimme nennt den eigenen Namen.

GG: Mein Name ist Greff, guten Morgen. Ich hatte vor 2 Wochen mal Unterlagen über hochvolumige Kopierer angefordert. Die sind bisher noch nicht eingegangen, und wir wollten eigentlich jetzt mal langsam in die Entscheidung gehen bei uns. Können Sie mir die gewünschten Unterlagen bitte mal zuschikken?
Sagen Sie mir bitte mal, wo sie wohnen?

GG: Äh ja, in Rodgau.
Welche Postleitzahl hat das?

GG: 63110
63110

GG: Das hatte ich Ihrer Kollegin aber schon erzählt.
Ja, da kann ich Ihnen einen Händler nennen, mit dem wir dort in der Nähe zusammenarbeiten. Das scheint ja in der Nähe von Frankfurt zu sein?

GG: Jaa
Und zwar haben wir in Frankfurt also zwei Händler, mit denen wir zusammenarbeiten ...

GG: Ja, können Sie mir denn nicht mal vorab die Unterlagen schicken, weil ich ...
– Wird unterbrochen –

→

Defizite im Telefonservice

> Ich würde sagen, das Beste wäre, wenn Sie sich direkt an unseren Fachhändler wenden, weil der Sie dann ja auch betreuen würde.
>
> GG: Ja gut, aber wir wollen erstmal nur eine Vorauswahl treffen.
> Ja, sagen sie mir dann mal Ihre Anschrift bitte.
>
> GG: Das ist die Seestraße 2–4.
> Die Firma.
>
> GG: Das ist die PRISMA Schule für Telefonmarketing.
> OK, schicke ich Ihnen zu. Noch was: Wieviele Kopien machen Sie denn etwa?
>
> GG: Ca. 60.000 pro Monat.
> Und das sollte ein Gerät sein oder mehrere?
>
> GG: Eigentlich eins mit Komfort, also mit Sorter usw.
> Und Feeder wahrscheinlich auch?
>
> GG: Was ist das?
> Originaleinzug.
>
> GG: Ach so, ja.
> Ich schicke es Ihnen zu.
>
> GG: Danke.
> Tschüs.

Abb. 1: Beispiel für schlechten Telefonservice

Wenn man sich die geschilderten Beispiele noch einmal vor Augen führt, dann stellt sich die Frage, ob dies eher negative Ausnahmen sind oder ob sie durchgängig die Realität in deutschen Unternehmen wiedergeben.

Anschließend muß sich die Führungskraft vor allem die Frage stellen: Welchen Eindruck gewinnt ein Anrufer von unserem Unternehmen?

Wie behandeln die eigenen Mitarbeiter Kunden am Telefon?
Unserer Erfahrung nach sieht die Situation häufig so aus: Oft weiß die Geschäftsleitung gar nicht, was im Unternehmen mit den Anrufen geschieht, die eingehen ohne richtig angenommen oder abgearbeitet zu werden. Die also letztlich nicht in einen Auftrag umgewandelt werden.

Drei Fragen stellen sich:
- ❏ Hat das Management eines Unternehmens überhaupt genügend Informationen darüber, wie die Kunden von den eigenen Mitarbeitern behandelt werden?

Defizite im Telefonservice

❏ Weiß es konkret, wie im eigenen Unternehmen telefoniert wird?
❏ Werden nicht auch oftmals Chancen dadurch verschenkt und gehen Aufträge verloren, weil zu wenig kundenorientiert telefoniert wird?

Eigentlich lassen sich diese Fragen nur auf der Grundlage einer detaillierten Analyse der Servicequalität im jeweiligen Unternehmen und damit auch der Qualität des Kundendialoges am Telefon fundiert beantworten. In den nächsten Kapiteln werden wir hierzu Grundlagen aufzeigen und konkrete Tips geben.

Anhand des folgenden Kurzchecks (siehe Abb. 2) können Sie mit 20 Leitfragen eine erste IST-Analyse der Servicequalität am Telefon in Ihrem Unternehmen vornehmen. Der erste Schritt ist also: Das Management interessiert sich für Fragen des Verhaltens von Mitarbeitern am Telefon und der Zufriedenheit der Kunden mit den gegebenen Informationen. Ist dies der Fall, so ist in einem zweiten Schritt eine Ist-Analyse als konkrete Bestandsaufnahme notwendig. Erst auf dieser Grundlage können in einem dritten Schritt Prioritäten gesetzt werden. Auf dieser Basis lassen sich dann in einem vierten Schritt gezielte Maßnahmen und Verbesserungen durchführen.

Wie werden Kunden und Interessenten von den eigenen Mitarbeitern behandelt?				
In unserem Unternehmen	ja	teilweise	nein	kann ich nicht beurteilen
1. kennen wir die Erwartungen/Anforderungen unserer Kunden genau	○	○	○	○
2. stimmt die Unternehmenskultur am Telefon mit dem Imageanspruch in der Werbung nach außen exakt überein	○	○	○	○
3. sind klare und eindeutig definierte Telefonservice-Ziele formuliert	○	○	○	○
4. werden Kunden niemals nach Schema F schnell abgefertigt	○	○	○	○
5. werden die Telefonate immer »sauber abgearbeitet«	○	○	○	○
6. werden gegebene Zusagen am Telefon anschließend immer eingehalten	○	○	○	○
7. wird der Kunde von der Telefonzentrale immer freundlich empfangen und richtig weiterverbunden	○	○	○	○
8. erreicht der Kunde einen zuständigen Ansprechpartner jederzeit	○	○	○	○

→

Defizite im Telefonservice

In unserem Unternehmen	ja	teil-weise	nein	kann ich nicht beurteilen
9. wird der Kunde, nachdem er einmal weiterverbunden wurde, sofort sein Problem los	○	○	○	○
10. wird der Kunde vom Ansprechpartner immer freundlich begrüßt und mit Namen angeredet	○	○	○	○
11. fühlt sich der Ansprechpartner jederzeit für das Problem des Kunden zuständig	○	○	○	○
12. führen unsere Mitarbeiter bei Kundentelefonaten immer eine konkrete Bedarfsanalyse durch	○	○	○	○
13. werden Bestellungen/Aufträge nicht stereotyp abgefragt, sondern immer freundlich und engagiert entgegengenommen	○	○	○	○
14. wird der Kunde fachkundig und mit Nutzenargumentation beraten	○	○	○	○
15. werden Alternativprodukte angeboten, wenn ein Artikel nicht lieferbar ist	○	○	○	○
16. wird der Kunde gefragt, wie zufrieden er mit der letzten Lieferung, und vor allem dem Service bzw. der Dienstleistung war	○	○	○	○
17. wird der reklamierende Kunde immer besonders aufmerksam behandelt und auf sein Problem geduldig und verständnisvoll eingegangen	○	○	○	○
18. werden Informationen aus den Kundengesprächen (z.B. Ursachen von Beschwerden und Unzufriedenheit) systematisch erfaßt und an die zuständigen Stellen weitergegeben	○	○	○	○
19. werden Angebote an Kunden systematisch zu einem definierten Zeitpunkt nachgefaßt	○	○	○	○
20. werden Kunden nach dem Kauf angerufen, um ihre Zufriedenheit mit der gesamten Marktleistung des Unternehmens zu erfragen und im Bedarfsfall Hilfestellungen anzubieten	○	○	○	○

Abb. 2: 20 Fragen zum Serviceverhalten am Telefon

Nach dem Ausfüllen einer derartigen Checkliste stellt sich häufig folgender Effekt ein: Den allgemeinen Fragen am Anfang kann man noch gut zustimmen. Bei den speziellen Fragen und Aussagen danach wird dies jedoch schon schwerer, denn hier werden die generellen Anforderungen konkret in bestimmtes Verhalten eingefordert. Häufig klaffen also Anspruch und Wirklichkeit der Servicequalität am Telefon in der Unternehmenspraxis auseinander.

Wenn Sie also viele der Fragen gerade im konkreten Teil nur eingeschränkt oder gar nicht bejahen können oder wenn Sie darüber nicht Bescheid wissen, dann besteht in Ihrem Unternehmen akuter Handlungsbedarf. Denn es gibt kaum ein Argument, Verbesserungen aufzuschieben. Es sei denn, Sie wollen hinnehmen, daß jeden Tag Kunden durch schlechten Service verloren gehen oder Interessenten zu einem Wettbewerber abwandern.

Wenn Sie eine derartige Analyse durchführen und statistische Ergebnisse auf dem Tisch liegen, dann können Sie anhand des Mengengerüstes der Zahlen ablesen, wo und wie dringlich Maßnahmen zu ergreifen sind. Da es sich hierbei aber um das Verhalten von Mitarbeitern und die konkrete Zufriedenheit von Kunden handelt, sollten Sie die Analyse nicht auf Zahlen reduzieren. Gerade um das Management und auch die Mitarbeiter von der Notwendigkeit zum Handeln zu überzeugen, sind konkrete Aussagen und Beispiele wichtig. Hierzu ist es erforderlich, auch Originaltöne zu dokumentieren. Denn nur was man hautnah erlebt hat und konkret dokumentieren kann, geht auch unter die Haut.

Abschließend deshalb ein Vorschlag: »Spielen« Sie in Ihrem eigenen Unternehmen einmal Interessent oder Kunde. Dies hat nichts mit Bespitzelung der eigenen Mitarbeiter zu tun. Vielmehr erfahren Sie so unmittelbar, welcher Stil und Geist in Ihrem Unternehmen gegenüber Anrufern herrscht.

Oder gehen Sie noch einen Schritt weiter, als nur einen Mitarbeiter oder eine Führungskraft in Ihrem Unternehmen zu verlangen: Bitten Sie einen Bekannten – um Ihre Stimme nicht verstellen zu müssen – in Ihrem Beisein, in Ihrem Unternehmen anzurufen und Sie zu verlangen. Da Sie nicht da sind, erleben Sie, was dann passiert. Dies ist insofern besonders aufschlußreich, als dann auch nachvollziehbar wird, wie ein Anrufer in der Gesprächsführung und -atmosphäre behandelt wird und welche konkreten Informationen er über Sie bekommt.

Bei den sensiblen Anforderungen im Verhaltensbereich sollte ein Ansatz jedoch niemals außer acht gelassen werden: Wer etwas verändern und verbessern will, sollte immer zunächst bei sich selbst anfangen. Das heißt, diese Verbesserung zuerst einführen und vorleben. Dies fängt damit an, daß Ihr Sekretariat weiß, wo Sie sind und wann Sie wieder für Externe erreichbar sind. Ferner ist es wichtig, daß Sie mit Ihren Mitarbeitern die Art und Weise durchsprechen und festlegen, wie diese Externe behandeln und informieren sollen.

Festzuhalten bleibt also, daß Kundennähe vom Management sichtbar vorgelebt werden muß, um kundenorientiertes Verhalten auf nachgeordneten Ebenen einfordern zu können.

Auf den Punkt gebracht

Die Aussage, daß das Praktizieren von Kundennähe und kundenorientiertem Verhalten ein wichtiger Schlüssel zum Erfolg sind, führt zu der Frage: Wie verhalten Sie sich persönlich am Telefon im Kontakt mit Kunden? Von dem Verhalten einer Führungskraft im Kundendialog geht eine erhebliche Signalwirkung auf die Mitarbeiter aus.

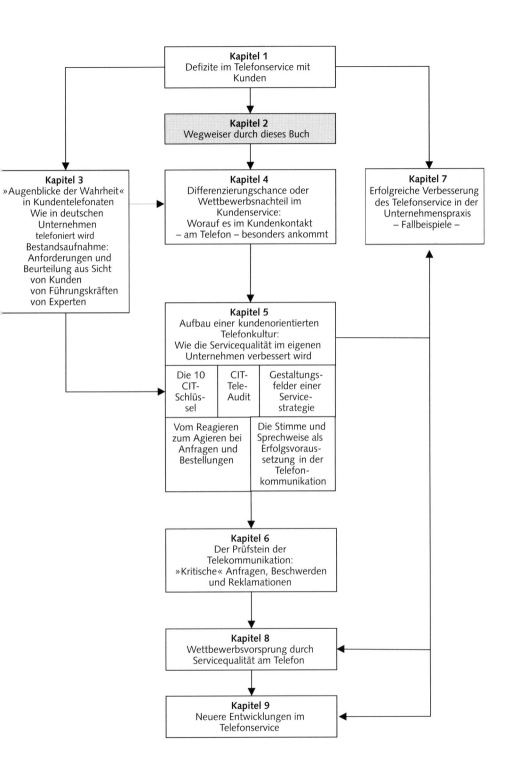

2. Wegweiser durch dieses Buch
Warum dieses Buch notwendig ist:
Wer schlecht telefoniert, verliert

Als zentrale Fragen werden in diesem Kapitel behandelt:
- Warum wird Telefonservice im Kundendialog immer wichtiger?
- Wo bestehen Ansatzpunkte zur Verbesserung der Servicequalität?
- Welche Ziele und welcher Nutzen sollen mit diesem Buch erreicht werden?
- Was erwartet Sie in den einzelnen Kapiteln dieses Buches?
- An wen richtet sich dieses Buch?

Warum wird Telefonservice im Kundendialog immer wichtiger?

Wie die Eingangsbeispiele zeigen, verschenken viele Unternehmen leichtfertig die Chance, Kundenzufriedenheit und Kundenbindung zu erreichen.

Heute wird aufgrund des starken Wettbewerbsdrucks der Übergang von einem produkt- und verkaufsorientierten Ansatz über besseres Marketing zur Analyse der Kundenzufriedenheit immer wichtiger (vgl. Kotler, 1991, S. 11 f.; Weber, 1992, S. 5 ff.). Denn entscheidend ist nicht, wie gut und professionell das Unternehmen Produkte erstellt und anbietet, sondern wie diese Information und diese Leistung beim Kunden ankommt und wie zufrieden er damit ist. Deshalb haben fortschrittliche Unternehmen bereits den Schritt vollzogen, Kundenzufriedenheit als direkte Grundlage und Ausgangsbasis für Kundenbindung zu analysieren und zu erhöhen (vgl. Müller 1994, S. 199 f.).

Gerade am Telefon wird Servicequalität im Kundendialog nicht nur immer wichtiger. Sie ist auch unmittelbar erlebbar und effizient einsetzbar. Dies gilt für jedes Unternehmen und damit für einen Industriebetrieb mit über 100.000 Mitarbeitern genauso wie für den Handwerksbetrieb mit einer Handvoll Mitarbeitern.

Ursachen hierfür sind:

- Das Telefon ist »der kürzeste Draht« zum Markt und damit zu einem Interessenten oder Kunden.
- Der größte Anteil der Kommunikation im Geschäftsleben läuft über das Telefon, einschließlich Telefax, ab – in den alten Bundesländern bis zu 70% und in den USA bis zu 90% der Business-to-Business-Kontakte.

Wegweiser durch dieses Buch

❑ Das Telefon ist – wie auch die eigenen Untersuchungsergebnisse in Kapitel 3 zeigen – ein Medium mit steigender Bedeutung und schafft oftmals den ersten persönlichen Kontakt mit einem Interessenten.

❑ Ein erheblicher Teil des Response im Bereich der Direktmarketingaktivitäten erfolgt ebenfalls per Telefon. Damit ist die Servicequalität am Telefon ein entscheidender Faktor, um Corporate Identity und Unternehmenskultur positiv zu gestalten und zu vermitteln. Hierdurch wird zugleich das Image des Unternehmens in Zukunft immer stärker geprägt.

Direkte Kommunikation mit dem Kunden per Telefon ist also die einfachste Form, um Sympathiewerte des Unternehmens zu vermitteln oder – ungewollt im negativen Fall – auch Antipathiewerte (vgl. Walter, 1992, S. 21 f.; Lemmer, 1991, S. 67; Töpfer/Greff, 1993, S. 73 f.).

Werden Unternehmen von sich aus aktiv, betreiben sie also »**aktives Telefonmarketing**« (**Outbound**), sind die ausgewählten Mitarbeiter meist gut auf den direkten Kundenkontakt vorbereitet. Es wird in der Regel »kundenorientiert« und damit auch »abschlußorientiert« telefoniert, da die Zielsetzung des Verkaufens und der Akquisition in diesem Fall eindeutig im Vordergrund steht. Man strengt sich hier mehr an.

Im Vergleich zu allen anderen Marketingausgaben sind 1993 die Ausgaben für Direktmarketing um rund 7,5 % von 19,8 Mrd. DM auf 21,3 Mrd. DM am stärksten gestiegen. Innerhalb des Direktmarketing, nämlich mit einer Wachstumsrate von ca. 15 % von 2,6 Mrd. DM auf knapp über 3 Mrd. DM, ist Telefonmarketing deutlich gestiegen (DDV-Pressemitteilung 20/93; DDV 1994, S. 1171). Je mehr Unternehmen Telefonmarketing betreiben, desto mehr werden sie ihre Mitarbeiter qualifizieren, also von daher wird aus Unternehmenssicht das Serviceniveau eher steigen und aus Kundensicht auch mehr Wert auf ein kundenorientiertes Verhalten am Telefon gelegt.

Anders verhält es sich häufig jedoch, wie die Beispiele gezeigt haben, wenn Interessenten oder Kunden bei Unternehmen anrufen. Im Vergleich zum Outbound-Telefonmarketing sind die meisten Unternehmen beim **Inbound-Telefonservice** sehr viel nachlässiger und weniger auf Qualität im Kundendialog bedacht.

Viele Unternehmen wissen noch nicht einmal, wie gut oder wie schlecht ihre Mitarbeiter mit Kunden oder Interessenten am Telefon umgehen. Die Führungskräfte haben deshalb in der Regel wenig Erfahrungswerte, wie ihre Mitarbeiter tatsächlich das Unternehmen am Telefon repräsentieren (vgl. Weber, 1984, S. 47 f.).

Häufig herrscht in den Unternehmen die Einstellung vor: »Telefonieren kann jeder« und »Für die Telefonzentrale und den Telefonservice braucht man keine besondere Schulung und auch keine besondere Motivation oder Kenntnisse in Gesprächsführung«. Manche Unternehmen gehen sogar soweit zu sagen: »Wer in den Fachabteilungen nichts mehr wird bzw. nicht mehr gebraucht wird, den können wir noch für den Telefondienst einsetzen«. Es liegt auf der Hand, daß hierdurch, abgesehen von einer nicht ausreichenden Qualifikation dieser Mitarbeiter, zumindest über ihre fehlende Motivation ein erheblicher »Flurschaden« bei den Marktkontakten angerichtet werden kann. Denn hier gilt der Satz: »Only happy customers call again«. Jedes Unternehmen entscheidet also selbst, ob es zu den Gewinnern oder Verlierern gehört (vgl. Stauss/Hentschel, 1991, S. 240 f.; Müller 1994; Müller/Riesenbeck, 1991, S. 68 ff.).

Wo bestehen Ansatzpunkte zur Verbesserung der Servicequalität?
Aus den bisherigen Ausführungen und vor allem den Beispielen im ersten Kapitel ist deutlich geworden, daß es eine Reihe von unterschiedlichen Ansatzpunkten zur Analyse und Verbesserung der Servicequalität im Kundendialog gibt. In Abbildung 3 (s. S. 18) sind sie in einfacher Form skizziert.

Neben eigenen Erfahrungswerten durch Führungskräfte und Mitarbeiter des Unternehmens sind vor allem die unmittelbaren Ergebnisse bei den Kunden, aber auch die Analyse von Wettbewerbern, wichtig. Hierzu sind – soweit vorhanden – wissenschaftliche Analyseergebnisse ergänzend heranzuziehen. Und nicht zuletzt runden konkrete Beispiele aus der Praxis das Analysefeld ab.

Welche Ziele und welcher Nutzen sollen mit diesem Buch erreicht werden?
Ziel dieses Buches ist es nicht, Hinweise zum aktiven Telefonmarketing zu geben, sondern Gegenstand ist das kundenorientierte Verhalten aller Mitarbeiter am Telefon. Analysekriterium ist also nur, ob ein Mitarbeiter am Telefon zu irgendeinem Zeitpunkt mit einem Interessenten oder Kunden in Kontakt kommt. Wenn dies gegeben ist, dann gehört er zu der hier definierten Gruppe, die entsprechend zu informieren und zu qualifizieren ist.

Wir werden auf die wesentlichen **Gestaltungsfelder** und **Erfolgsfaktoren** eingehen, auf die es bei der Verbesserung der Servicequalität am Telefon inhaltlich ankommt. Zusätzlich werden wir Fallen und Stolpersteine aufzeigen, die zu umgehen sind. Und nicht zuletzt werden wir handlungs- und umsetzungsorientiert darstellen, wie im Detail vorzugehen ist. In diesem Rahmen ziehen wir auch wissenschaftlich fundierte Untersuchungsergebnisse heran, die wir – soweit dies möglich war – zu »leichtverträglicher Kost« aufbereitet und durch Originaltöne »mit Leben gefüllt« haben. Die wissenschaftlichen Analyseergebnisse ermöglichen eine bisher nicht vorhandene Charakterisierung der Servicequalität am Telefon.

Wegweiser durch dieses Buch

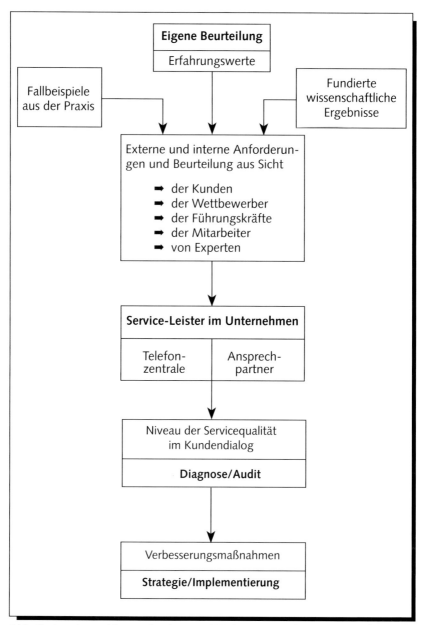

Abb. 3: Ansatzpunkte zur Analyse und Verbesserung der Servicequalität im Kundendialog

Wegweiser durch dieses Buch

Der Schwerpunkt des vorliegenden Buches liegt also auf den praxisbezogenen Umsetzungsmöglichkeiten. Deshalb werden in den einzelnen Kapiteln die Ausführungen möglichst kurz gehalten und der konkrete Nutzen sowie die Übertragungsmöglichkeiten in die Praxis herausgearbeitet. Hierzu dienen auch ergänzende Abbildungen, Übersichten und Checklisten. Wesentlich ist bei der ganzheitlichen und damit umfassenden Gestaltung der Servicequalität am Telefon, daß wichtige Querverbindungen und Zusammenhänge erkannt, berücksichtigt und erfolgreich gestaltet werden.

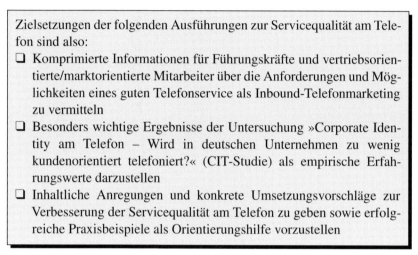

Zielsetzungen der folgenden Ausführungen zur Servicequalität am Telefon sind also:
- Komprimierte Informationen für Führungskräfte und vertriebsorientierte/marktorientierte Mitarbeiter über die Anforderungen und Möglichkeiten eines guten Telefonservice als Inbound-Telefonmarketing zu vermitteln
- Besonders wichtige Ergebnisse der Untersuchung »Corporate Identity am Telefon – Wird in deutschen Unternehmen zu wenig kundenorientiert telefoniert?« (CIT-Studie) als empirische Erfahrungswerte darzustellen
- Inhaltliche Anregungen und konkrete Umsetzungsvorschläge zur Verbesserung der Servicequalität am Telefon zu geben sowie erfolgreiche Praxisbeispiele als Orientierungshilfe vorzustellen

Der Inhalt dieses Buches gibt dem Leser Anregungen und Hinweise, die Ergebnisse der CIT-Studie mit der gelebten Telefonpraxis im eigenen Unternehmen zu vergleichen und Möglichkeiten zur Verbesserung des Telefonservice zu finden.

Was erwartet Sie in den einzelnen Kapiteln dieses Buches?
Abbildung 4 veranschaulicht den Inhalt des Buches und die Vorgehensweise im Überblick. Sie ist jedem Kapitel als Leitfaden vorangestellt.

Im folgenden Kapitel 3 wird anhand der Ergebnisse der CIT-Studie als bundesweit durchgeführter empirischer Untersuchung aufgezeigt, welche Anforderungen Interessenten und Kunden an das Verhalten ihrer Gesprächspartner stellen, wie es in deutschen Unternehmen in der Realität aussieht, wo positive Beispiele und Ansätze für einen guten Telefonservice zu finden sind und wo generell und im Detail noch Defizite existieren. Es handelt sich um eine differenzierte Bestandsaufnahme und Bewertung anhand eines wissenschaftlich überprüften und abgesicherten Modells.

Wegweiser durch dieses Buch

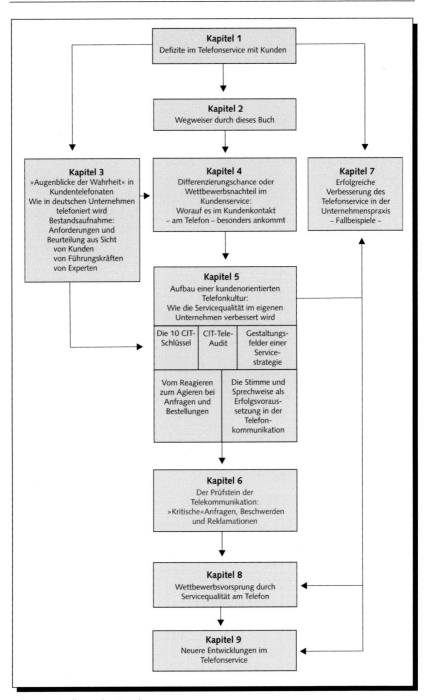

Abb. 4: Aufbau des Buches

Wegweiser durch dieses Buch

Basierend auf den ernüchternden Ergebnissen der CIT-Studie zeigt Kapitel 4, worauf es im Kundenkontakt am Telefon besonders ankommt und welche Inhalte Servicequalität in der Unternehmenspraxis umfaßt, um eine ganzheitliche Serviceorientierung im Unternehmen zu erreichen. Hier werden u. a. folgende Fragen beantwortet:
- Wie haben sich die Erwartungen der Kunden und die Anforderungen an die Mitarbeiter verändert? (s. Kapitel 4.1.)
- Was erwartet der Kunde heute konkret an Serviceleistungen und Servicequalität? (s. Kapitel 4.1.)
- Wo treten »Servicefallen« und »Stolpersteine« auf, und wie können diese vermieden werden? (s. Kapitel 4.2.)
- Wie können neue Techniken zur Optimierung des Telefonservice eingesetzt werden, um schneller und besser als der Wettbewerb agieren zu können? (s. Kapitel 4.3.)

Im 5. Kapitel werden konkrete Umsetzungshilfen und praktische Tips gegeben. Es wird gezeigt, wie man vorgeht, um die Servicequalität am Telefon im Dialog mit den eigenen Kunden zu analysieren, zu bewerten und zu verbessern und eine kundenorientierte Telefonkultur aufzubauen. Hier werden Fragen beantwortet wie:
- Was sind wesentliche CIT-Schlüssel als Bausteine für eine kundenorientierte Telefonkultur? (s. Kapitel 5.1.)
- Wie kann die eigene Servicequalität durch ein CIT-Tele-Audit analysiert werden? (s. Kapitel 5.2.)
- Was sind wesentliche Gestaltungsfelder und konkrete Inhalte einer Servicestrategie? (s. Kapitel 5.3.)
- Wie handeln Mitarbeiter bei telefonischen Anfragen und Bestellungen service- und verkaufsorientiert? (s. Kapitel 5.4.)
- Welche Bedeutung kommt der Stimme und Sprechweise beim telefonischen Kundenkontakt zu? (s. Kapitel 5.5.)

In Kapitel 6 wird auf einen – wie die CIT-Studie gezeigt hat – besonders wichtigen Teil des Serviceverhaltens am Telefon eingegangen, nämlich auf kritische Anfragen, Beschwerden und Reklamationen. Hier werden Aussagen zu Chancen und Risiken bei Beschwerden gemacht, und es wird aufgezeigt, wie ein aktives und erfolgreiches **Beschwerdemanagement** inhaltlich ausgestaltet ist.

Für ein ganzheitliches und über die Zeit stabiles Niveau der Servicequalität am Telefon ist es also besonders wichtig, wie Mitarbeiter die schwierigen Situationen bei Beschwerden und Reklamationen meistern. Die Zielsetzung muß darin liegen, eine Reklamation oder Beschwerde als sich bietende

Chance zu nutzen, um einen Kunden nicht zu verlieren, sondern ihn mit einer noch stärkeren Bindung an das Unternehmen zurückzugewinnen.

Kapitel 7 zeigt anhand einiger ausgewählter Praxisbeispiele, wie Unternehmen bereits erfolgreich Servicequalität im Kundendialog praktizieren, auf welche Ansatzpunkte sie dabei Wert legen und wo sie ihre Prioritäten setzen. Diese Beispiele sollen Ideen und Anregungen für das eigene Unternehmen liefern und veranschaulichen, was in anderen Unternehmen schon funktioniert.

In Kapitel 8 werden zehn Meilensteine für das erfolgreiche Implementieren und Umsetzen der Servicequalität im Telefondialog aufgezeigt. Sie sind der Ausgangspunkt, um einen Wettbewerbsvorsprung durch Servicequalität am Telefon überhaupt zu erreichen.

Abschließend werden in Kapitel 9 neuere Entwicklungen im Telefonservice, wie Call Center und Internet als Serviceinstrumente zur Kundenbetreuung vorgestellt.

An wen richtet sich dieses Buch?
Zielgruppe dieses Buches sind vor allem die direkt für Servicequalität im Unternehmen und damit auch für die Qualität des Telefonservice zuständigen Führungskräfte, die das Verhalten ihrer Mitarbeiter am Telefon verbessern wollen. Angesprochen sind auch Entscheider in der Unternehmensleitung, die den Stellenwert der Servicequalität am Telefon im Kundendialog erkannt haben und ihn jetzt gezielt gestalten wollen.

Da das Buch zugleich eine Anzahl konkreter Ansatzpunkte für Verbesserungen enthält, richtet es sich auch an die betroffenen Mitarbeiter in den marktorientierten Bereichen. Es soll ihnen helfen, Defizite im eigenen Verhalten zu erkennen und gezielte, nicht nur auf die eigene Person bezogene und damit isolierte, Verbesserungsmaßnahmen einzuleiten. Dies kann zum Beispiel die Verbesserung der Technikausstattung und der Umfeldsituation sein, wenn die individuellen Verhaltensweisen bereits optimiert sind.

Ferner richtet sich dieses Buch an Unternehmensberater, die ihre Aufgabenstellung darin sehen, die Servicequalität am Telefon durch konkrete Maßnahmen in der Unternehmenspraxis weiterzuentwickeln. Gerade ihnen kommt eine wichtige Funktion zu: das Bewußtsein für die Qualität des Telefonservice in der Unternehmenspraxis zu wecken, Gestaltungsempfehlungen zu geben und damit als Multiplikator zu wirken.

Und nicht zuletzt wollen wir auch die wichtige Zielgruppe des praxisorientierten Hochschulbereiches erreichen. Denn auf diesem Feld bestehen noch erhebliche Forschungsdefizite, die es in Zukunft auszufüllen gilt. Nichts nützt der Praxis mehr als fundierte wissenschaftliche Analysen, die als Theorie aussagefähig sind und aus der sich praktische Gestaltungsempfehlungen ableiten lassen.

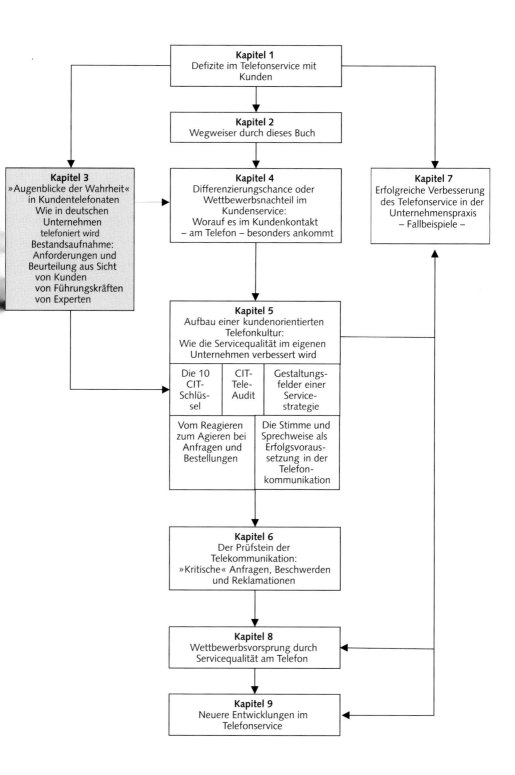

Augenblicke der Wahrheit

3. »Augenblicke der Wahrheit« in Kundentelefonaten
Wie in deutschen Unternehmen telefoniert wird:
Ergebnisse der Untersuchung »Corporate Identity am Telefon«

In diesem Kapitel stellen wir die Ergebnisse einer breit angelegten Untersuchung zum Serviceverhalten am Telefon in deutschen Unternehmen vor. Es handelt sich dabei um eine wissenschaftlich abgesicherte Analyse mit einem differenzierten Befragungsinstrumentarium. Die referierten Ergebnisse besitzen dadurch eine hohe Aussagefähigkeit, auch wenn wir die ausgewählte Stichprobe bewußt sehr klein gehalten haben (vgl. Töpfer/Greff, 1993, S. 75 ff.).

.1. **Welche Ebenen der Kommunikation sind für den Dialog mit Kunden wichtig?**

> Als zentrale Fragen werden in diesem Kapitel behandelt:
> ❑ Auf welche Bereiche kommt es bei der Kommunikation insbesondere an?
> ❑ Welche Bereiche werden vor allem vernachlässigt?

Bevor wir mit detaillierten Analysen und statistischen Ergebnissen die mehrstufige und damit aus unterschiedlichem Blickwinkel vorgenommene Messung der Servicequalität am Telefon vorstellen, referieren wir zunächst einige Originaltöne der über 1.000 Kontaktanrufe. Sie sind in Abbildung 5 zusammengefaßt. Besser als alle Prozentzahlen läßt sich so die Einstellung und das Niveau der Kommunikation am Telefon und damit die dem Anrufer entgegengebrachte Wertschätzung vermitteln. Für die Gesprächspartner in den Unternehmen ist der Anrufer offensichtlich eher lästig und man möchte ihn so schnell wie möglich wieder loswerden. Sie sollten diese Zitate einmal in Ruhe auf sich wirken lassen.

Bei diesen Ergebnissen beantwortet sich die Frage, ob der Kunde König oder nur Bittsteller ist, eindeutig. Wissenschaftliche Untersuchungsergebnisse werden »mit Leben gefüllt« und lassen sich auch besser mit dem Ziel einer Verhaltensänderung vermitteln.

Augenblicke der Wahrheit

Original-Ton von Mitarbeitern der beteiligten Unternehmen gegenüber Kunden am Telefon:

»Da haben Sie bestimmt etwas falsch gemacht.«

»Kann gar nicht sein.«

»Da sind Sie hier ohnehin verkehrt.«

»Das machen wir nicht.«

»Da können wir nicht helfen.«

»Was meinen Sie, was wir den ganzen Tag über machen.«
»Was wollen Sie überhaupt?«
»Was reden Sie für'n Quatsch.«

▷ **Ist der Kunde König oder nur Bittsteller?**

Abb. 5: So wird in deutschen Unternehmen telefoniert

Servicequalität am Telefon läßt sich so hautnah erleben und nachvollziehen. Deshalb werden wir im folgenden zu einzelnen Inhaltsbereichen auch Originaltöne von Kunden der an der Untersuchung beteiligten Unternehmen sowie von Führungskräften dieser Unternehmen integrieren.

Gutes Verhalten am Telefon ist ein Mittel, um bei Kunden und Interessenten Sympathiewerte für das Unternehmen zu gewinnen oder zu erhöhen. Zusätzlich bietet es die Möglichkeit, einfach, kostengünstig und vor allen Dingen glaubwürdig den Beweis für Kundennähe anzutreten. Wenn die Mitarbeiter in den marktorientierten – aber auch allen anderen – Bereichen eines Unternehmens den Anruf eines Kunden oder Interessenten nicht als Chance begreifen, die Servicebereitschaft und die Servicekompetenz des eigenen Unternehmens zu beweisen, dann verspielen sie leichtfertig einen Bonus. Einen Bonus, den der Außendienst oder spezielle Marketingaktivitäten mühsam aufgebaut haben. Dies gilt für das aktive und vor allem für das passive Telefonmarketing.

❑ »Eine nicht kleine Anzahl unserer Mitarbeiter glaubt, daß nur der Kunde etwas von uns will, und vergißt gänzlich, daß wir vom Kunden leben.«
(Führungskraft aus einem beteiligten Unternehmen)

❑ »Mangels korrekten Verhaltens, Fachkenntnissen, Engagements etc. der einzelnen Mitarbeiter am Telefon habe ich den häufigeren Telefonkontakt wieder eingeschränkt.«
(O-Ton eines Bestandskunden bei der schriftlichen Befragung)

Bereits an dieser Stelle wird ein Ergebnis deutlich: Jedes Telefonat wird zu einem Augenblick der Wahrheit, und zwar sowohl aus Sicht des Anrufers als auch aus Sicht des Telefonpartners. Ein Telefongespräch wird damit als »**Moment of Truth**« (vgl. Stauss, 1991a, S. 96 ff.; Töpfer/Mehdorn, 1995, S. 105 ff.) zu einem Schlüsselerlebnis (siehe Abb. 6). Jeder Telefonkontakt repräsentiert das Unternehmen und prägt das Image beim Kunden. Eine gute sachliche und emotionale Kommunikation am Telefon wirkt positiv auf die Servicequalität und beeinflußt dadurch die Kundenzufriedenheit. Ein Unternehmen, das die Moments of Truth nicht beherrscht, verliert Interessenten und Kunden, Umsatz und Gewinn.

Für jeden Serviceleister am Telefon in einem Unternehmen muß also klar sein, daß nicht nur die sachliche Information, sondern auch die emotionale Kommunikation zählt. Wichtig sind entsprechend dem Drei-Komponenten-Modell (vgl. Trommsdorf, 1989, S. 127 f.) insgesamt drei Bereiche. Erstens die vermittelten Inhalte, zweitens die Gesprächsatmosphäre und drittens auch die aus Sicht des Unternehmens wichtige handlungsorientierte Kommunikation des Mitarbeiters.

Die Wissenschaft sagt dazu folgendes: Neben der kognitiven Information, die vor allem die linke Hirnhälfte aktiviert, läuft die affektive Kommunikation primär über die rechte Hirnhälfte (vgl. Kroeber-Riel, 1993, S. 23). Dies bedeutet, daß nur ein Telefondialog, der auf beiden Ebenen abläuft, als informativ und angenehm empfunden wird. Dies reicht für eine gute Servicequalität am Telefon jedoch noch nicht aus.

Aus Sicht des Kunden kann damit zwar Zufriedenheit erzeugt werden. Aus Sicht des Unternehmen ist es aber zugleich wichtig, daß das Verhalten des Anrufers aktiviert wird. Beispielsweise, daß er Informationsmaterial be-

Augenblicke der Wahrheit

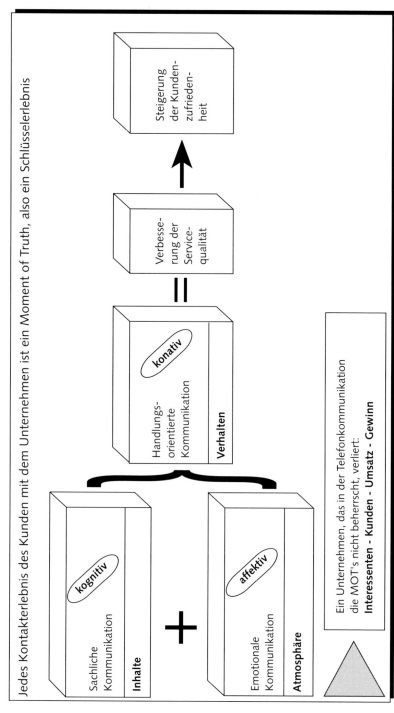

Abb. 6: Moments of Truth

Augenblicke der Wahrheit

kommt, zu einer Bestellung animiert wird oder, noch besser, im Telefongespräch bereits eine Auftragsvergabe erfolgt.

Aus Sicht des Unternehmens ist also der dritte Teil des Drei-Komponenten-Modells als handlungsorientierte Kommunikation besonders wichtig. Die Ergebnisse der durchgeführten Untersuchung zeigen, daß dieser Aspekt in der Unternehmenspraxis häufig unterbewertet und damit vernachlässigt wird. Konkret bedeutet dies, daß Mitarbeiter eines Unternehmens mit Interessenten oder Kunden zwar mehr oder weniger gut telefonieren, aber durchweg die Kommunikation zu wenig abschlußorientiert führen, also aus Sicht des Unternehmens zu selten das Gespräch auf eine Auftragsakquisition ausrichten.

Eine derartige Gesprächsführung kann natürlich aufdringlich wirken. Sie sollte deshalb nicht immer das erklärte Ziel eines Telefonates sein. Auf der anderen Seite sollte sie aber nicht grundsätzlich vernachlässigt werden. Einfühlungsvermögen und eine sensible Gesprächsführung sind die Garanten dafür, daß hier nicht zu plump auf einen Abschluß abgezielt wird. Andernfalls könnte dies gerade den negativen Effekt noch verstärken, daß Anrufer unzufrieden sind und daß Unternehmen Akquisitionspotentiale durch falsches Verhalten verlieren.

2. Wie lassen sich die Qualität von Service und Kommunikation beim Telefonieren analysieren?
Ziel, Aufbau und Methodik der empirischen Studie

Als zentrale Fragen werden in diesem Kapitel behandelt:
- Was haben wir untersucht?
- Wie sind wir bei der empirischen Studie vorgegangen?
- Wer hat an der Untersuchung teilgenommen?

Die umfassende, wissenschaftlich fundierte Studie zum Telefonservice und Verhalten der Mitarbeiter am Telefon in den marktorientierten Bereichen deutscher Unternehmen wurde als Kooperationsprojekt zwischen Wissenschaft und Praxis von der Forschungsgruppe Management + Marketing (Universität/ GHS Kassel) und der Prisma GmbH (Unternehmensberatung für Telefonkommunikation, Rodgau) durchgeführt. Da das Verhalten am Telefon die praktische Umsetzung der Unternehmensidentität und -kultur ist, die direkt für den Kunden spürbar wird, erhielt das Projekt den Titel »Corporate Identity am Telefon (CIT) – Wer schlecht telefoniert, verliert?«.

Insgesamt haben wir das Telefonverhalten in 21 großen und mittelständischen Unternehmen aus Industrie, Handel und Dienstleistung analysiert (zu den Teilnehmern s. Abb. 10). Hierbei haben wir das SOLL-Profil (Serviceerwartungen der Kunden und Serviceziele der Führungskräfte) und das IST-Profil erhoben (Kundenurteile über den gebotenen Service, Serviceeinschätzung der eigenen Mitarbeiter durch die Führungskräfte und Beurteilung der Servicequalität durch Fachleute/Experten) (vgl. Töpfer, 1993a, S. 52 ff.) (siehe Abb. 7).

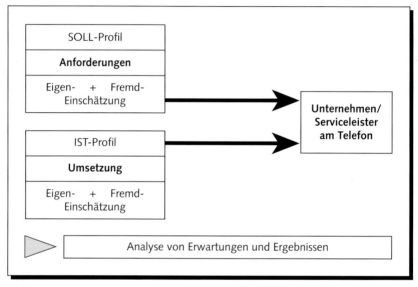

Abb. 7: Konzeption der Untersuchung: CIT »Kurzgefaßt«

Diese differenzierte Anlage der Untersuchung machte es möglich, die Eigenbewertung eines Unternehmens – interpretiert als Selbstbild aus Sicht der Führungskräfte – unmittelbar zwei Formen des Fremdbildes entgegenzustellen, nämlich der Bewertung aus der Sicht von Kunden und von Experten. In allen drei Fällen haben wir einen SOLL-IST-Vergleich durchgeführt (siehe Abb. 8).

Bei der Bewertung durch die Kunden ist das Urteil faktenbezogen als Summe der Vergangenheitserfahrungen, die die Kunden beim Servicedialog am Telefon mit einem Unternehmen gemacht haben. Diese können aus Sicht der Kunden gut oder weniger gut gewesen sein. Ausschlaggebend ist aber immer das Anspruchsniveau des Kunden, das vor allem durch seine Erfahrungen mit anderen Unternehmen geprägt wird. Insgesamt kann also aufgrund einer durchgängig geringen Servicequalität am Telefon auch das Anspruchsniveau relativ niedrig sein.

Augenblicke der Wahrheit

Anders verhält es sich bei dem »Fremdbild« der Expertenbewertung. Experten gehen in viel stärkerem Maße nicht nur von dem durchgängigen Anspruchsniveau sondern von dem Differenzierungspotential aus. Also den Möglichkeiten, sich durch einen im Vergleich zu anderen Unternehmen deutlich besseren Kundendialog am Telefon Alleinstellungsmerkmale und Wettbewerbsvorteile verschaffen zu können. Experten legen also eine durchweg höhere Meßlatte an, **einen optimalen Gesprächsverlauf vor Augen.**

Ein direkter SOLL-IST-Vergleich durch Unternehmen, Kunden und Experten ergibt ein »ungeschminktes Bild« über die Qualität des Telefonservice in den jeweiligen Unternehmen.

Diese Informationen bilden damit die Grundlage für ein gezieltes Agieren und Reagieren am Markt. Die Datenbasis ermöglicht es, Schwachstellen und Potentiale für Wettbewerbsvorteile zu analysieren und nach Möglichkeit Alleinstellungsmerkmale durch Telefonserviceaktivitäten zu erreichen.

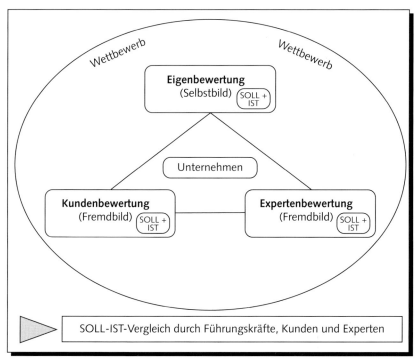

Abb. 8: Drei Formen der Bewertung/Beurteilung

Die Untersuchung lief – auf der Grundlage des wissenschaftlich abgesicherten Befragungs- und Analyserasters – wie aus Abbildung 9 ersichtlich in drei Phasen ab:

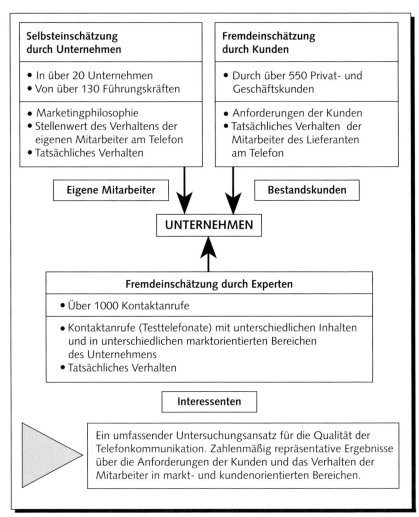

Abb. 9: Detailkonzept des Projektes CIT

Selbsteinschätzung durch Unternehmen

139 Führungskräfte aus den jeweiligen Unternehmen beurteilten das Verhalten ihrer Mitarbeiter am Telefon anhand eines vierseitigen Fragebogens. Untersucht wurde ebenfalls, wie die Unternehmens- und Marketingphilosophie aussieht, welche Rolle heute das Telefon im Kundenkontakt spielt und

Augenblicke der Wahrheit

welchen Stellenwert das Verhalten am Telefon von eigenen Mitarbeitern hat. Je nach Unternehmensgröße bewerteten die Führungskräfte entweder einzelne Geschäftsbereiche oder das gesamte Unternehmen.

Fremdeinschätzung durch Kunden
Parallel hierzu befragten wir insgesamt 551 Privat- und Geschäftskunden dieser Unternehmen ebenfalls schriftlich:»Wie wichtig ist es für Sie, wie Sie am Telefon behandelt werden?«,»Wie zufrieden sind Sie mit dem Verhalten Ihres Gesprächspartners am Telefon, wenn Sie bei diesem Unternehmen anrufen?« oder»Wann fühlen Sie sich besonders gut oder schlecht am Telefon behandelt?«

Fremdeinschätzung durch Experten
Insgesamt 1.089 Kontaktanrufe dienten als Hauptinformationsbasis. Sie wurden von Experten der Prisma – auf der Grundlage eines vorher mit der jeweiligen Unternehmensleitung nach Inhalt sowie der Art und Weise abgestimmten Drehbuchs – in einem Zeitraum von 9 Monaten durchgeführt.

Es wurden Kontaktanrufe sowohl aus der Sicht von Privatkunden als auch Geschäftskunden durchgeführt. Kundenfreundlichkeit und Fachkompetenz bei Produkt- und Preisanfragen, Service und Kundendienst waren hierbei ebenso Beurteilungskriterien wie die Reaktion auf Reklamationen und Beschwerden.

Die über einen Zeitraum von einem dreiviertel Jahr laufenden Kontaktanrufe erlaubten eine unverzerrte Bestandsaufnahme. Da die inhaltliche Absprache der Kontaktanrufe in enger Abstimmung mit dem Unternehmen erfolgte, war nicht auszuschließen, daß die Mitarbeiter am Telefon hiervon Kenntnis erhielten. Eine Reihe von Unternehmen haben bewußt auch die Mitarbeiter und den Betriebsrat über dieses Projekt informiert. Entsprechend den bekannten Ergebnissen der klassischen Hawthorne-Experimente (vgl. Berthel, 1992, S. 11; Scholz, 1989, S. 277 f.) hätte so die Gefahr bestanden, daß das Verhalten der Mitarbeiter in dieser Testphase anders ist als in der sonstigen Zeit. **Ein Zeitraum von einem dreiviertel Jahr mit nach dem Zufallsprinzip verteilten Anrufsequenzen schloß dies weitgehend aus.**

Allerdings ist ein zusätzlicher Effekt ohne weiteres möglich: Nämlich, daß die Mitarbeiter durch dieses Projekt für einen besseren Telefonservice sensibilisiert wurden und damit über die gesamte Zeit den Telefondialog mit Kunden und Interessenten besser führten. Dies hätte dann zum Ergebnis, daß das Durchführen einer wissenschaftlichen Untersuchung zu einer Verbesserung der Verhaltensergebnisse in der Praxis führt. Eigentlich wäre dies die

Idealform einer wissenschaftlichen Begleitforschung. Die Analyse liefert dann nicht nur Fakten und gibt Handlungsempfehlungen, sondern durch die wissenschaftlich fundierte Untersuchung wird zugleich Verhalten und damit Handeln verbessert.

Unterstellt man derartige positive Wirkungen im Rahmen des Projektes und denkt man diesen Gedanken zu Ende, dann liegt die Vermutung nahe, daß in vielen anderen Unternehmen die vorhandene Servicequalität am Telefon eher noch schlechter als bei den von uns untersuchten sein dürfte.

Den Mitarbeitern in den marktorientierten Bereichen waren – nach Absprache mit der Unternehmensleitung – Art und Inhalt der Kontaktanrufe nicht bekannt. Die Telefonate wurden – nach Absprache mit dem Unternehmen – zu »normalen« Geschäftszeiten, also nicht zu Stoßzeiten oder in Urlaubszeiten durchgeführt.

Bei den echten Bestandkunden (in der schriftlichen Befragung) waren zwangsläufig nicht mehr solche Kunden vertreten, die mehrfach schlechte Erfahrungen in der Telefonkommunikation mit dem Unternehmen gemacht haben und deshalb kein Kunde mehr sind. Von daher bezieht sich die Analyse nur auf den mehr oder weniger großen Bestand an eher zufriedenen Kunden.

Das Analyseergebnis wird also besser aussehen als die gesamte Spannweite der Kundenzufriedenheit in der Realität.

Die Bewertung der Telefonzentrale und der einzelnen Ansprechpartner erfolgte anhand von jeweils ca. 30 quantitativen Kriterien, also beispielsweise nach Wartezeiten in der Telefonkommunikation, Häufigkeit des Klingelns, Anzahl der Unterbrechungen und qualitativen Kriterien wie der Begrüßung und Vorstellung, dem Gesprächsablauf, der Gesprächsatmosphäre und Gesprächstechnik.

In der Beurteilung der Kontaktanrufe wurde unterschieden zwischen
- ❏ **»KO-Kriterien«** (5 ergebnislose Kontaktversuche pro Fall, mehr als 10 Klingelzeichen oder Abbruch des Gespräches),
- ❏ **»Muß-Kriterien«** (wie zum Beispiel die Nennung des eigenen Namens, Bedarfsanalyse, aktives Zuhören, zufriedenstellende Auskunft, freundliche Verabschiedung), deren Nichtbeachtung durch die Mitarbeiter das Gesamturteil negativ beeinflußt, und
- ❏ **»Kann-Kriterien«** (zum Beispiel freundliche Zwischeninformation durch die Telefonzentrale bei Wartezeiten, Angebot eines Rückrufes).

Augenblicke der Wahrheit

Die Experten, welche die Kontaktanrufe durchführten, waren vorab ausführlich darin geschult, während des Gespräches eine Bewertung anhand der Kriterienlisten durchzuführen und besonders gute oder schlechte Gesprächspassagen zu dokumentieren.

Im Hinblick auf die Wunsch-Teilnehmer dieser Studie zum Telefonverhalten war folgende Vorgehensweise beabsichtigt: Die jährlich im Manager Magazin gekürte Gruppe von Imageführern der deutschen Wirtschaft, also von den 100 Unternehmen, die durch eine besonders gute Corporate Identity auffallen, wollten wir einladen, an dieser für sie kostenlosen Untersuchung teilzunehmen.

Die Idee war, daß diese Unternehmen eigentlich auch in der Corporate Communication – und hierzu gehört der gesamte Bereich der Servicequalität am Telefon – deutlich besser sein müssen als andere Unternehmen.

Um so überraschender waren die Reaktionen von einigen dieser Imageführer der deutschen Wirtschaft. Hauptgründe für die Absagen waren, daß die Unternehmen Bedenken hatten, als Teilnehmer dieser Untersuchung im Abschlußbericht genannt zu werden. Dabei haben wir von vornherein zugesichert, daß wir keine Detailergebnisse einer unternehmensspezifischen Analyse veröffentlichen. Weitere genannte Gründe waren, daß
- die Unternehmensleitung in der Untersuchung keinen Nutzen für das Unternehmen sah oder die Bedeutung der Servicequalität am Telefon gering einschätzte,
- der Betriebsrat seine Zustimmung zu dieser – zwar anonymen, aber doch personenbezogenen – Untersuchung verweigerte,
- der Zeitaufwand und der organisatorische Aufwand als zu groß angesehen wurde oder – im positiven Fall –
- eine ähnliche Studie erst vor kurzem durchgeführt wurde.

Interessant ist die Argumentation eines sehr großen deutschen Unternehmens: Ein derartiges Projekt und die hieraus resultierende Analyse erachtete die Unternehmensleitung als sehr wichtig. Es bestand aber Klarheit darüber, daß dieses Unternehmen dabei relativ schlecht abschneiden würde. Deshalb war das Management nicht bereit, sich an dieser Untersuchung zu beteiligen. Man hatte aber auf jeden Fall Interesse, aus den sich hieraus ergebenden Erkenntnissen zu lernen, um so im eigenen Hause die Servicequalität am Telefon zu verbessern.

Eine Reihe von Unternehmen haben aufgrund von Vorankündigungen über das Projekt in der Presse Interesse bekundet und konnten sich beteiligen. Zusätzlich haben wir eine kleine Kontrollgruppe von Unternehmen ausgewählt, die nicht zu den Imageführern zählen und aus dem Mittelstand stammen, um so die Aussagefähigkeit der Studie abzusichern. Da pro Unternehmen mindestens 50 Kontaktanrufe durchgeführt werden sollten, haben wir von vornherein die Anzahl der kostenlos teilnehmenden Unternehmen auf 20 beschränkt.

Um ein Ergebnis gleich vorwegzunehmen: Unter den in Abbildung 10 aufgeführten Teilnehmern der Untersuchung gibt es einige Unternehmen, die die Bedeutung der Telefonkommunikation erkannt haben und einen guten Telefonservice praktizieren. Es gibt darunter aber auch Unternehmen, die noch einen erheblichen Nachholbedarf aufweisen.

Erfahrungsgemäß beteiligen sich an derartigen Studien eher Unternehmen, die bereits einen relativ guten Stand vorweisen können. Im Durchschnitt der deutschen Wirtschaft wird also – auch unter diesem Aspekt – das Niveau noch erheblich geringer sein.

Die Auswertung des Fragebogenrücklaufes wurde über EDV mit dem Statistik-Programmpaket SPSS (Superior Performing Software Systems) durch-

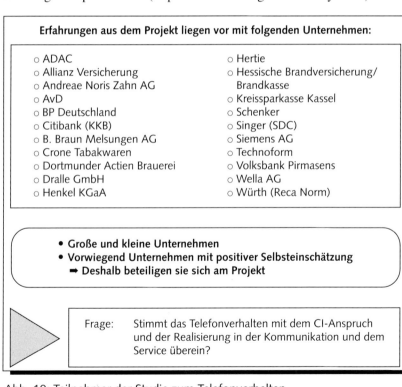

Abb. 10: Teilnehmer der Studie zum Telefonverhalten

geführt (vgl. Backhaus/Erichson/Plinke/Weiber, 1994, S. XIIff.). Ein spezielles Gewichtungs- und Bewertungsmodell wurde zusätzlich entwickelt und programmiert. An statistischen Methoden kamen uni- und bivariate, multiple sowie multivariate Verfahren zum Einsatz, wie z. B. Häufigkeitsauszählungen, Kreuztabellierungen, Korrelationsberechnungen, t-Tests, Regressionsanalysen, Varianzanalysen mit Mittelwertvergleichstests sowie Faktoren- und Clusteranalysen. Speziell die multivariaten Verfahren wurden nicht nur isoliert, sondern vor allem auch kombiniert eingesetzt (vgl. Backhaus/Erichson/Plinke/Weiber, 1994, S. 56ff.).

Generell wurde zur Analyse von Zusammenhängen zwischen einzelnen Variablen oder Unterschieden zwischen einzelnen Gruppen ein Signifikanzniveau von 95% (Irrtumswahrscheinlichkeit $p \leq 0,05$) zugrunde gelegt.

Die Ergebnisse dieser Studie liefern ein aufschlußreiches, im wesentlichen ernüchterndes Bild der Telefonkultur in deutschen Unternehmen.

Nachzutragen bleibt, daß jedes teilnehmende Unternehmen eine kostenlose Detailanalyse zu den konkreten Ergebnissen der Servicequalität am Telefon im eigenen Unternehmen erhielt. Nach unserem Kenntnisstand haben diese Unternehmen anschließend durchweg Verbesserungsmaßnahmen in die Wege geleitet.

3. Welche Bedeutung hat das Telefon in deutschen Unternehmen?

Als zentrale Fragen werden in diesem Kapitel behandelt:
- ❏ Hat der Telefonkontakt im Geschäftsleben zugenommen?
- ❏ Welchen Stellenwert hat das Telefon im Vergleich zu anderen Formen der Kommunikation?
- ❏ Welche Bedeutung wird den Telefonarbeitsplätzen in den Unternehmen beigemessen?
- ❏ Wie sind diese in den Unternehmen ausgestattet?

Wie die Studie belegt, hat der Telefonkontakt in den letzten Jahren – sowohl aus Kunden- als auch Unternehmenssicht – an Bedeutung gewonnen. Die Einschätzungen der Führungskräfte in den Unternehmen und die der Kunden unterscheiden sich nur geringfügig und weichen nicht signifikant voneinander ab. Heute rufen Kunden bei Unternehmen – entsprechend der Fragestellung – viel häufiger an als vor 3 Jahren (siehe Abb. 11).

Augenblicke der Wahrheit

Ranking:		Mittelwert (in %) Kunden-/Selbsteinschätzung
①	Service und Kundendienst	69
②	Aufträge und Bestellungen	63
③	Preisanfragen	61
④	Beschwerden/Reklamationen	60
⑤	Anforderung von Info-Unterlagen	57
⑥	Produktanfragen	56

▷ Der Telefonkontakt mit Kunden/Lieferanten hat in den letzten 3 Jahren im Vergleich zu anderen Kommunikationsformen (Brief/persönlicher Kontakt) stark zugenommen

Legende: 0% = überhaupt nicht
100% = sehr stark

Abb. 11: Welche Rolle spielt heute das Telefon im Kundenkontakt?

Speziell bei Service und Kundendienst hat der Telefonkontakt – im Vergleich zu anderen Formen der Kommunikation – am stärksten zugenommen. Aufträge und Bestellungen, Preisanfragen sowie Beschwerden/Reklamationen per Telefon sind ebenfalls deutlich gestiegen (siehe Abb. 11). Das Telefon hat im Bereich der direkten Kundenkommunikation einen hohen Stellenwert erlangt.

Bei Ausstattung und Wertigkeit der Telefonarbeitsplätze in den Unternehmen besteht – wie aus Abbildung 12 ersichtlich – noch Nachholbedarf. Ein regelmäßiges Messen und Erfassen der eingehenden Anrufe pro Tag sowie ein Auswerten der registrierten Anrufe nach Art, Inhalt und Ergebnis erfolgt in drei Viertel der beteiligten Unternehmen nicht.

Nur knapp über 20% der beteiligten Unternehmen besitzen eine spezielle Abteilung zur Bearbeitung von Kundenanfragen, Beschwerden oder Reklamationen. Eine gründliche Schulung der Mitarbeiter für das Verhalten am Telefon wird nur in jedem sechsten Unternehmen durchgeführt.

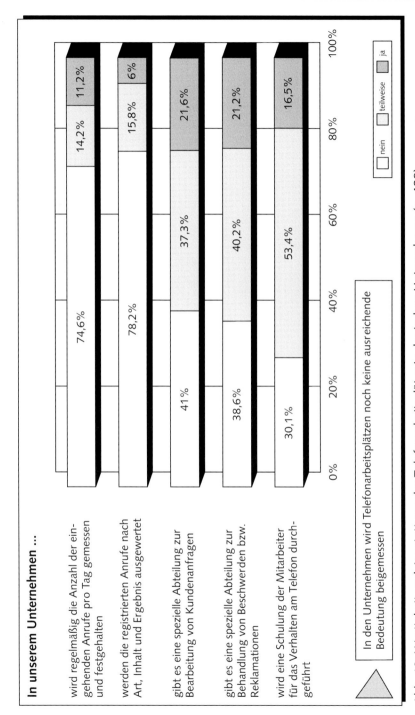

Abb. 12: Wertigkeit und Ausstattung der Telefonarbeitsplätze in deutschen Unternehmen (n=139)

Aus Sicht der befragten Führungskräfte und Kunden weichen die Gründe für Anrufe in einigen Bereichen deutlich voneinander ab (siehe Abb. 13). Dies ist nicht der Fall bei Produkt- und Preisanfragen, der Anforderung von Informationsunterlagen sowie bei Beschwerden und Reklamationen. Aus Kundensicht bezieht sich fast die Hälfte der Anrufe auf eine Auftragsvergabe oder Bestellung, aus Sicht der Unternehmen ist dies lediglich in gut jedem vierten Anruf der Fall. Auf den Service und Kundendienst bezieht sich aus Sicht der Unternehmen mehr als jeder fünfte Anruf, aus Sicht der Kunden nur drei Prozent aller Anrufe.

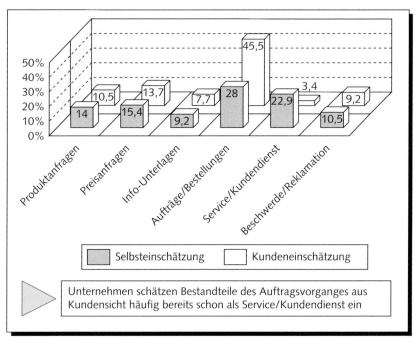

Abb. 13: Wie teilen sich die Anrufe bei den Unternehmen auf?

Diese Ergebnisse lassen eine interessante Schlußfolgerung zu, da es sich hierbei – wohlgemerkt – aus beiderlei Sicht lediglich um die beim Unternehmen eingehenden Anrufe handelt:

> Für den Kunden bezieht sich ein erheblicher Anteil aller Anrufe auf die Auftragsvergabe. Vom Unternehmen wird hiervon ein beträchtlicher Teil als Service und Kundendienst interpretiert. Für den Kunden gehört der Kontakt damit noch viel stärker zum Grundnutzen, das Unternehmen mißinterpretiert ihn – in Abhängigkeit vom Marketingverständnis und der Serviceorientierung – jedoch häufig nur als Zusatznutzen.

Augenblicke der Wahrheit

Die Unternehmen reduzieren damit den Vorgang von Aufträgen und Bestellungen aus ihrer Sicht offensichtlich häufig auf den reinen Bestellvorgang. Diese Diskrepanz kann negative Folgen für das Unternehmen haben.

4. Welchen Einfluß hat professionelles Telefonieren auf das Image eines Unternehmens?

Als zentrale Fragen werden in diesem Kapitel behandelt:
- ❏ Wie wichtig ist für die Anrufer, daß sie am Telefon gut behandelt werden?
- ❏ Unterscheiden sich Privat- und Geschäftskunden in ihren Ansprüchen?
- ❏ Welche Anforderungen stellen die Kunden an das Verhalten ihrer Gesprächspartner?
- ❏ Welchen Stellenwert hat das Verhalten der eigenen Mitarbeiter am Telefon?

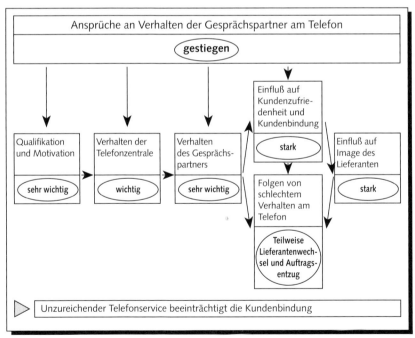

Abb. 14: Was ist für Kunden beim Kontakt mit Mitarbeitern der Lieferanten am Telefon wichtig?

43

Augenblicke der Wahrheit

Wie Abbildung 14 als Zusammenfassung der detaillierten Untersuchungsergebnisse verdeutlicht, sind die Anforderungen an »gutes« Verhalten am Telefon bei den Kunden in den letzten Jahren stark gestiegen. Das Verhalten der Gesprächspartner, also der Mitarbeiter der Telefonzentrale sowie der jeweiligen Ansprechpartner, hat aus Sicht der befragten Kunden einen starken Einfluß auf die Kundenzufriedenheit und die Kundenbindung.

Die Detailauswertungen zeigen, daß für drei Viertel (75%) der befragten Bestandskunden das Verhalten ihrer Gesprächspartner am Telefon einen starken oder sehr starken Einfluß darauf hat, wie zufrieden sie mit dem Unternehmen sind und ob sie dort weiter Kunde bleiben.

> Besonders wichtig im Telefonkontakt sind für die Bestandskunden hierbei die Qualifikation und die Motivation der Gesprächspartner, also ihre Fachkenntnisse und ihr Engagement.

Das Verhalten des Gesprächspartners wird verständlicherweise als wichtiger eingeschätzt als das Verhalten der Telefonzentrale. Insgesamt geht vom Verhalten der Gesprächspartner am Telefon ein starker Einfluß auf die Kundenzufriedenheit und Kundenbindung aus.

Schlechtes Verhalten am Telefon hat einen starken Einfluß auf das Image eines Unternehmens und teilweise auch einen Lieferantenwechsel oder Auftragsentzug zur Folge. So führt für 42% der befragten Bestandskunden schlechtes Verhalten der Gesprächspartner am Telefon schnell dazu, daß sie woanders einkaufen bzw. Kunde werden. Über ein Drittel (39%) der Befragten wechselt je nach Situation das Unternehmen; bei 19% hat jedoch eine schlechte Behandlung am Telefon kaum eine Auswirkung auf die Lieferantentreue.

Generell wird der Stellenwert der Telefonkultur von den verschiedenen Kundengruppen unterschiedlich gewichtet:

> Für Privatkunden ist das Verhalten ihrer Gesprächspartner am Telefon meist signifikant wichtiger als für Geschäftskunden. Wenn Privatkunden am Telefon schlecht behandelt werden, führt dies wesentlich schneller als bei den Geschäftskunden dazu, daß sie woanders kaufen bzw. Kunde werden (siehe Abb. 15).

Die befragten Führungskräfte haben generell die Zeichen der Zeit erkannt: Ihre Ansprüche an das Verhalten ihrer Mitarbeiter am Telefon liegen fast

Augenblicke der Wahrheit

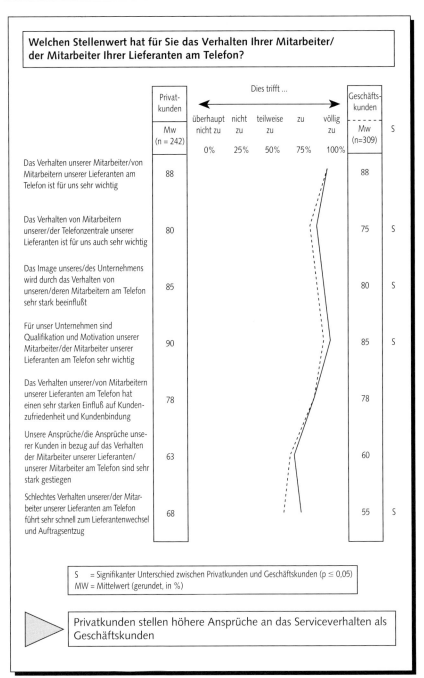

Abb. 15: Unterschiede im Serviceanspruch zwischen Privat- und Geschäftskunden

Augenblicke der Wahrheit

Welchen Stellenwert hat für Sie das Verhalten Ihrer Mitarbeiter/ der Mitarbeiter Ihrer Lieferanten am Telefon?		
	Selbsteinschätzung Mw (n = 139)	Fremdeinschätzung Mw (n=511)
Das Verhalten unserer Mitarbeiter/von Mitarbeitern unserer Lieferanten am Telefon ist für uns sehr wichtig	95	88 S
Das Verhalten von Mitarbeitern unserer/der Telefonzentrale unserer Lieferanten ist für uns auch sehr wichtig	93	78 S
Das Image unseres/des Unternehmens wird durch das Verhalten von unseren/deren Mitarbeitern am Telefon sehr stark beeinflußt	83	83
Für unser Unternehmen sind Qualifikation und Motivation unserer Mitarbeiter/der Mitarbeiter unserer Lieferanten am Telefon sehr wichtig	93	88 S
Das Verhalten unserer/von Mitarbeitern unserer Lieferanten am Telefon hat einen sehr starken Einfluß auf Kundenzufriedenheit und Kundenbindung	83	78 S
Unsere Ansprüche/die Ansprüche unserer Kunden in bezug auf das Verhalten der Mitarbeiter unserer Lieferanten/ unserer Mitarbeiter am Telefon sind sehr stark gestiegen	68	63 S
Schlechtes Verhalten unserer/der Mitarbeiter unserer Lieferanten am Telefon führt sehr schnell zum Lieferantenwechsel und Auftragsentzug	70	60 S

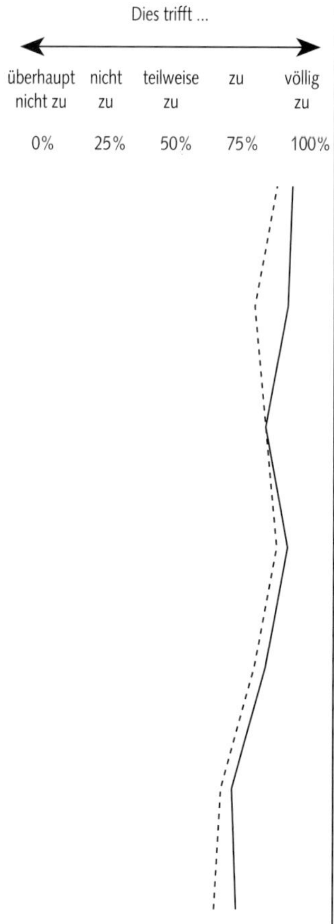

S = Signifikanter Unterschied zwischen Selbsteinschätzung durch Führungskräfte und Fremdeinschätzung durch Kunden (p ≤ 0,05)
MW = Mittelwert (gerundet, in %)

▶ Die Anforderungen der Führungskräfte an die Servicequalität sind höher als die Ansprüche der Kunden

Abb. 16: Unterschiede in den Anforderungen und Ansprüchen zwischen Führungskräften und Kunden

immer wesentlich über denen ihrer Kunden (siehe Abb. 16). Die Frage ist, ob die Kunden ihre Anforderungen aufgrund einschlägiger Erfahrungen hinsichtlich der Qualität des Telefonservice in der Vergangenheit eher reduziert haben und ob sie eine besonders gute Qualität des Telefonservice schätzen und honorieren würden.

Eine weitere Erklärung für diese unterschiedliche Gewichtung der Telefonkultur ist, daß die Führungskräfte für die Differenzierung vom Wettbewerb ein deutlich höheres Niveau fordern, als es anschließend von ihren Mitarbeitern in der Praxis erreicht wird. Dies würde dem Umstand Rechnung tragen, daß gerade im Verhaltensbereich viele gute Vorsätze zwar verstanden, aber nicht durchgängig praktiziert werden. Aus dieser Sicht ist ständiges Training, Bewußtmachen und damit auch ein Rückkoppeln von erzielten guten Ergebnissen, aber auch von deutlichen Defiziten aus Kundensicht besonders wichtig.

Erwähnenswert ist noch folgendes Ergebnis: Hinsichtlich der Bedeutung der Unternehmens- und Marketingphilosophie gibt es zwischen der Einschätzung der beteiligten Unternehmen und ihren Geschäftskunden keine signifikanten Unterschiede. Kunden und Lieferanten schätzen also eine starke Kundenorientierung, eine überzeugende Corporate Identity im Erscheinungsbild, in der Kommunikation und im Verhalten der Mitarbeiter als gleich bedeutsam ein.

Dies bedeutet, daß die angelegte Meßlatte für das jeweils eigene Unternehmen gleich hoch ist. Die Geschäftskunden haben also für das eigene Unternehmen gleich hohe Ansprüche, erwarten aber in der Umsetzung von ihren Lieferanten weniger als diese selbst. Dies ist noch einmal ein Beleg für den Verlust auf der Wegstrecke zwischen dem, was das Unternehmen fordert, und dem, was die Mitarbeiter tatsächlich in ihrem Verhalten umsetzen und erreichen.

Augenblicke der Wahrheit

3.5. Wissen Unternehmen wirklich, wie gut oder wie schlecht ihre Mitarbeiter mit Kunden oder Interessenten telefonieren?

> **Als zentrale Fragen werden in diesem Kapitel behandelt:**
> ❏ Wie beurteilen die Kunden das Verhalten ihrer Gesprächspartner am Telefon?
> ❏ Wann fühlen sich Kunden am Telefon besonders gut behandelt?
> ❏ Wie wird das Verhalten der eigenen Mitarbeiter am Telefon durch Führungskräfte eingeschätzt?
> ❏ Unterscheiden sich Privatkunden von Geschäftskunden in ihrer Beurteilung?

Für jedes Unternehmen ist es wichtig zu wissen, wie gut oder schlecht seine Mitarbeiter mit Kunden oder Interessenten am Telefon umgehen.

> »Wir kennen unsere Stärken und Schwächen allzu gut«
> (Argument einer Führungskraft, dessen Unternehmen sich nicht an der Studie beteiligte)

Mit einigen Punkten sind die befragten Kunden im Durchschnitt relativ zufrieden, wie Abbildung 17 veranschaulicht: Die Freundlichkeit und Hilfsbereitschaft der Telefonzentrale und der fachlichen Ansprechpartner ist also weniger das Problem, ebenso die schnelle Reaktion auf Kundenwünsche.

> **Was ist den Kunden positiv aufgefallen?**
>
> ➡ Freundliche und hilfsbereite Mitarbeiter am Telefon
>
> ➡ Freundliche Mitarbeiter der Telefonzentrale, die professionell weiterverbinden
>
> ➡ Auf Produkt- und Preisanfragen per Telefon wird schnell durch Zusenden von gewünschten Unterlagen oder den gewünschten Besuch eines Außendienstmitarbeiters reagiert
>
> **Was wird bemängelt?**
>
> ➡ Es wird zu häufig erst nach mehr als 3 x Klingeln abgehoben
>
> ➡ Eine zufriedenstellende Antwort oder das Verbinden mit dem richtigen Ansprechpartner erfolgt nur teilweise

Abb. 17: Bewertung des Verhaltens am Telefon

Augenblicke der Wahrheit

> Bemängelt wird hingegen, daß das Gespräch erst nach zu häufigem Klingeln entgegengenommen wird, daß Anfragen nicht zufriedenstellend beantwortet werden und daß teilweise falsch weiterverbunden, also erst über mehrere Stellen hinweg mit dem richtigen Ansprechpartner verbunden wird.

Konkret werden die Defizite im Telefonservice und die Wünsche der Anrufer durch den O-Ton von befragten Geschäfts- und Privatkunden belegt (siehe Abb. 18).

- »Bei einem Anruf von uns wird zwar häufig relativ schnell abgehoben, wir werden aber dann zumeist auf die »Warteschleife« gelegt und dann erst nach 5 bis 10 Minuten bedient.«
- »Durch häufiges Weiterverbinden innerhalb xxx entstehen lange Wartezeiten und hohe Kosten. Ich wurde bis zu sechs mal falsch verbunden.«
- »Es stört die »Kling-Klang«-Musik während der sehr langen Wartezeiten.«
- »Die Lustlosigkeit der Mitarbeiter ist selbst beim Telefonieren spürbar.«
- »Frau X und Frau Y verhalten sich tadellos, freundlich und aufgeweckt am Telefon, haben aber über das Programm von Z keinerlei Ahnung.«
- »Aufträge werden zuvorkommend angenommen, aber fast immer (bei mir jedenfalls) schlecht oder gar nicht abgewickelt.«
- »Gespräche, die ich auf einen Telefonanrufbeantworter spreche, werden nicht beachtet.«
- »Freitag ab 12.00 Uhr ist kaum noch jemand zu erreichen.«
- »Der Anschluß ist zu häufig besetzt.«
- »Mitarbeiter ist meistens nicht am Arbeitsplatz. Er wird oft gesucht, ruft erst nach Stunden zurück.«
- »Die Telefonzentrale ist nur bis 16.00 Uhr besetzt, danach nimmt der Pförtner ab (in einem Unternehmen mit tausend Mitarbeitern).«
- »Auch nach dem zehnten Klingeln wurde oft nicht abgehoben und ich habe verärgert wieder einhängen müssen.«

Abb. 18: Generelle Kritik: O-Ton von befragten Geschäfts- und Privatkunden

Wie Abbildung 19 zeigt, beurteilen die Kunden das Verhalten ihrer Gesprächspartner am Telefon immer positiver als die Führungskräfte das Verhalten der entsprechenden Mitarbeiter, und zwar als annähernd gut – aber nie als sehr gut. Also liegt der Schluß nahe: Die Kunden beurteilen das Standardverhalten – das sie gewohnt sind – bereits als ausreichend. Um sich im Wettbewerb positiv abzuheben, reicht dies für ein Unternehmen aber keinesfalls aus.

Augenblicke der Wahrheit

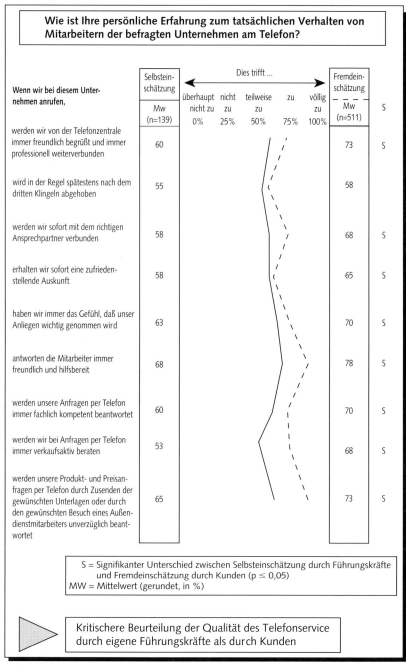

Abb. 19: Unterschiede in der Beurteilung der Servicequalität am Telefon zwischen Führungskräften und Kunden

Augenblicke der Wahrheit

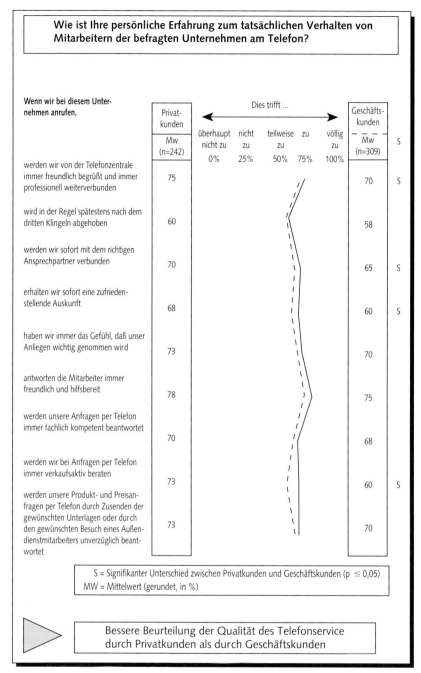

Abb. 20: Unterschiede in der Beurteilung der Servicequalität am Telefon zwischen Privat- und Geschäftskunden

Augenblicke der Wahrheit

Ein interessantes Ergebnis trat zu Tage: Die Verkaufsorientierung der Mitarbeiter am Telefon wird besonders von den Führungskräften, zum Teil auch von den Kunden als noch zu gering beurteilt. Dies gilt insbesondere im geschäftlichen Bereich, wo sich die Kunden bei Anfragen am Telefon noch zu wenig verkaufsaktiv beraten fühlen, also zu wenig Information und Unterstützung bei einer Kaufabsicht erhalten.

Eine Zusatzauswertung belegt, daß Privatkunden, die durchschnittlich etwa einmal pro Woche bei einem Unternehmen anrufen, hierbei das Verhalten ihrer Gesprächspartner am Telefon immer besser als die Geschäftskunden beurteilen, die ca. 10 mal häufiger mit einem Unternehmen telefonieren. Privatkunden fühlen sich bei telefonischen Anfragen auch wesentlich stärker verkaufsaktiv beraten als Geschäftskunden (siehe Abb. 20).

Wann fühlen sich die Kunden am Telefon besonders gut beraten? Es verwundert nicht, daß Kunden und Interessenten sich von ihren Gesprächspartnern dann am besten behandelt fühlen, wenn sie etwas kaufen wollen.

Anders sieht es bei Beschwerden/Reklamationen aus: In diesem Fall haben die Mitarbeiter offenbar Schwierigkeiten mit der Kundenorientierung. Die Untersuchung brachte das eindeutige Ergebnis: Wenn ein Unternehmen etwas verkaufen will, behandelt es seine Interessenten oder Kunden signifikant besser, als wenn diese etwas reklamieren wollen. Dies veranschaulicht auch der folgende O-Ton von verärgerten Anrufern plastisch (siehe Abb. 21).

❑ »Änderungswünsche werden sehr oft mit fragwürdigen Argumenten abgeschmettert.«
❑ »Vor dem Kauf eines Artikels ist die Auskunft über ein Produkt wesentlich besser als nach dem Kauf.«
❑ »Oft entsteht das Gefühl, daß keine sachlich kompetenten Personen an den entsprechenden Stellen sitzen. Somit tritt am Telefon öfters ein »Abwimmeleffekt« ein. Man muß schon sehr hartnäckig sein, um doch etwas zu erreichen.«
❑ »Nicht immer sind kompetente Ansprechpartner zu erreichen, oftmals müssen Telefonate mit Auszubildenden geführt werden.«
❑ »Ich hatte den Eindruck, daß bei Fa. U ein ziemlich träger Amtsschimmel durch die Vollen reitet. Entsprechend waren auch die Informationen am Telefon.«
❑ »Die Probleme sind übrigens so großartig, daß die Firma ZK für ihre Mitarbeiter besser jemand mit einem Knüppel beschäftigen sollte, als einen Professor mit einer Meinungsumfrage.«

Abb. 21: Verärgerte Anrufer: O-Ton von befragten Geschäfts- und Privatkunden

Augenblicke der Wahrheit

Dabei ist es aber gerade in dieser Situation – wie die eingangs zitierten Untersuchungsergebnisse zeigen – wichtig, daß die Kunden sich und ihr Problem ernstgenommen fühlen. Insgesamt muß hier von Seiten der Unternehmen offensichtlich noch einiges getan werden, damit der reklamierende Kunde nicht zum Negativmultiplikator wird.

❏ »Ich habe bei Fa. K immer das Gefühl gehabt, ernstgenommen zu werden. Das ist eine Seltenheit.«
(Zufriedener Anrufer: O-Ton eines Privatkunden)

Wenn die Reklamation inhaltlich gut aufgearbeitet wird, dann müßte ja gerade der Anrufer im Reklamationsfalle die Kundenorientierung des Unternehmens positiv erleben und bewerten. Es geht nicht darum, daß der Kunde sachlich etwas zugesprochen bekommt, sondern wie er am Telefon behandelt wird. Es ist davon auszugehen, daß Kunden dieses auch unterscheiden können. Das Ergebnis ist aber genau umgekehrt: Das Verhalten der Mitarbeiter am Telefon wird bei Reklamationen aus Kundensicht deutlich schlechter als bei einer Kaufabsicht beurteilt.

6. Wie werden die Unternehmen bei den Kontaktanrufen beurteilt?

Als zentrale Fragen werden in diesem Kapitel behandelt:
❏ Wie schneiden die Unternehmen bei den Kontaktanrufen ab?
❏ Was waren bei den Kontaktanrufen Stärken und Schwachstellen im Verhalten der Mitarbeiter?
❏ Wie wurden die emotionelle und die sachliche Gesprächsführung bei den Kontaktanrufen im Detail beurteilt?
❏ Welche »Muß-Kriterien«, die für ein professionelles Telefongespräch unabdingbar sind, wurden vernachlässigt? (s. zu den Muß-Kriterien S. 36)

Die Ergebnisse der Kontaktanrufe machen eines deutlich: Die Experten, welche die konkreten Kontaktanrufe bei den beteiligten Unternehmen durchführten, beurteilen das Verhalten ihrer Gesprächspartner immer kritischer als die Bestandskunden, und zwar im allgemeinen als mittelmäßig, oftmals jedoch auch als schlecht oder sehr schlecht. Dies liegt zunächst daran, daß die Experten die Telefonate speziell mit der Zielsetzung führten, das Verhalten am Telefon zu beurteilen. Für den »normalen« Anrufer steht dagegen der

Augenblicke der Wahrheit

So wird in deutschen Unternehmen telefoniert:
(Basis: 1089 Kontaktanrufe)

Die besten Erlebnisse: ⊕	Die schlechtesten Erlebnisse: ⊖
Zentrale:	*Zentrale:*
❏ 53% begrüßen den Anrufer freundlich	❏ 413 Sekunden Wartezeit von der Zentrale zum Ansprechpartner
❏ 43% haben eine sehr deutliche oder sehr natürliche Aussprache	❏ 18 × weiterverbunden von der Zentrale
❏ 43% wissen noch Bescheid über den Anrufer, wenn das Gespräch nicht weiterzuvermitteln ist	❏ 72% wissen nicht, wer für das Problem des Anrufers zuständig ist
	❏ 42% verhalten sich nicht engagiert
Ansprechpartner:	*Ansprechpartner:*
❏ 46% geben sofort eine zufriedenstellende Auskunft	❏ 39% nennen ihren Namen nicht oder sehr undeutlich, bei Reklamationen sogar 47%
❏ 45% sind hilfsbereit	❏ 85% sprechen den Anrufer nicht oder nicht richtig mit Namen an
	❏ 42% haben kein Verständnis für eine Beschwerde des Anrufers

Abb. 22: Methode der kritischen Ereignisse

Inhalt des Gesprächs im Vordergrund. Entscheidend ist, daß die Experten von dem aktivierbaren Potential an Telefonservice und Telefonkultur ausgehen, das in vielen Unternehmen ungenutzt bleibt.

In Abbildung 22 sind die besten und schlechtesten Erfahrungen, die Anrufer gemacht haben, gegenübergestellt. Positiv beurteilten die Anrufer das Verhalten von Zentrale und jeweiligem Ansprechpartner hinsichtlich Freundlichkeit, Aussprache, Erinnerungsvermögen, Kompetenz und Hilfsbereitschaft in 50% der Fälle. Diese Ergebnisse sind scheinbar ermutigend, zeigen aber gleichzeitig, daß jeder zweite am Telefon im Unternehmen nicht zu dieser positiv eingeschätzten Gruppe gehört.

Da jedes Telefongespräch ein »Augenblick der Wahrheit« ist und zu einem entscheidenden Erlebnis werden kann, darf nichts dem Zufall überlassen werden. Kaum zu glauben, aber einige Augenblicke der Wahrheit im Kundenkontakt sind geradezu »niederschmetternd«: Ein Interessent mußte fast 7 Minuten warten, bis er endlich von der Zentrale mit dem richtigen Ansprechpartner verbunden wurde, ein anderer wurde 18 mal weiterverbunden.

Augenblicke der Wahrheit

Diese Augenblicke der Wahrheit waren jedoch keine Einzelfälle. Eine Reihe von Anrufern wurde 10 bis 15 mal weiterverbunden und 3 andere Personen mußten länger als 5 Minuten auf die Verbindung von der Zentrale zum Ansprechpartner warten. Hier drängt sich sofort der Vergleich mit einem Sketch von Karl Valentin auf, in dem der Buchbinder Wanninger telefonisch anfragt, wohin er 12 frisch eingebundene Bücher liefern soll und wann er die Rechnung einkassieren darf. Buchbinder Wanninger wird von einer Stelle zur anderen im Unternehmen verbunden, wiederholt immer wieder sein Anliegen und erhält keine schlüssige und definitive Antwort. Auch in unserer Untersuchung gilt also: »Buchbinder Wanninger läßt grüßen«.

Hat der Anrufer ein Problem, wissen – wie die Kontaktanrufe verdeutlichen – drei von vier Mitarbeitern in der Telefonzentrale nicht sofort, wer dafür zuständig ist. 42% der Mitarbeiter verhalten sich nicht engagiert dem Anliegen des Anrufers gegenüber. Speziell bei Reklamationen oder Beschwerden zeigen wiederum 42% der Ansprechpartner kein Verständnis für den Ärger des Anrufers.

In 85% aller Fälle wird der Anrufer vom Ansprechpartner überhaupt nicht oder nicht richtig mit seinem Namen angesprochen. Dabei ist gerade das Ansprechen mit dem Namen **die** Einstiegschance, um einem Gespräch eine persönlichere Note zu geben und zu dokumentieren, daß mir der Gesprächspartner wichtig ist.

Bei Reklamationen will fast jeder zweite zuständige Gesprächspartner im Unternehmen auch anonym bleiben: Er nennt seinen Namen nicht. Man möchte das Gespräch also am liebsten neutralisieren. Genau das Gegenteil wäre aber richtig: dem Anrufer das Gefühl zu geben, daß man etwas für ihn tut, auch wenn man nicht alle seine Wünsche erfüllen kann.

Geht man davon aus, daß in der Praxis ein Anrufer nach fünfmaligem Klingeln auflegt, weil seine innere Abbruchschwelle erreicht ist und er resigniert aufgibt, dann ergibt sich bei den Kontaktanrufen folgendes Ergebnis: Bei fast 19% aller Kontaktanrufe hat es mehr als fünfmal geklingelt, bevor sich überhaupt ein Partner meldete. Fast jeder fünfte Kunde hätte – wenn überhaupt – also den gewünschten Gesprächspartner nicht erreicht.

Jeder dritte Anrufer (34,8%) muß mindestens ein zweites Mal versuchen, den gewünschten Ansprechpartner zu erreichen, da entweder besetzt ist oder der Ansprechpartner sich nicht meldet bzw. nicht zu erreichen ist. Jedem achten Kunden (12,8%) bleibt es nicht erspart, mindestens ein drittes Mal anzuwählen.

Eine starke Geräuschkulisse im Hintergrund – Lachen, Stimmengewirr, Musik etc. – waren keine Seltenheit ebenso wie Zurufe oder Gespräche mit anderen

Augenblicke der Wahrheit

Mitarbeitern, die der Kunde dann detailliert mitbekommt. Es gilt jedoch: Die beste Gesprächsführung nützt nichts, wenn das Umfeld nicht stimmt.

Ein weiteres Defizit wurde in einigen Fällen deutlich: Bei Produkt- oder Preisanfragen reagieren die Mitarbeiter am Telefon nach Ansicht der Experten zwar überwiegend nett und freundlich, oftmals haben sie jedoch keinerlei Produktkenntnis oder sind total überfordert. Am Ende ist der Anrufer als Interessent häufig genauso schlau wie vorher.

Die nun interessierende Frage ist: Behandeln die Mitarbeiter der beteiligten Unternehmen Privat- und Geschäftskunden am Telefon unterschiedlich? Die Ergebnisse einer Zusatzauswertung sind in Abbildung 23, reduziert auf statistisch signifikante Unterschiede bezogen auf die Durchschnittswerte der einzelnen Kriterien, aufgelistet. Wie deutlich wird, werden einige erwartete Ergebnisse bestätigt. Ein Privatkunde wird gut informiert und beraten, einem Geschäftskunden wird aber eher ein zusätzlicher Service, wie zum Beispiel ein Rückruf, angeboten.

Werden Geschäftskunden besser als Privatkunden behandelt?
(statistisch signifikante Unterschiede)

Wenn Privatkunden (unabhängig von ihrem Anliegen) anrufen:
❏ Wird bei Direktdurchwahl der Firmenname vom Ansprechpartner wesentlich häufiger und deutlicher genannt (Mittelwert: 21% bei Privatkunden zu 15% bei Geschäftskunden)
❏ Bietet der Ansprechpartner häufiger eine fachlich kompetente Lösung an (44% zu 36%)
❏ Erfolgt bei vertriebsorientierten Anfragen häufiger eine Vorteil/Nutzen-Argumentation (14% zu 8%)
❏ Werden Anfragen/Einwände verkaufsaktiver behandelt (15% zu 9%)

Wenn Geschäftskunden (unabhängig von ihrem Anliegen) anrufen:
❏ Wird vom Ansprechpartner wesentlich häufiger ein Rückruf angeboten (Mittelwert: 6% bei Geschäftskunden zu 2% bei Privatkunden)
❏ Lassen die Mitarbeiter der Telefonzentrale (51% zu 45%) und die Ansprechpartner (54% zu 49%) den Anrufer eher ausreden
❏ Wird häufiger die Anschrift des Anrufers notiert (15% zu 10%)
❏ Führen die Mitarbeiter der Telefonzentrale das Gespräch zielgerichteter (20% zu 11%)
❏ Verhalten sich die Mitarbeiter der Telefonzentrale hilfsbereiter und geduldiger am Telefon (46% zu 41%)

Lesehilfe:
(%) = Mittelwerte auf der Basis der Experten-Urteile

Abb. 23: Unterschiede in der Behandlung von Geschäfts- und Privatkunden

Augenblicke der Wahrheit

Zur Erinnerung: Die Ergebnisse von Bestandskundenanalyse und Befragung der Führungskräfte förderten eine **zu geringe Verkaufsorientierung der Mitarbeiter in den marktorientierten Bereichen** sowie eine **nicht ausreichende Kundenorientierung bei Beschwerden/Reklamationen** zu Tage. Welche Erfahrungen machten die Experten der Prisma, als sie sich – in dem vorab mit der Geschäftsleitung abgesprochenen Rahmen – beschwerten?

Insgesamt wurden entsprechend dem Untersuchungsmodell 216 Anrufe durchgeführt, die Reklamationen/Beschwerden zum Inhalt hatten. 38 Kontaktversuche, das sind knapp 18% aller Beschwerde-Gespräche, verliefen dabei »ergebnislos«: Das heißt nach mehr als 10maligem Klingeln oder nach mehr als 5 Kontaktversuchen kam keine telefonische Verbindung mit dem Unternehmen zustande. Jeder 5. Kunde, der eine Beschwerde anbringen will, hat also überhaupt keine Chance, zu einem Reklamationsgespräch zu kommen und eine Lösung seines Problems zu erreichen.

Interessant ist, wie die Ansprechpartner die reklamierenden Anrufer am Telefon behandelten. Abbildung 24 gibt einen Überblick über die wichtigsten Stärken und Schwächen in der Gesprächsführung.

Wie wurden die Experten als Anrufer mit einer Beschwerde/Reklamation im Detail behandelt?

Die schlechtesten Ergebnisse bei den Ansprechpartnern:
- 73,3% haben kein Verständnis für den Ärger des Anrufers
- 66,3% verwenden Abwehrmechanismen
- 54,5% führen keine oder eine schlechte Problemanalyse durch
- 50,8% geben nicht sofort eine zufriedenstellende Auskunft
- 49,2% bieten keine fachlich kompetente Lösung an
- 47,6% fassen das Problem/Anliegen nicht oder nicht kompetent zusammen
- 46,6% der Ansprechpartner nennen ihren Namen nicht oder sehr undeutlich
- 42,2% nehmen das Anliegen/Problem des Anrufers nicht wichtig/haben kein Verständnis für eine Beschwerde des Anrufers

Die besten Ergebnisse bei den Ansprechpartnern:
- 48,1% nehmen das Problem des Anrufers wichtig und sind engagiert dem Anliegen des Anrufers gegenüber
- 43,3% verhalten sich sehr hilfsbereit
- 41,7% sind freundlich und geduldig am Telefon
- 41,1% verabschieden sich freundlich
- 40,1% lassen den Anrufer aussprechen

Abb. 24: Stärken und Schwächen in der Reklamationsbehandlung

Etwa jeder zweite Ansprechpartner ist fachlich nicht kompetent genug oder nimmt das Problem des Anrufers nicht wichtig. Zwei Drittel führen das gesamte Gespräch abwehrend. Und drei Viertel haben kein Verständnis dafür, daß der Kunde verärgert ist.

Demgegenüber hat sich fast jeder zweite Gesprächspartner zumindest darum bemüht, freundlich und hilfsbereit zu sein. Insgesamt zeigen diese Ergebnisse der Expertenanrufe, daß es bei Beschwerden und Reklamationen zu einer Polarisierung gerade bei dem Kriterium kommt, ob der Gesprächspartner das Anliegen des Anrufers wichtig nimmt und sich engagiert verhält. Hier sind die Prozentsätze für eine positive Gesprächsführung (42,2%) und eine negative Gesprächsführung (48,1%) fast gleich groß.

Mit diesem Einstiegsverhalten in eine kundenorientierte Problembehandlung und -lösung wird der weitere Gesprächsverlauf oft stark beeinflußt. Fast die Hälfte aller Mitarbeiter, die für diesen Telefonservice zuständig sind, ist demnach nicht in der Lage, dem Gespräch von vornherein eine positive Richtung zu geben.

Nachzutragen bleibt, daß sich das Verhalten der Zentrale bei Beschwerden/Reklamationen von Anrufern nicht signifikant unterscheidet von den anderen Situationen, also ob ein Kunde erkennbar eine Information zu einem Produkt, Preis oder zum Service haben möchte.

Von den 5 **Anrufarten** wurden – neben dem gerade behandelten Typ der **Beschwerde/Reklamation** – **Preis- und Produktanfragen** sowie die **Anforderung von Informationsunterlagen** als eine Anrufkategorie zusammengefaßt, die sich nicht nur von Beschwerden und Reklamationen, sondern auch von der fünften Gruppe der **Service- und Kundendienstanfragen** klar unterscheiden läßt. Interessant ist, wie das Verhalten der Ansprechpartner bei diesen 3 Arten von verkaufsanbahnenden Gesprächstypen ist.

Insgesamt wurden hierzu 664 Anrufe durchgeführt. 89 Kontaktversuche, das sind über 13%, verliefen wiederum ergebnislos, da nach 10maligem Klingeln oder nach dem 5. Kontaktversuch keine Verbindung zum Unternehmen zustande kam.

Mehr als jeder 5. Anrufer (21,4%) wurde von den Mitarbeitern der Telefonzentrale nicht sofort mit einem für sein Anliegen zuständigen und fachkundigen Gesprächspartner verbunden. Hierbei sind die Anrufer teilweise bis zu 10 mal von einem Ansprechpartner an den anderen »weitergereicht« worden. Der Spitzenwert bei der Wartezeit lag bei 5 ½ Minuten.

Augenblicke der Wahrheit

Wie wurden die Experten als Anrufer, die eine kaufanbahnende Anfrage hatten, im Detail behandelt?

Die schlechtesten Ergebnisse bei den Ansprechpartnern:
- 86,3% sprechen den Anrufer nicht oder nicht richtig mit seinem Namen an
- 86,1% nennen nicht oder schlecht die Vorteile/den Nutzen
- 85,1% behandeln Anfragen/Einwände nicht verkaufsaktiv
- 82,2% bieten nicht oder nicht zielgerichtet eine Zusendung von Angebot, Unterlagen oder den gewünschten Besuch eines Außendienstmitarbeiters an
- 66,2% zeigen keine Begeisterung/Engagement
- 65,4% führen keine oder eine schlechte Bedarfsanalyse durch
- 61,5% fassen das Problem/Anliegen nicht oder nicht kompetent zusammen
- 52,2% bieten keine fachlich kompetente Lösung an

Die besten Ergebnisse bei den Ansprechpartnern:
- 49,1% der Gesprächspartner nennen deutlich ihren Eigennamen
- 46,7% geben sofort eine zufriedenstellende Auskunft
- 46,7% sind freundlich und geduldig am Telefon
- 45,9% verhalten sich sehr hilfsbereit
- 43,2% verabschieden sich freundlich
- 42,6% lassen den Anrufer aussprechen

Abb. 25: Stärken und Schwächen bei verkaufsanbahnenden Gesprächen

In Abbildung 25 sind die wesentlichen positiven und negativen Ergebnisse bei diesen verkaufsanbahnenden Gesprächen zusammengefaßt. Die Schwächen belegen, daß hier – neben einer nicht ausreichenden fachlichen Kompetenz – die Ansprechpartner vor allem viel zu wenig Interesse und Verkaufsaktivität entwickeln. Die Stärken zeigen, daß auch nur jeder zweite dieser Gesprächspartner die Anforderungen an eine ausreichende Servicequalität am Telefon erfüllt.

Das Urteil aus Sicht der Privat- und Geschäftskunden (siehe Kapitel 3.5.), daß nämlich ein Interessent wesentlich besser behandelt wird, wenn er etwas kaufen will, als ein Kunde, der sich beschwert, muß demnach um einiges relativiert werden. Auch bei verkaufsanbahnenden Gesprächen bestehen – aus Expertensicht – noch erhebliche Defizite.

Abschließend analysierten wir die interessante Frage, ob Experten als Kunden am Telefon schlechter behandelt werden wenn sie sich beschweren wollen oder wenn sie eine verkaufsanbahnende Anfrage (Preis-/Produktanfrage oder Informationsanforderung) haben?

Augenblicke der Wahrheit

Wie wird ein Anrufer behandelt?

Bei einer Beschwerde im Vergleich zu einer verkaufsanbahnenden Anfrage:
- Wird vom Ansprechpartner eine bessere Bedarfs-/Problemanalyse durchgeführt (Mittelwert: 36% bei Beschwerden zu 28% bei verkaufsanbahnenden Anfragen)
- Wird das Problem/Anliegen des Anrufers kompetenter zusammengefaßt (42% zu 30%)

Bei einer verkaufsanbahnenden Anfrage im Vergleich zu einer Beschwerde:
- Gibt der Ansprechpartner häufiger eine zufriedenstellende Auskunft (Mittelwert: 50% bei verkaufsanbahnenden Anfragen zu 42% bei Beschwerden)
- Läßt sich der Ansprechpartner häufiger den Namen des Anrufers buchstabieren (10% zu 5%)
- Ist der Ansprechpartner besser auf eine Datenaufnahme vorbereitet (42% zu 33%)

Bei beiden Anfragearten kein Unterschied in Behandlung durch Mitarbeiter der Telefonzentrale

Lesehilfe:
(%) = Mittelwerte auf der Basis der Experten-Urteile

Abb. 26: Vergleich der Servicequalität bei Beschwerden und verkaufsanbahnenden Anfragen

In Abbildung 26 sind wiederum nur die statistisch signifikanten Unterschiede bezogen auf die Durchschnittswerte der einzelnen Kriterien aufgeführt.

Faßt man diese Defizite im Telefonkontakt mit Interessenten und Kunden in einer Prozeßanalyse zusammen, dann resultiert hieraus – bezogen auf 100 Anrufe – das in Abbildung 27 wiedergegebene Bild.

Das beste und das schlechteste Unternehmen im Vergleich zum Durchschnitt

Im folgenden gehen wir nach der bisherigen Durchschnittsanalyse aller Anrufe bei allen beteiligten Unternehmen jetzt unternehmensspezifisch vor. Mit anderen Worten: Wir untersuchen jeweils das gesamte Profil eines Unternehmens nach allen Anrufarten und dem Gesprächsverlauf sowie der Gesprächsatmosphäre. Auf dieser Basis vergleichen wir die einzelnen Unternehmen miteinander.

Zunächst zeigt Abbildung 28 in einer Gesamtübersicht nach den analysierten Bereichen den Durchschnitt aller 21 untersuchten Unternehmen. Dies ist zugleich die Bezugsbasis für die folgenden Einzelanalysen.

Augenblicke der Wahrheit

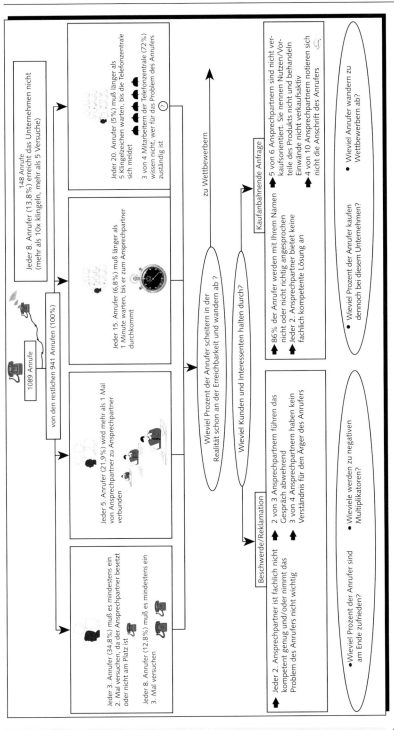

Abb. 27: Defizite im Telefonkontakt mit Interessenten und Kunden - Wichtigste Ergebnisse der CIT-Studie

Augenblicke der Wahrheit

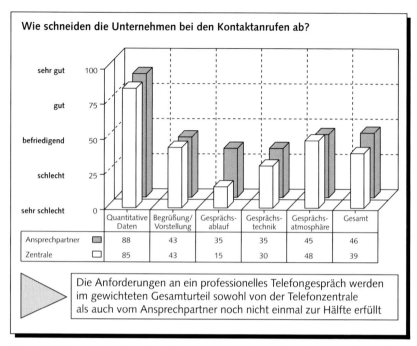

Abb. 28: Gesamturteil der beteiligten Unternehmen bei den Kontaktanrufen

Generell stellten die Experten – bezogen auf den Durchschnitt aller Kontaktanrufe – fest: Fast alle Anforderungen an ein professionelles Telefonat – die hunderprozentige Erfüllung der »Muß-Kriterien« – werden von den Gesprächspartnern in den beteiligten Unternehmen noch nicht einmal zur Hälfte erfüllt.

Anhand der Ergebnisse der durchgeführten Kontaktanrufe läßt sich für alle fünf Gesprächstypen (Produkt- und Preisanfragen, Anforderung von Informationsunterlagen, Service/Kundendienst sowie Reklamationen/Beschwerden) resümieren: Die größten Defizite bei den Unternehmen im gewichteten Gesamturteil liegen – sowohl bei der Telefonzentrale als auch den Ansprechpartnern – im Gesprächsablauf und der Gesprächstechnik, also der **sachlichen Information**. Das Verhalten dem Kunden gegenüber ist hier sehr oft unzureichend. Die Innendienstmitarbeiter sind oft nicht in der Lage, sich auf ihre Gesprächspartner einzustellen und den Gesprächsablauf positiv zu beeinflussen. Ihnen fehlen häufig nicht nur eine Schulung in Gesprächsführung, sondern vor allem auch genügend Kenntnisse über das Leistungsprogramm und über interne Abläufe.

Die **emotionale Gesprächsführung**, das Eingehen auf den Kunden auf der Beziehungsebene, schneidet tendenziell etwas besser ab. Sie reicht aber in der Regel noch nicht aus, um die Beziehung zum Kunden zu festigen und

Augenblicke der Wahrheit

weiterzuentwickeln. Erst dies schafft die Möglichkeit, sich von Wettbewerbern positiv abzuheben. Gerade hier gilt der Grundsatz: »**Gut telefonieren heißt Lächeln mit der Stimme**«. In einigen Unternehmen gilt jedoch eher der Satz: »Telefonieren heißt Fletschen mit den Zähnen«.

- »Eine Maschine kann sich nicht irren«
- »Wir haben hier mehr als 100 Leute, da müssen Sie schon wissen, wen Sie sprechen wollen«
- »Wenn Sie nicht mehr wissen, mit wem Sie gesprochen haben, kann ich Ihnen auch nicht helfen«
- »Warum ist die Maschine so laut? – Keine Ahnung, da müssen Sie sie halt einschicken«
- »Dafür bin ich nicht zuständig«
- »Die Spezialistin ist nicht da und kommt erst nächste Woche wieder«
- »Bewerben Sie sich doch bei uns. Vielleicht wird es dann besser«
- »Ich darf Ihnen keine Auskunft geben«
- »Ich weiß nicht Bescheid. Ich muß Sie bitten, noch einmal anzurufen« (Sagt aber nicht, wann und bei wem)

Abb. 29: Augenblicke der Wahrheit: O-Ton der Mitarbeiter der beteiligten Unternehmen gegenüber den Experten als Kunden oder Interessenten bei den Kontaktanrufen

Die Auflistung der Augenblicke der Wahrheit bei den Kontaktanrufen zeigt das breite Spektrum von unzureichender Kundenorientierung (siehe Abb. 29). Demgegenüber ist eine Gesprächseröffnung, bei der der Anrufer sich gut aufgehoben fühlt, die Ausnahme.

- »Das ist prima, daß Sie uns anrufen«
(Positive Gesprächseröffnung: O-Ton einer Mitarbeiterin eines beteiligten Unternehmens gegenüber einem Experten als Privatkunde bei einem Kontaktanruf)

Abbildung 30, aus der die Mittelwerte der analysierten Bereiche sowie der einzelnen Kriterien zu entnehmen sind, die zu dieser positiven Beurteilung führen, zeigt das beste von den 21 Unternehmen bei den Kontaktanrufen. Es handelt sich hier um ein führendes Unternehmen der Dienstleistungsbranche. Warum wurden die Mitarbeiter der Telefonzentrale und die Ansprechpartner so relativ gut bewertet? Es standen fast immer gut ausgebildete professionelle Ansprechpartner zur Verfügung. 72% der Gesprächspartner haben sich sehr engagiert, um die Anliegen und Probleme der Anrufer zu lösen. 70% der Ansprechpartner waren sehr hilfsbereit und gaben auch sofort eine zufriedenstellende Auskunft. Geduld und Freundlichkeit waren weitere positive Ergebnisse.

Augenblicke der Wahrheit

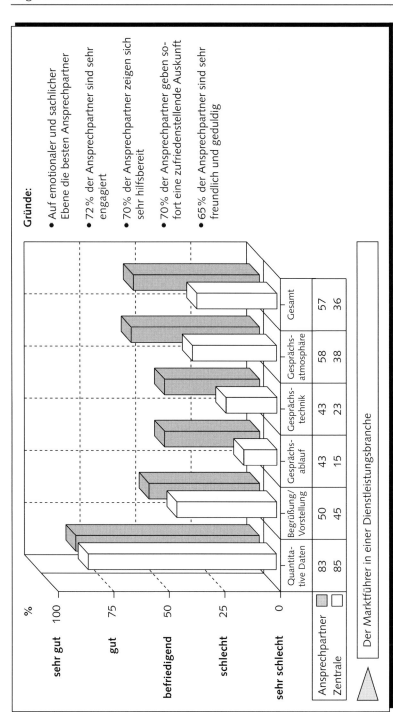

Abb. 30: Das beste Unternehmen bei der Bewertung durch Kontaktanrufe

Augenblicke der Wahrheit

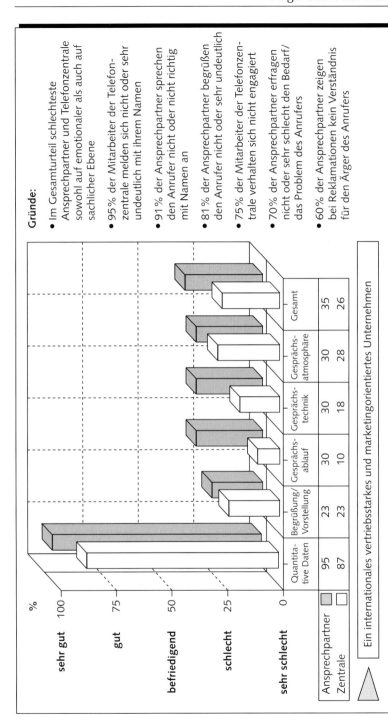

Abb. 31: Das schlechteste Unternehmen bei der Bewertung durch Kontaktanrufe

Augenblicke der Wahrheit

Abbildung 31 gibt im Vergleich dazu einen Eindruck vom schlechtesten Unternehmen bei den Kontaktanrufen. Es handelt sich – und das ist erstaunlich – um ein international tätiges, vertriebsstarkes und marketingorientiertes Unternehmen. Hierdurch ist um so gravierender, wie schlecht das Telefonverhalten der Mitarbeiter ist. 95% der Mitarbeiter der Telefonzentrale melden sich nicht oder sehr undeutlich mit Namen, 91% der Sachbearbeiter sprechen die Anrufer nicht oder nicht richtig mit ihrem Namen an. Mangelhafte Begrüßung, wenig Engagement, kaum Bedarfsanalysen, wenig Verständnis für die Reklamationen des Anrufenden waren weitere negative Erlebnisse.

Der Vergleich der Servicequalität am Telefon nach Branchen
Wie sieht nun das »Ranking« der analysierten Unternehmen nach Branchen aus? Wer hat die beste Telefonzentrale? Wo agieren die besten Ansprechpartner? Wer ist das »beste/schlechteste« Unternehmen bei den Kontaktanrufen und im Gesamturteil?

Wer hat die besten Gesprächs-/Ansprechpartner?	
(Ranking der Unternehmen aus Expertensicht nach Branchen)	
	Erfüllungsgrad in %
1.–4. Position: Dienstleistungsunternehmen: Automobildienstleister/Handel/Bank/Versicherung	57 und 3x 50
5. Position: Produzierendes Unternehmen (Kunststoffverarbeitung)	48
Wer hat die beste Telefonzentrale/-vermittlung?	
(Ranking der Unternehmen aus Expertensicht nach Branchen)	
	Erfüllungsgrad in %
1.–5. Position: Dienstleistungsunternehmen: Bank/Handel/Spedition/2x Handel	51/50/2x 45/43
Lesehilfe: Erfüllungsgrad in % Optimaler Gesprächsverlauf Mindestanforderungen	= Gesamturteil der Experten = 100% (Auf emotionaler und sachlicher Ebene sehr gute Gesprächspartner) = 50% (Befriedigende Gesprächsführung → Standardverhalten)

Abb. 32: Ranking der Unternehmen nach Branchen

Im folgenden werden die 21 teilnehmenden Unternehmen nicht namentlich aufgeführt. Interessanter ist jeweils die Aussage zu der Branche, zu der sie gehören (siehe Abb. 32).

Das Gesamturteil der Experten bestimmte den Erfüllungsgrad in Prozent. Bewertet wurde der Gesprächsverlauf, und zwar sowohl auf der emotionalen als auch auf der sachlichen Ebene. 50% Erfüllungsgrad bedeutet, daß die Gesprächsführung befriedigend war und damit ein Standardverhalten vorlag. Bei der Wertung 100% lag ein optimaler Gesprächsverlauf vor, der alle Anforderungen an eine sehr gute emotionale und sachliche Gesprächsführung erfüllt.

Die besten Gesprächs- und Ansprechpartner sind, wie Abbildung 32 erkennen läßt, von der ersten bis vierten Position in Dienstleistungsunternehmen zu finden, und zwar bei einem Automobildienstleister, einem Handelsunternehmen, einer Bank und einer Versicherung. Erst die fünfte Position nimmt ein produzierendes Unternehmen der Kunststoffverarbeitung ein.

Auch bei der Telefonzentrale bzw. -vermittlung schneiden Dienstleistungsunternehmen verschiedener Branchen eindeutig am besten ab. Bei den produzierenden Unternehmen (Chemie, Pharma, Elektro, Kunststoff, Nahrungs- und Genußmittel) kann also generell noch ein Nachholbedarf festgestellt werden. Allerdings bleibt anzumerken, daß auch die Dienstleistungsunternehmen auf der Spanne von einer sehr guten Gesprächsführung bis zu einer befriedigenden Gesprächsführung teilweise nur knapp über dem Durchschnittsniveau liegen.

Im folgenden werden alle Unternehmen noch einmal nach den unterschiedlichen Anforderungen und Erfüllungsgraden eingeordnet. Im Einzelnen sind dies in Abbildung 33 die Serviceerwartungen der Kunden, in Abbildung 34 die Serviceziele der Führungskräfte der beteiligten Unternehmen, in Abbildung 35 die Selbsteinschätzung der Servicequalität (der eigenen Mitarbeiter) durch die Führungskräfte und in Abbildung 36 die Kundenurteile über den gebotenen Service sowie in Abbildung 37 die Beurteilung der Servicequalität durch die Experten.

Zur übersichtlichen Darstellung haben wir die ca. 60 untersuchten Kriterien bezogen auf die Telefonzentrale und die Ansprechpartner faktorenanalytisch und damit synthetisch auf zwei Dimensionen reduziert: die sachliche Information und die emotionale Gesprächsführung.

Wie sich zeigt, ergeben sich sowohl in der Gesamteinordnung der Anforderungen und Einschätzungen als auch hinsichtlich der Unternehmen verschiedener Branchen deutliche Unterschiede.

Augenblicke der Wahrheit

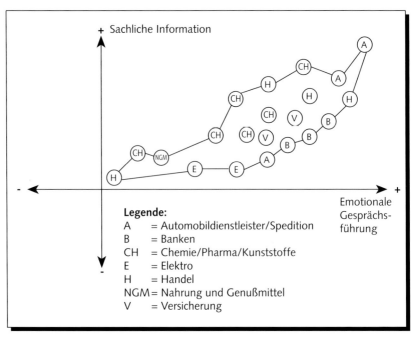

Abb. 33: Kunden-SOLL: Serviceerwartungen der Kunden

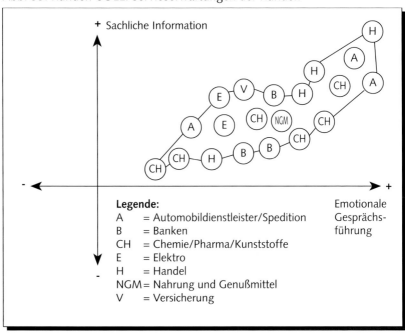

Abb. 34: Unternehmens-SOLL: Serviceziele der Führungskräfte

Augenblicke der Wahrheit

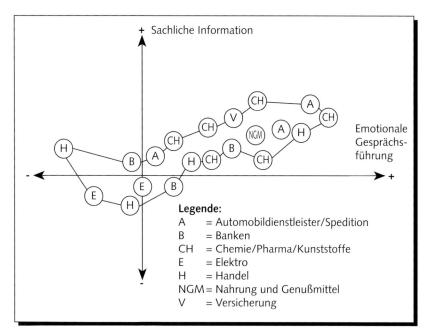

Abb. 35: Eigen-IST: Serviceeinschätzung (der eigenen Mitarbeiter) durch die Führungskräfte

Aus Abbildung 33 wird ersichtlich, daß die Kundenanforderungen – auch innerhalb der verschiedenen Branchen – relativ weit streuen und damit nicht einheitlich sind. Am höchsten sind sie bei Dienstleistungsunternehmen, am geringsten sind sie bei einem Handelsunternehmen und Unternehmen des produzierenden Gewerbes.

Abbildung 34 verdeutlicht, daß die Serviceziele der Führungskräfte – wie auch schon in Kapitel 3.4. generell festgestellt wurde – höher sind als die Serviceerwartungen der Kunden. Führungskräfte aus Dienstleistungs- und Handelsunternehmen stellen hierbei die höchsten Anforderungen an ihre Mitarbeiter.

Im Vergleich zwischen Kundenanforderungen (Serviceerwartungen der Kunden) und Anforderungen der Führungskräfte (Serviceziele) zeigt sich, daß beide Anforderungen bei der emotionalen Gesprächsführung nicht wesentlich voneinander abweichen (siehe Abb. 33 und 34). Die Serviceziele der Führungskräfte liegen hinsichtlich der sachlichen Information während eines Telefonates relativ weit über den Serviceerwartungen der Kunden.

Aus der Abbildung 35 ist zu entnehmen, daß die Serviceeinschätzung der eigenen Mitarbeiter durch die Führungskräfte sich häufig sowohl bei der

Augenblicke der Wahrheit

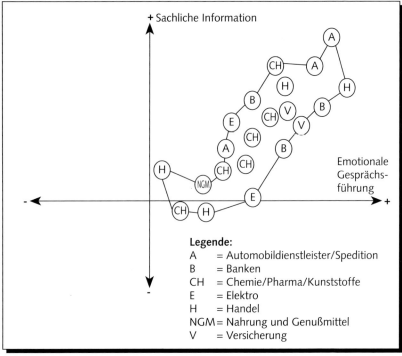

Abb. 36: Kunden-IST: Kundenurteile über den gebotenen Service

sachlichen Information als auch der emotionalen Gesprächsführung im negativen Bereich bewegen.

Bei einzelnen Branchen zeigt sich im Detail, daß einige Branchen die Anforderungen der Führungskräfte schon recht gut erfüllt haben, andere sind noch sehr weit davon entfernt. Dies gilt insbesondere für Unternehmen der Elektrobranche und einige Handelsunternehmen.

Wie bereits festgestellt, trägt dies dem Umstand Rechnung, daß bei der Umsetzung noch viele Unzulänglichkeiten und Defizite zu verzeichnen sind und damit das geforderte Niveau in der Realität im allgemeinen nicht erreicht wird. Dies zeigt sich bereits darin, daß die Selbsteinschätzung der Servicequalität der eigenen Mitarbeiter durch die Führungskräfte deutlich nach unten abweicht, und zwar auch in den Branchen.

Wie Abbildung 36 veranschaulicht, sind die Kundenurteile über den gebotenen Telefon-Service – sowohl bei der sachlichen Information als auch der emotionalen Gesprächsführung – fast ausschließlich im positiven Bereich angesiedelt. Speziell Dienstleistungs- und Handelsunternehmen sowie ein

Unternehmen des produzierenden Gewerbes schneiden hier aus Kundensicht sowohl in der sachlichen als auch der emotionalen Gesprächsführung relativ gut ab.

Auch in dieser Abbildung 36 wird noch einmal plastisch ersichtlich, daß die Kundenurteile über den gebotenen Service besser ausfallen als die Serviceeinschätzungen der eigenen Mitarbeiter durch die Führungskräfte. Die Kunden sehen einige Dinge – vor allem hinsichtlich der emotionalen Gesprächsführung – offensichtlich nicht so negativ wie die Führungskräfte.

Die höheren Serviceziele und -anforderungen aus Sicht der Führungskräfte sind sicherlich berechtigt. Dies belegt erst recht die Bewertung der Servicequalität durch die Experten. Diese weicht deutlich von der Serviceeinschätzung durch die Führungskräfte und von den Kundenurteilen ab (siehe Abb. 37).

Sowohl bei der sachlichen Information als auch der emotionalen Gesprächsführung bewegen sich die Expertenurteile überwiegend – und teilweise auch sehr weit – im negativen Bereich. Eine kleine »Spitze des Eisberges« befindet sich im positiven Bereich. Sachliche Information und emotionale Gesprächsführung zeigen deutliche Defizite, vor allem in den Branchen

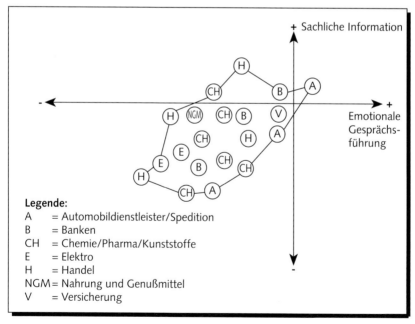

Abb. 37: Experten-IST: Beurteilung der Servicequalität (in deutschen Unternehmen) durch Experten

Elektro, Handel, Chemie/Pharma/Kunststoff, aber auch bei einer Bank und einem Dienstleistungsunternehmen.

Beim Experten-Ist im Vergleich zum Kunden-Soll (Serviceerwartungen; siehe Abb. 33) und Unternehmens-Soll (Serviceziele; siehe Abb. 34) zeigt sich, daß diese Anforderungen – unter Anwendung von »strengen« Meßkriterien – in keinem Fall erreicht werden konnten und sowohl bei der sachlichen Information als auch der emotionalen Gesprächsführung oft weit unterhalb der Mindestanforderungen an ein durchschnittlich gutes Telefongespräch liegen.

Im Vergleich zur relativ positiven Bewertung der sachlichen Information durch die Führungskräfte (siehe Abb. 35) und Kunden (siehe Abb. 36) schätzen die Experten gerade bei den meisten Unternehmen die sachliche Information als deutlich unter dem akzeptablen Niveau ein.

Der Grund für die Unterschiede war in Kapitel 3.2. bereits angesprochen: Die Kunden haben aus der Erinnerung anhand eines Fragebogens bezüglich der abgefragten Kriterien die Servicequalität bei den geführten Telefonaten mit den entsprechenden Unternehmen mit einem deutlichen Zeitabstand beurteilt. Die Experten haben unmittelbar bei bzw. nach dem geführten Telefonat die Servicequalität anhand eines ausführlichen Kriterienrasters bewertet.

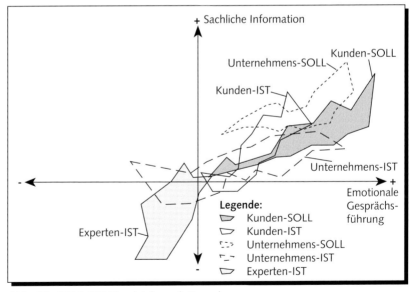

Abb. 38: SOLL-IST-Vergleich nach Branchen

Abbildung 38 zeigt nun zum Abschluß dieses Teiles noch einmal alle fünf »Flächen« in einer Übersicht. Hierdurch wird sehr plastisch erkennbar, wo die Defizite liegen (SOLL-IST-Vergleich).

Die Detailbewertung des besten und des schlechtesten Unternehmens
Nachdem wir die Längsschnittanalyse jeweils für die drei Bausteine (Eigenbewertung der Unternehmen als Selbstbild, Kunden- und Expertenbewertung als Fremdbild) insgesamt gezeigt haben, wird nun noch einmal das Gesamtprofil nach allen Detailanalysen für das beste und das schlechteste Unternehmen wiedergegeben.

Für die Kennzeichnung des schlechtesten Unternehmens nach allen 5 Analysearten wurde jetzt nicht die größte SOLL-IST-Differenz bei der Einschätzung durch die Kunden und die eigenen Führungskräfte zugrunde gelegt, sondern die niedrigste Bewertung der IST-Situation, durch Kunden, Führungskräfte und Experten. Diese Bewertung ist insofern aussagefähiger, als das faktische Niveau zugrunde gelegt wird und geringere Kundenansprüche oder geringere Anforderungen der Unternehmensleitung nicht eingehen.

Im Vergleich zu den Abbildungen 30 und 31 ist nur das beste Unternehmen auch mit dem besten Unternehmen nach den Kontaktanrufen identisch. Bei dem schlechtesten Unternehmen ergibt sich eine Veränderung, da bei dem Gesamtergebnis jetzt nicht nur die Servicequalität auf der Basis der Kontaktanrufe, sondern auch unter Zugrundelegen der Kundenurteile bewertet wird.

Das Dienstleistungsunternehmen, das insgesamt auch das beste Unternehmen ist, erfüllt fast – wie Abbildung 39 erkennen läßt – die Serviceerwartungen nach dem Urteil der Kunden. Die Anforderungen des Management sind aber im Vergleich zu dem tatsächlichen Stand noch nicht realisiert. Auf der Grundlage der Maßstäbe an eine professionelle Gesprächsführung bei den Kontaktanrufen besteht allerdings auch bei diesem Unternehmen noch deutlicher Verbesserungsbedarf. Denn die Einschätzung der Experten ordnet dieses Unternehmen ebenfalls nur geringfügig über einem Durchschnittsstandard ein.

Im Vergleich dazu veranschaulicht Abbildung 40 die Positionierung der einzelnen Detailurteile bei einem Handelsunternehmen, das einem produzierenden Unternehmen angegliedert ist und insgesamt am schlechtesten abgeschnitten hat. Die Abstände und damit die Probleme sind bedeutend größer. Die Differenz zwischen dem, was die Kunden erwarten und wie sie die Servicequalität beurteilen, ist groß.

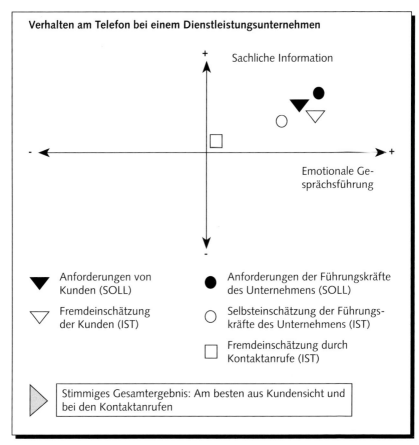

Abb. 39: Das beste Unternehmen insgesamt

Bei diesem Unternehmen erkennt das Management nicht voll die Anforderungen der Kunden, da deren Zielsetzungen an die Servicequalität unter dem von den Kunden geforderten Niveau liegen. Die an früheren Stellen getroffene Aussage, daß das Management deutlich mehr fordert als die Kunden, um die Defizite bei der Umsetzung auszugleichen und dem geforderten Kundenniveau näher zu kommen, gilt bei diesem Unternehmen also nicht.

Allerdings liegt die Fremdeinschätzung der Servicequalität durch die Kunden hinsichtlich der sachlichen Information etwas höher als die Selbsteinschätzung der Servicequalität durch die eigenen Führungskräfte. Die Qualität der emotionalen Gesprächsführung bewerten beide gleich.

Im Vergleich hierzu geben die Experten auf der Grundlage von Maßstäben an eine professionelle Gesprächsführung für die Servicequalität erheblich schlechtere Noten. Beide Urteile (sachliche Information und emotionale

Augenblicke der Wahrheit

Abb. 40: Das schlechteste Unternehmen insgesamt

Gesprächsführung) liegen weit unterhalb des geforderten Durchschnittsniveaus im Defizitbereich. Auf der Grundlage der Expertenurteile besteht also in diesem Unternehmen und in Unternehmen mit einer vergleichbar geringen Servicequalität am Telefon noch sehr großer Handlungsbedarf.

3.7. Welche Schlußfolgerungen sind aus der Qualität der Gesprächsführung der Mitarbeiter anhand der Kontaktanrufe zu ziehen?

> **Als zentrale Fragen werden in diesem Kapitel behandelt:**
> ❏ In welchen Bereichen besteht hinsichtlich der Servicequalität am Telefon Handlungsbedarf in der Unternehmenspraxis?
> ❏ Wo haben konkrete Verbesserungen anzusetzen?

Für die hier aufgeführten Schlußfolgerungen werden alle referierten Ergebnisse der CIT-Studie berücksichtigt, also auch die Analyse der »Augenblicke der Wahrheit«, die Originaltöne und die unterschiedlichen Fremd- und Selbsteinschätzungen. Hieraus läßt sich folgendes Resümee ziehen:

In vielen der untersuchten Unternehmen, deren Serviceniveau sogar über dem Gesamtdurchschnitt der Industrie liegt, wird offensichtlich immer noch zu wenig kundenorientiert telefoniert. Kunden werden häufig schlecht informiert und beraten, weil das Fachwissen und die Fähigkeit, ein gutes Gespräch zu führen, bei den Innendienstmitarbeitern nicht ausreichen.

Auf klar erkennbare Kaufsignale der Interessenten wird oft zu wenig eingegangen. Die Chance zu Zusatzgeschäften wird deshalb selten genutzt. Mehrfach wurde – bei Anfragen durch die Experten – Name und Adresse nicht oder nur widerwillig notiert oder nicht versucht, eine Anfrage in einen Auftrag zu verwandeln. Die Verkaufsorientierung der Mitarbeiter am Telefon ist also häufig noch unzureichend.

Obwohl der Kunde bei einer Reklamation ein für ihn wichtiges zu lösendes Problem hat und zum »**negativen Multiplikator**« werden kann, fertigt ihn fast jedes zweite Unternehmen verständnislos ab.

Das insgesamt beste Unternehmen liegt relativ nah an den Kundenanforderungen, aber nach Meinung der Experten auch nur etwas über dem durchschnittlichen Niveau einer Standard-Gesprächsführung und hat damit noch keine Differenzierung vom Wettbewerb erreicht. Auch wenn dieses Unternehmen die Anforderungen seiner Stammkunden erfüllt, ist damit noch nicht gesagt, daß es auch die Erwartungen von Interessenten und Neukunden voll erfüllen kann.

Das schlechteste Unternehmen schneidet schon aus eigener Sicht nicht gut ab, aber die Bewertung der Experten zeigt noch weitaus größere Defizite sowohl in der sachlichen Information als auch der emotionalen Gesprächsführung auf.

Jedes Unternehmen hat es selbst in der Hand, ob es durch den Telefonservice eine Differenzierung gegenüber dem Wettbewerb erreicht oder zu den Verlierern gehört.

> Voraussetzung für einen in die generelle Marketingstrategie und die gesamten Direktmarketingaktivitäten eingebauten Telefonservice sind drei wesentliche Bausteine für eine kundenorientierte Telefonkultur:
> (1) Eine Bestandsaufnahme als Check-Up der Ausgangssituation und als Formulierung der wesentlichen strategischen Ziele im Bereich Service.
> (2) Eine aussagefähige Diagnose, die sich auf die interne Situation im einzelnen sowie auf die Anforderungen und Einschätzungen der Kunden, aber auch den Entwicklungsstand wichtiger Wettbewerber bezieht.
> (3) Eine Strategie, die an Maßnahmen mit großen Hebelwirkungen ansetzt und die zugleich einzelne Implementierungsschritte festlegt. Ziel ist, meßbare Verbesserungen des Telefonverhaltens in den Servicebereichen des Unternehmens zu erreichen, um so die Kundenbindung und -loyalität zu verbessern.

Wie lassen sich dann durch gutes Verhalten am Telefon konkrete Wettbewerbsvorteile erzielen?

❏ Zunächst muß die Unternehmensleitung den Stellenwert des kundenorientierten Verhaltens am Telefon erkennen, es muß also ein entsprechendes Bewußtsein erst geschaffen werden.
❏ Zusätzlich ist die Infrastruktur in vielen Unternehmen zu verbessern, um organisatorisch-räumlich und bezogen auf die Hardware gute Voraussetzungen zu schaffen.
❏ Den Mitarbeitern müssen diese Anforderungen und Zielsetzungen klar gemacht werden, um so die Motivation für Veränderungen zu schaffen.
❏ Trainiert werden sollte auf jeden Fall an konkreten Fallbeispielen des jeweiligen Unternehmens. Hierdurch wird Qualifikation geschaffen. Wenn auf diese Weise Lernen Spaß macht, dann macht anschließend auch Telefonieren Spaß.
❏ Erfolge und positive Resonanz der Kunden sind an die Mitarbeiter zurückzukoppeln, um so eine Beständigkeit dieses Verhaltens – und damit auf Dauer Kundenzufriedenheit und Kundenbindung – zu erreichen.

In den folgenden Kapiteln 4 bis 6 werden wir diese Anforderungen aufnehmen und detailliert behandeln. Dabei gehen wir zunächst auf die Möglichkeiten der Differenzierung gegenüber dem Wettbewerb ein. Entscheidend ist hierbei, ob die Servicequalität sich von der Konkurrenz abhebt oder ob das Unternehmen auch am Telefon in »Servicefallen« stolpert.

Auf dieser Grundlage stellen wir in Kapitel 5 den Managementprozeß zur Verbesserung der Servicequalität dar. Er bezieht sich auf die Gestaltungsfelder der Servicestrategie und das konkrete Umsetzen.

In Kapitel 6 greifen wir dann den besonders wichtigen Bereich kritischer Situationen am Telefon, also insbesondere Beschwerden und Reklamationen, auf und füllen ihn mit Handlungsempfehlungen und konkreten Verhaltensvorschlägen aus.

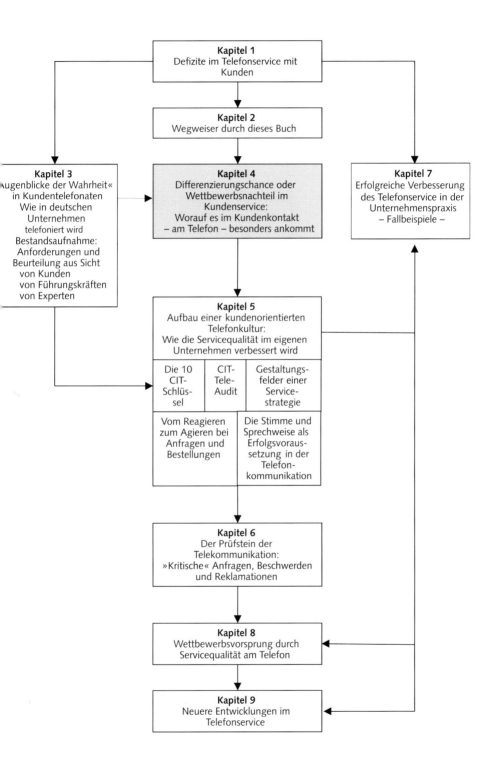

4. Differenzierungschance oder Wettbewerbsnachteil im Kundenservice
Worauf es im Kundenkontakt – am Telefon – besonders ankommt

1. Was umfaßt Servicequalität im Kundendialog?

> **Als zentrale Fragen werden in diesem Kapitel behandelt:**
> - Wie haben sich die Erwartungen der Kunden und die Anforderungen an die Mitarbeiter verändert?
> - Was erwartet der Kunde heute konkret an Serviceleistungen und was umfaßt damit Servicequalität?

Wie haben sich die Erwartungen der Kunden und die Anforderungen an die Mitarbeiter verändert?
Nach den doch weitgehend ernüchternden Ergebnissen der CIT-Studie zum aktuellen Stand der Servicequalität am Telefon in deutschen Unternehmen arbeiten wir in diesem Kapitel die Möglichkeiten heraus, sich über eine gute Servicequalität im Kundendialog vom Wettbewerb positiv abzugrenzen oder durch eine unzureichende Servicequalität Wettbewerbsnachteile in Kauf zu nehmen.

Wenn davon ausgegangen werden kann, daß die Bedeutung des Telefons als Kommunikationsmedium weiter zunimmt, dann steigt auch der Stellenwert einer hohen Servicequalität am Telefon. Sie wird damit immer mehr zum strategischen Erfolgsfaktor.

Hier besteht eine eindeutige Wirkung: Der Service am Telefon, der zielgruppenspezifisch als Direktmarketinginstrument eingesetzt wird, hat eine direkte Ausstrahlung auf die Corporate Identity und trägt damit zur gesamten Servicequalität des Unternehmens bei. Eine zunehmende Marktsättigung und ein damit verbundener Verdrängungswettbewerb, vor allem auch über den Preis, lassen sich in strategischer Hinsicht – wenn der Preis nicht verändert werden soll oder kann – am ehesten durch eine Differenzierung im Service abmildern. Dies gilt umso mehr, je weniger eine Differenzierung des physischen Produktes möglich ist (vgl. Simon, 1993, S. 8 ff.). Und es gilt auch unter dem Gesichtspunkt, daß sich Produktlebenszyklen deutlich verkürzt haben und durch eine hohe Servicequalität schnell und nachhaltig die Einstellung und das Verhalten von Kunden geprägt werden können (siehe Abb. 41).

Differenzierungschance oder Wettbewerbsnachteil

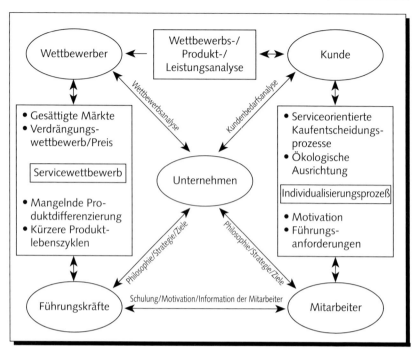

Abb. 41: Veränderte Anforderungen/verschärfte Ausgangssituation

Da viele Produkte von der technischen Ausstattung und ihrer Qualität her fast nicht mehr zu unterscheiden und damit aus Kundensicht austauschbar sind, berücksichtigt der Kunde viel stärker als früher, welchen Service ihm das Unternehmen bietet. Die Ausgangslage ist so, daß Interessenten und Kunden umfassend beraten, schnell bedient und bei ihren Kaufentscheidungsprozessen gut unterstützt werden wollen. Serviceleistungen, die dies erfüllen, werden als Erfolgsfaktor im heutigen Geschäftsleben immer wichtiger.

Die Erwartungen der Kunden beziehen sich nicht nur auf eine bessere Serviceorientierung im gesamten Kaufentscheidungsprozeß, sondern auch auf eine ökologische Ausrichtung des Service. Das heißt, alle Maßnahmen, die sich unter der Maxime einer Ressourcenschonung oder zumindest einer Umweltverträglichkeit einordnen lassen, erfüllen ein zusätzlich wichtiges Kriterium und gewinnen damit an Bedeutung. Das Telefon hat in der wechselseitigen Kommunikation zwischen Unternehmen und Kunden einen besseren Stellenwert in der ökologischen Verträglichkeit als beispielsweise Mailings durch den Papierverbrauch (vgl. Greff, 1993b, S. 361 ff.).

Käufer sind heute in zunehmendem Maße kritischer und akzeptieren einen schlechten Service immer seltener, vor allem dann, wenn sie ein Produkt gleicher Ausstattung und Qualität bei anderen Unternehmen erhalten können. Wenn die Erwartungen an einen individuellen Service oder eine persönliche Betreuung zunehmen, dann hat dies seine Entsprechung in der Serviceorientierung und in der Kommunikationsqualität im Unternehmen zu finden. Die Anforderungen an die Mitarbeiter im Kundendialog steigen dadurch. Zugleich erhöhen sich aber ebenfalls die Anforderungen an die Führung durch die jeweiligen Vorgesetzten.

Grundvoraussetzung für eine serviceorientierte Mitarbeiterführung ist zunächst, daß eine aussagefähige Analyse der Kundenbedürfnisse und -erwartungen vorliegt. Parallel hierzu ist eine Analyse der Serviceleistungen und des Serviceniveaus der bedeutendsten Wettbewerber durchzuführen. Diese Marktforschungsaktivitäten sind eine wichtige Aufgabe der Unternehmensleitung und Führungskräfte. Die hieraus abgeleiteten Informationen und Schlußfolgerungen gehen unmittelbar in Philosophie, Strategie und Ziele für den Service im eigenen Unternehmen ein. Dabei ist klar, daß »Service auf dem Papier« nicht ausreicht. Er muß gelebt, und dies heißt – beginnend von der Unternehmensleitung an – auch vorgelebt werden. Wie die CIT-Studie zeigte, forderten die Führungskräfte ein höheres Serviceniveau, da sie wohl von einem »Versickern in der Umsetzung« ausgegangen sind und die strategische Differenzierungschance erkannt haben.

Die Anforderungen aus Kundensicht und die daraus abgeleiteten Serviceziele sind die Grundlage für konkrete Schulungsinhalte der Mitarbeiter. Hierdurch soll nicht nur Information, sondern vor allem auch ein Sensibilisieren und damit Motivation für eine stärkere Serviceorientierung erreicht werden.

Es steht außer Frage, daß flankierend das konkrete Führungsverhalten auf die Serviceorientierung auszurichten ist und spezifische Anreizinstrumente eingesetzt werden müssen. Hierzu gehört auch, daß Mitarbeiter einen ausreichend großen Kompetenzrahmen erhalten, um Servicequalität umsetzen zu können. Konkret läuft dies darauf hinaus, den Entscheidungs- und damit unmittelbaren Handlungsspielraum so zu vergrößern, daß durch schnelle und gezielte Maßnahmen vom Mitarbeiter Anforderungen der Kunden erfüllt oder Probleme im Service behoben werden können (vgl. Töpfer/Mann, 1994, S. 32).

Die damit verbundene Gefahr, daß die Mitarbeiter dem Kunden zu schnell Zusatzleistungen zugestehen, ist nicht zu übersehen. Umso mehr kommt es darauf an, die Servicephilosophie und -strategie des Unternehmens in kon-

Differenzierungschance oder Wettbewerbsnachteil

kreten Zielen, und dies heißt auch Leistungs- und Kostenvorgaben, umzusetzen. Auf diese Weise hat der Mitarbeiter es selbst in der Hand, wann und wem er aus einer speziellen Situation heraus eine zusätzliche Leistung aus seinem Servicebudget gibt. Der erweiterte Handlungsspielraum und Kompetenzrahmen darf jedoch nicht dazu führen, daß der Mitarbeiter sich weniger anstrengt und dies dann über den einem Kunden gewährten Anteil aus seinem Servicebudget »ausgleicht«.

Konsequenzen und positive Wirkungen verdeutlicht das Beispiel der Ritz-Carlton Hotels: Die in der Welt führende Hotelgruppe räumt ihren Mitarbeitern grundsätzlich die Möglichkeit ein, unzufriedenen Gästen eine Leistung bis zum Wert von $2.000 im Einzelfall zu gewähren (vgl. Möhlmann/Rieken/Risch, 1993, S. 193 ff.; The Ritz-Carlton Hotel Company, 1994, S. 379 ff.). Diese Kompetenz wird aber erst einem Mitarbeiter übertragen, wenn er ausreichend geschult ist und sein eigenes Serviceentscheidungsniveau damit ausreichend qualifiziert ist.

Was erwartet der Kunde heute konkret an Serviceleistungen und was umfaßt damit Servicequalität?
Wichtig ist bei der Beantwortung dieser Frage, daß das Unternehmen nicht mechanistisch vorgeht. Etwa indem es Servicekategorien lediglich aus eigener Sicht abstrakt formuliert. Was Service und die erforderliche Servicequalität ist, definiert, entscheidet und empfindet letztlich nur der Kunde. Er bewertet die Serviceleistung des Unternehmens im Vergleich zu dem, was er erwartet und was ihm andere Unternehmen bieten (vgl. Töpfer, 1992b, S. 18 f.; Zeithaml/Berry/Parasurman, 1992, S. 29 ff.). Die Bedeutung einer aussagefähigen Analyse der Kundenerwartungen wird hierdurch noch einmal unterstrichen.

Serviceleistungen haben, wie bereits angesprochen, in den letzten Jahren als Marketing-Maßnahmen einen Bedeutungswandel erfahren. Früher wurde Service neben dem eigentlichen Produkt als »Pflichtübung« und damit Nebenleistung entweder nur angeboten, um gesetzliche Auflagen und Forderungen zu erfüllen, wie beispielsweise Garantieleistungen, oder er wurde nur als zusätzliche freiwillige Leistung angeboten, um das Produkt in seiner Funktionsfähigkeit zu verbessern. Service war also in dieser Phase sehr stark produktorientiert (vgl. Töpfer, 1992c, S. 5).

> **Service** ist heute immer weniger eine Nebenleistung, die darauf ausgerichtet ist, den Verkauf der Hauptleistung, also den Absatz des physischen Produktes, zu fördern. Heute ist die Unterstützung beim Produkthandling nach dem Kauf vor allem durch die Beratung und Unterstützung vor dem Kauf zu ergänzen. Die Servicequalität bezieht sich auf die Pre-Sales- und die After-Sales-Leistung (vgl. Töpfer, 1992c, S. 7f.).
>
> Serviceleistungen lassen sich generell in drei Kategorien einteilen, nämlich einen **Muß-, Soll- und Kann-Service** (vgl. Weber, 1989, S. 30f.; Meffert 1987, S. 97; Töpfer, 1992b, S. 12f.).

Hieran ist jeweils die geforderte Servicequalität auszurichten. Dies soll an einem Beispiel verdeutlicht werden:

- ❏ Der Kunde will z. B. ein technisches Produkt, das er sofort in Betrieb nehmen kann, also einen Personalcomputer mit installiertem Betriebssystem sowie Selbstverständlichkeiten wie Garantieleistungen als Muß-Service.
- ❏ Der Kunde erwartet Serviceleistungen, die allgemein üblich sind, also z. B. schnelle Erreichbarkeit eines Servicetechnikers via Telefon bei technischen Defekten als Soll-Service.
- ❏ Der Kunde freut sich oder ist positiv überrascht über eine »nice-to-have« Serviceleistung als Kann-Service, z. B. als After-Sales-Service: Das Unternehmen führt eine telefonische Nachfrage durch, wie zufrieden der Kunde mit dem Produkt ist und ob er zusätzliche Hilfestellung wünscht.

Gerade beim Angebot von Kann-Leistungen sind der Kreativität im Unternehmen keine Grenzen gesetzt. Allerdings sollte der damit verbundene Nutzen für den Kunden immer wesentlich sowie sichtbar sein und dann auch deutlich in der Kommunikation mit dem Kunden herausgestellt werden.

> Es steht außer Frage, daß das Spektrum von Serviceleistungen, das differenziert in diese drei Kategorien eingeteilt wird, im Zeitablauf einem Wandel unterliegt. Maßgeblich hierfür sind die Aktivitäten der Wettbewerber und Erwartungen der Kunden. Die Tendenz ist klar: Immer mehr Kann-Leistungen werden zu Soll-Leistungen und diese zu Muß-Leistungen (vgl. Töpfer, 1992b, S. 13).

So ist heute z. B. eine 130er Nummer als Hotline im Rahmen eines Customer-Care-Konzeptes von einer Kann-Leistung mindestens schon zu einer Soll-Leistung geworden. Und sie wird in absehbarer Zeit wahrscheinlich eine Muß-Leistung im Service sein, weil der Kunde sich daran gewöhnt hat und dies grundsätzlich erwartet. Dies ist damit zugleich eine Ausweitung der Anzahl der Serviceleistungen. Das qualitative Niveau des Service wird dadurch festgelegt, wie die Kommunikation stattfindet und wie gut die inhaltliche Beratung ist.

Wenn ein Unternehmen auf einer hohen Qualitätsstufe nur den Muß-Service in Form eines geringen quantitativen Ausmaßes an Serviceleistungen anbietet, dann kann es sein, daß es weniger liefert, als der Kunde erwartet. Wenn es den Service durch einen Soll- und Kann-Service ausweitet, kommt das Leistungsspektrum den Kundenerwartungen näher. Entscheidend ist aber, ob auch das erwartete Niveau an Servicequalität realisiert wird. Gefährlich ist für ein Unternehmen die Situation dann, wenn es das quantitative Servicespektrum stark ausdehnt mit dem Ziel, sich von Wettbewerbern abzuheben, dabei aber nicht die geforderte Servicequalität liefert. Speziell beim Einsatz des Telefons mit der Wirkung eines unmittelbaren Gradmessers der Servicequalität wird dieses Vorgehen leicht zum Bumerang und hat keineswegs das angestrebte akquisitorische Potential.

Erforderlich ist also, daß sich das Ausmaß an quantitativen Serviceleistungen und das Niveau der gebotenen Servicequalität aus Kundensicht immer entsprechen. Hinsichtlich der Servicequalität wird es bei einem Kann- und Soll-Service als quantitativer Serviceleistung also auch ein definiertes Muß-Niveau geben.

Für einen »Servicepionier« ergeben sich daraus zwei notwendige Schlußfolgerungen: Zum einen die, daß er ein von vielen angebotenes Spektrum an Serviceleistungen nur hinsichtlich der Servicequalität verbessern kann, wenn sich hieraus akquisitorisches Potential oder eine stärkere Kundenbindung ergeben. Und zum anderen die, daß er zusätzlich einen neuen Service nur gleichzeitig auf einem sehr hohen Niveau anbieten kann.

Der Service kann dadurch trotz aller Differenzierungschancen gegenüber dem Wettbewerb zu einem kostentreibenden Faktor im Unternehmen werden. Wichtig ist deshalb, daß die Serviceleistungen mit einer hohen Servicequalität angeboten werden können, die für den Kunden wichtig sind und die dem Unternehmen zugleich geringe zusätzliche Kosten verursachen. Das Telefon als Serviceleistung und die Servicequalität am Telefon gehören eindeutig in diese Kategorie.

Differenzierungschance oder Wettbewerbsnachteil

Die Frage, die sich hieran anschließt, ist: »Soviel Service wie nötig oder soviel Service wie möglich?« Auswahlkriterium ist – wie bereits angesprochen – ob der Kunde die Serviceleistung wahrnimmt und vor allem auch in seiner Kaufentscheidung honoriert. Die Richtschnur, inwieweit das Unternehmen damit die Kundenerwartungen erfüllt hat und sich vom Wettbewerb abgrenzen kann, ist die bewirkte Kundenloyalität und Kundenbindung. Maßstab für die Servicequalität ist damit die Kundenzufriedenheit und Kundentreue. Der USP (Unique Selling Proposition) allein als bloße Differenzierung gegenüber dem Wettbewerb greift also zu kurz.

Einige Beispiele verdeutlichen die Verbindung zwischen Produkt- bzw. Dienstleistungsqualität und der Servicequalität im Kundendialog:
- Was nutzt dem Kunden ein technisch ausgereifter und hochleistungsfähiger PC, der nicht rechtzeitig geliefert wird?
- Wie reagiert ein Kunde beim nächsten Kauf, wenn er bei der Inbetriebnahme einer Waschmaschine Stunden auf einen Monteur warten muß?
- Was hilft dem Kunden eine Terminzusage am Telefon, wenn sie bei der Inspektion seines Autos nicht eingehalten wird?
- Was hat der Kunde von einem teuren Radiowecker, der sich bei einem Defekt als nicht reparabel erweist?
- Wie zufrieden wird ein Kunde mit einer Airline sein, die im Preis, Komfort und der Pünktlichkeit seinen Erwartungen entspricht, bei der das Telefon für eine Buchung aber permanent besetzt ist oder bei der er am Telefon bei der Buchung unfreundlich behandelt wird?

Die Anforderungen lassen sich in einem Satz zusammenfassen: »**Quality is customer satisfaction**«. Dies ist die Unternehmensphilosophie von Dell Computer (vgl. Töpfer/Mehdorn, 1995, S. 36). Da zufriedene Kunden in der Regel auch loyale Kunden sind, bilden sie eine der größten Markteintrittsbarrieren für Wettbewerber.

In Abbildung 42 sind die bisherigen Überlegungen noch einmal zusammengefaßt. Differenzierungspotential hat ein Unternehmen heute vorwiegend nicht mehr über die Produktqualität, sondern über die Servicequalität im gesamten Kundendialog und damit in allen Phasen des Kundenkontaktes (vgl. Töpfer/Mehdorn, 1995, S. 32ff.). Die Qualität des Produktes als Qualität ersten Grades erfordert neben dem physischen Produkt einen umfassenden auf das physische Produkt ausgerichteten Service. Die Qualität des Service als Qualität zweiten Grades spiegelt sich in der Qualität der Kontakte wider und zusätzlich in der Qualität der Kommunikation.

Mit der **Qualität der Kontakte** ist die Art und Häufigkeit der Kontakte gemeint. Also daß der Kunde auch nach einem Kauf per Telefon betreut wird.

Differenzierungschance oder Wettbewerbsnachteil

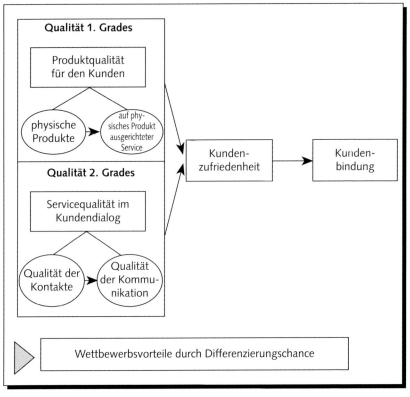

Abb. 42: Kundenbindung durch Servicequalität

Dies bedeutet auch, daß ein Kunde angerufen wird, um zu erfragen, ob er mit dem Produkthandling zurecht kommt und zufrieden ist. Oder der Kunde selbst anrufen kann, wenn sich für ihn Probleme ergeben.

Die **Qualität der Kommunikation** ist die Art und Weise, wie man mit dem Kunden umgeht, wenn er anruft. Oder auch wie zeitnah und wie gut – und das heißt wie kundenorientiert – man das Gespräch mit ihm führt, wenn er vom Unternehmen aus (Outbound) angerufen wird.

Die Gefahr hierbei ist, daß ein Interessent oder Kunde von einer unzureichenden Servicequalität, und dies heißt auch Kontakt- und Kommunikationsqualität, auf die gesamte Leistungspalette und damit auf die Produktqualität des Unternehmens schließt. In der Wissenschaft nennt man dieses Phänomen »**Irradiation**« (vgl. Kroeber-Riel, 1990, S. 310). Die hierauf basierende Argumentation kann dann folgende sein: Wer schlecht mit einem Kunden kommuniziert, der bietet auch einen schlechten Service und kann damit auch kein gutes Produkt haben (vgl. Töpfer/Mehdorn, 1995, S. 93).

Abschließend läßt sich also noch einmal festhalten: Wenn der Service von der Leistung und der Qualität her auf einem durchschnittlichen Niveau liegt, dann wird er auch nicht differenziert wahrgenommen. Der strategische Ansatz liegt also darin, entweder einen deutlich geringeren oder einen deutlich höheren Service zu bieten. Bei der ersten Strategie bietet das Unternehmen bedeutend weniger Service als andere bzw. überhaupt keinen Service und verkauft nur »über den Preis«. Dieses Unternehmen positioniert sich dann bei einer Zielgruppe, die diesen Null-Service akzeptiert, weil der Nutzen eines sehr günstigen Preises von ihr höher geschätzt wird.

Bei der Strategie, einen hohen und damit exzellenten Service zu bieten, ist es in der Regel besser, zunächst die Servicequalität bei gut beherrschten Serviceleistungen zu vergrößern, als gleichzeitig den Service inhaltlich auszudehnen und dann noch ein hohes Niveau in der Qualität zu realisieren.

2. Fallen und Stolpersteine, die umgangen werden müssen, auf dem Weg zur Servicequalität

> **Als zentrale Frage wird in diesem Kapitel behandelt:**
> ❏ Welche »Servicefallen« treten als »Stolpersteine« häufig auf und wie können sie umgangen werden?

Abbildung 43 zeigt die »Stufenleiter«, die ein Unternehmen zu gehen hat, um zu einem Serviceniveau zu kommen, das ihm Vorteile gegenüber Wettbewerbern verschafft. Aufgeführt sind dabei jeweils die Hürden und Hindernisse, die auf diesem Weg zur Servicequalität überwunden werden müssen.

Wichtig ist dabei folgende Erkenntnis: Ein Fehler bei dieser strategischen Stufenfolge hat Auswirkungen auf den gesamten Folgeprozeß. Wenn vom Management also z. B. die Prioritäten des Telefonservice und der Servicequalität am Telefon falsch eingeschätzt werden, da keine Befragung der Kunden und dadurch keine Analyse der Kundenerwartungen durchgeführt wurde, erfolgt keine strategische Weichenstellung und Organisationsentwicklung sowie Qualifizierung in diese Richtung.

Die Konsequenz ist, daß die Unternehmensleitung und die Führungskräfte den Stellenwert des Telefonservice aus Kundensicht unterschätzen und der Servicequalität im Kundenkontakt einen geringen Erfolgsbeitrag für das eigene Unternehmen beimessen.

Differenzierungschance oder Wettbewerbsnachteil

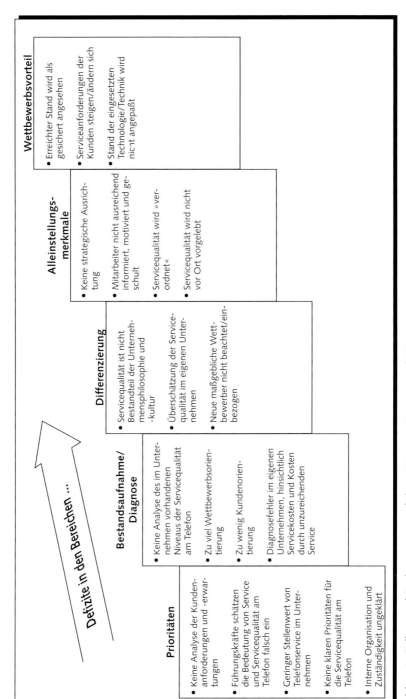

Abb. 43: Fallen und Stolpersteine auf dem Weg zur Servicequalität

Die fehlende Prioritätensetzung führt dann dazu, daß im Unternehmen keine interne Organisation aufgebaut wird, um die Zuständigkeit für eine Servicequalität am Telefon festzulegen und ein hohes Niveau zu sichern. Dadurch sind die Anforderungen und Aufgaben der Telefonzentrale und beispielsweise der Auftragsannahme oder der Reklamationsabteilung ungeklärt. Und für die »kundenfernen« Abteilungen wie Buchhaltung, Lager oder Mahnwesen keinerlei Richtlinien für die Kommunikation mit Kunden formuliert.

Die gesamte interne Organisation ist dann also zu wenig kunden- und serviceorientiert gestaltet. Die Konsequenz ist, daß es zu viele Schnittstellen für Kunden gibt anstatt umfassender »interner Servicecenter«, die ihm eine leichte Ansprache und Klärung seines Problems ermöglichen.

In der Konsequenz bewirkt diese unzureichende Definition der Anforderungen, Inhalte und Ziele der Servicequalität im Unternehmen, daß keine Analyse des erreichten Serviceniveaus durchgeführt wird bzw. auch möglich ist.

Hierdurch ergibt sich dann die Situation, daß weder quantitative noch qualitative Indikatoren für eine Messung der Servicequalität im Unternehmen formuliert werden.

Häufig orientiert sich das Unternehmen zu sehr an dem – auch unzureichenden – Serviceniveau von Wettbewerbern. Angestrebt wird dann nur ein me-too-Service, wie ihn die Wettbewerber haben, anstatt durch eine stärkere Kundenorientierung zusätzliche für den Kunden wichtige Anforderungen zu erfüllen.

Die Folgen sind also Diagnosefehler im Unternehmen. Hierunter fallen vor allem falsche Vorstellungen über die entstehenden Servicekosten, die im Hinblick auf die angestrebte strategische Positionierung zu bestimmen sind. Und hierzu gehören auch falsche Vorstellungen über die Kosten eines unzureichenden Service. In der Regel werden die Auswirkungen auf die Bereitschaft der Kunden zu wechseln – und der damit verbundene Umsatzentgang – unterschätzt.

Eine nicht ausreichende Bestandsaufnahme aus Kundensicht und auch aus Sicht des eigenen Unternehmens vergibt die Chance einer klaren Differenzierung. Wenn der Service und dabei speziell der Telefonservice nicht zum Bestandteil der Unternehmensphilosophie und -kultur gemacht wird, dann wird die Gesamtheit der Mitarbeiter sich auch nicht kunden- und serviceorientiert verhalten. Service bleibt damit lediglich eine Aufgabe von wenigen Stellen im Unternehmen.

Differenzierungschance oder Wettbewerbsnachteil

Die Qualität des geleisteten Service wird dann im Vergleich zu den Kundenanforderungen leicht überschätzt. Insbesondere wenn neue Wettbewerber, die mit einem deutlich besseren Service erfolgreich sind, zu spät erkannt werden, besteht die Gefahr, daß das Unternehmen unhaltbare Serviceversprechen macht. Ein zusätzliches Problem kann dadurch auftreten, daß das Unternehmen ohne ausreichende Marktanalyse dann vorschnell Serviceprioritäten setzt, die der Kunde weder bemerkt noch honoriert.

Die Konsequenzen auf der nächsten Stufe liegen auf der Hand: Die fehlende strategische Ausrichtung – und dies bedeutet genügend Zeit zu haben, um Mitarbeiter nicht nur zu informieren, sondern vor allem auch zu motivieren und gezielt zu schulen – führt dazu, daß ein ganzheitliches Serviceniveau im Unternehmen zur positiven Abgrenzung gegenüber dem Wettbewerb nicht erreicht werden kann.

Da das Verständnis für den vom Kunden erwarteten und für den Unternehmenserfolg wichtigen Service nicht gewachsen ist und da häufig auch keine Incentives geboten werden, die Servicequalität des Einzelnen kein Kriterium für seine Leistungsbeurteilung ist, bleiben alle Maßnahmen aufgesetzt und »verordnet«. Diese Situation wird noch verschärft, wenn die Servicequalität vom Management vor Ort nicht vorgelebt wird. Ursache hierfür ist nicht selten ein unzureichender Kundenkontakt der Führungskräfte.

Ein Sensibilisieren der Mitarbeiter für eine bessere Servicequalität ist beispielsweise dadurch erreichbar, daß Lob vom Kunden weitergegeben wird und erkannte Defizite unmittelbar in konstruktive Kritik mit Verbesserungsmaßnahmen umgesetzt werden.

Bei dem Stichwort »Wettbewerbsvorteil« als höchste Stufe der »Serviceleiter« besteht das Problem insbesondere darin, daß eine erreichte Position als gesichert angesehen und nicht in regelmäßigen Abständen das vom Kunden geforderte Spektrum und Niveau an Serviceleistungen sowie der im eigenen Unternehmen im Vergleich zum Wettbewerb realisierte Stand analysiert wird.

Hierzu gehört auch, daß die eingesetzte Technologie angepaßt wird, vor allem dann, wenn sie das Serviceniveau fördert: also wenn etwa ein Sachbearbeiter sich bei einem Kundenkontakt am Telefon mit wenigen Tastenanschlägen die gesamte »Geschichte dieses Kundenkontaktes« schnell auf den Bildschirm holen kann.

Die Quintessenz ist, daß Verständnis und Gutwilligkeit allein nicht ausreichen, wenn eine unzureichende Technik Streß verursacht und es unmöglich macht, die trainierte Servicequalität dem Kunden zu vermitteln. Zu lange

Wartezeiten, mehrfaches Klingeln, Gesprächsabbrüche durch mangelnde Technik, Stimmen im Hintergrund und fehlende Erreichbarkeit durch eine nicht vorhandene Rufweiterschaltung sind hierfür Beispiele.

Die Infrastruktur im Bereich Technik und EDV – also die »Telefonhardware« – ist die Grundlage, um serviceorientiertes Verhalten der Mitarbeiter der Telefonzentrale und der Ansprechpartner im Unternehmen überhaupt erst richtig zum Einsatz und zur Wirkung zu bringen.

3. Einsatz neuer Techniken und Infrastruktur als Grundlage für erfolgreiche Servicequalität am Telefon

Als zentrale Fragen werden in diesem Kapitel behandelt:
- ❏ Welche Chancen ergeben sich durch den Einsatz neuer Techniken?
- ❏ Wie kann zukünftig der Telefonservice von den sich weiterentwikkelnden Techniken profitieren?

Welche Chancen ergeben sich durch den Einsatz neuer Techniken?
Neben der stärker kundenorientierten Verhaltensweise der Mitarbeiter, also dem »**High Touch**«, wird die Zukunft im Telefonservice auch von der sich stark weiterentwickelnden Technik, also dem »**High Tech**«, bestimmt.

Eigentlich braucht man keine sehr anspruchsvolle und hochentwickelte Technik, um einen guten Kundenservice zu bieten. Häufig wäre es mit einem guten Training der Innendienstmitarbeiter, also mit einfachen Mitteln, möglich, einen Anrufer schnell und umfassend zufriedenzustellen. Rufen Sie sich nur das Beispiel des Kopier-Herstellers zu Anfang des Buches ins Gedächtnis. Dennoch wird die Entwicklung der Technik sowohl dem Anrufer als auch dem Anruf-Entgegennehmer erhebliche Erleichterungen bringen können. Viele dieser technischen Hilfsmittel sind heute schon verfügbar, andere sind in der Entwicklung.

Das Herzstück in Marketing, Vertrieb und Service ist heute in den Unternehmen die Database. Nie war es billiger und einfacher, sich eine Kunden- und Interessentendatenbank auf einem Computer zu erstellen. Die auf dem Markt zur Verfügung stehende Hard- und Software kostet – für eine Einzelplatzlösung – heute oftmals weniger als ein Monatsgehalt eines Vertriebs- oder Servicemitarbeiters. Neben den Stammdaten, also den reinen Firmenadreßdaten wie z. B. Name, Anschrift, Telefon, Telefax, Bankverbindung, bieten vor allem die Profil- und Marketingdaten wichtige Hintergrundinformationen für den Dialog mit Kunden oder Interessenten. Hierunter fallen u. a.

Differenzierungschance oder Wettbewerbsnachteil

Verkaufsgebiet, zuständiger Außendienst-Mitarbeiter, die Kaufhäufigkeit, Akquisitionsansätze, Kundenstatus, Kundenpotential, Projekte, Anforderungen und spezielle Wünsche an das Produkt, Servicewünsche, Lieferbedingungen, Kreditlimit sowie Zahlungsgewohnheiten (vgl. Greff, 1993a, S. 157 ff.; Kreutzer, 1991, S. 623 ff.; Lechelt, 1993, S. 19 ff.; Rensmann, 1993, S. 93 ff.). Eine Database sollte auch folgende Fragen beantworten können:

❑ Wie wurde der Kunde gewonnen?
❑ Wieviele Kundenkontakte haben bereits stattgefunden und welcher Art waren diese?
❑ Auf welche Marketingmaßnahme erfolgte welche Reaktion?
❑ Welche Aktivitäten unternimmt der Wettbewerber?
❑ Wo stehen unsere Produkte/Dienstleistungen im Wettbewerbsvergleich?
❑ Wie hoch ist das noch zu akquirierende Zielgruppenpotential?

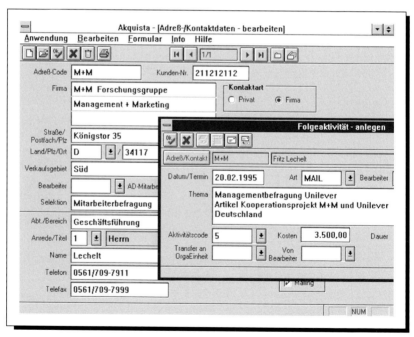

Abb. 44: Bildschirmmasken eines Service-Informationssystems

In der Abbildung 44 sind exemplarisch einige Bildschirmmasken einer Database, und zwar des Service-Informationssystems eines Dienstleisters, aufgeführt.

Nicht der quantitative Umfang der Database, sondern die Qualität und Aktualität des Datenmaterials sind entscheidend. Ein professioneller Einsatz ist nur dann gewährleistet, wenn eine kontinuierliche Datenpflege betrieben wird und somit die Aktualität und lückenlose Historie sämtlicher Kontakte gewährleistet werden kann. Hier gilt: Eine Database ist nur so wertvoll wie die Daten, die sie beinhaltet.

Wichtig ist aber auch, daß hier kein verkürzter Datenansatz praktiziert wird. In der Regel werden mehr als 10 primär qualitative Kriterien erforderlich sein, um für einen Kunden eine aussagefähige Datenbank zu besitzen.

Neben den üblichen Hardfacts über den jeweiligen Kunden als Muß-Informationen sollte diese Datenbank auch Softfacts zu seinem Verhalten als Soll-Informationen enthalten. Diese Softfacts, die im Zeitablauf immer mehr an Bedeutung gewinnen, um einen Kunden im Service zufriedenzustellen, erstrecken sich z.B. auf Lieblingsgerichte, Lieblingsgetränke, Schulausbildung, Sportarten, Hobbys und auch sein Geburtsdatum. Daß der Computer den Mitarbeiter automatisch an die Geburtstage erinnert, ist heute eine Selbstverständlichkeit.

Bei einem guten Kunden ist also der Anruf an seinem Geburtstag eine Möglichkeit, die Kundenbindung zu festigen, da man belegt, daß einem diese Information und dieser Anruf wichtig sind. Zusätzlich bietet dieser Anruf auch eine gute Möglichkeit, sich über die Zufriedenheit des Kunden zu informieren und gegebenenfalls auch neue Service- oder Produktwünsche zu erfragen.

Wie kann zukünftig der Telefonservice von den sich weiterentwickelnden Techniken profitieren?
Für das aktive Telefonieren gibt es heute preiswerte Geräte und Software, um Adressen direkt aus der Bildschirmmaske anzuwählen. Der Vorteil liegt darin, daß keine Fehleingabe der Telefonnummer möglich ist und eine erhebliche Zeitersparnis erreicht wird. Ist der Anschluß besetzt, wählen diese Systeme nach einer frei einstellbaren Zeit, beispielsweise nach 10 Minuten, die Adresse automatisch wieder an.

Für Vieltelefonierer oder in Telefonmarketingabteilungen, die den Kunden auch aktiv anrufen, gibt es eine weitere Softwarefunktion, die insbesondere in den USA hohe Aufmerksamkeit und Verbreitung gefunden hat: **Predic-**

tive Dialing (Vorausschauende Anwahl) bzw. **Power Dialing** heißt das System. In Deutschland wird es z.B. von der Citibank Privatkunden AG eingesetzt (vgl. o.V., Acquisa, 1994, S. 58).

Wie funktioniert es? Nehmen wir einmal an, 6 Mitarbeiter arbeiten in einer Telefonserviceabteilung und wollen Bankkunden darüber informieren, daß sie seit Wochen einen zu hohen Bestand auf ihrem Girokonto haben, für den sie nur wenig Zinsen bekommen.

Der Computer selektiert aus dem Gesamtkundenbestand der Bank die Adressen heraus und wählt die Kunden automatisch an. Kommt eine Verbindung zustande, wird die Adresse automatisch an den nächsten freien Mitarbeiterplatz des Telefonservices vermittelt. Der Mitarbeiter führt dann das Telefongespräch.

Inzwischen geht Predictive Dialing schon einen Schritt weiter: Der Computer errechnet, wie lange im Durchschnitt ein Telefongespräch dauert. Er beginnt schon die nächste Nummer zu wählen, während Mitarbeiter noch sprechen und stellt dann zielgenau – natürlich ist eine Zeitsicherheit eingebaut – an den Mitarbeiter weiter. Besetzte Telefonanschlüsse, Nicht-Anwesende oder Anrufbeantworter werden vom Computer automatisch ausgefiltert. Bei der Citibank erledigt ein Mitarbeiter jetzt beispielsweise 16 statt 5 Anrufe pro Stunde (vgl. o.V., Acquisa, 1994, S. 58).

Es liegt auf der Hand, daß diese fortschrittliche Technik bei den Mitarbeitern am Telefon einen guten Trainingsstand und auch eine hohe Disziplin erfordert. Nur so kann erreicht werden, daß diese Vorgehensweise zu einem großen Durchsatz führt, ohne gleichzeitig die Mitarbeiter unter einen unerträglichen Streß zu stellen.

Für die Mitarbeiter im Telefonservice besteht durch den Einsatz neuer Techniken die Möglichkeit, daß sie sich auf das konzentrieren können, wozu sie besser befähigt sind als jede Maschine, nämlich von Mensch zu Mensch zu kommunizieren. Der Frust, der durch ständige Besetztzeichen, Nicht-Anwesenheit, Anrufbeantworter usw. entsteht, wird erst gar nicht an den Telefonserviceplatz des Mitarbeiters weitergereicht. Selbstverständlich ist es heute möglich, auf Knopfdruck direkt aus dem Computer eine Terminbestätigung mit persönlicher Anschrift zu schreiben oder ein Telefax zu senden.

Aber auch für eingehende Anrufe hält die Technik hervorragende Lösungen bereit. Über ISDN ist es heute schon Standard, anhand der Telefonnummer des Anrufers diesen bereits im Computer zu identifizieren und die Bildschirmmaske des Kunden mit Kundenhistorie am Arbeitsplatzrechner des Telefonservice-Mitarbeiters zu zeigen, zeitgleich mit dem Läuten des Telefons am Arbeitsplatz (vgl. Greff, 1993a, S. 152ff.).

Fragen des Telefonservice-Mitarbeiters, die uns auf die Nerven gehen, wie »Bitte geben Sie mir doch Ihre Kundennummer« oder »Bitte geben Sie mir Ihren Namen und die Postleitzahl« entfallen. Der Anrufer ist eindeutig identifiziert, der Telefonservice-Mitarbeiter kann ihn sofort freundlich begrüßen, bevor er sich kenntlich gemacht hat: »Guten Morgen, Herr Schneider, was kann ich heute für Sie tun?«.

AT & T hat ein solches System mit dem Namen ANI (Automated Number Identification/Rufnummernidentifizierung) im Einsatz. Einer der ersten Kunden war Domino Pizza. Das Unternehmen verspricht seinen Kunden, daß spätestens innerhalb von 30 Minuten nach dem Anruf die Pizza ausgeliefert ist. Falls die Zeit nicht eingehalten wird, erhält der Kunde die Pizza gratis (vgl. Zemke/Anderson, 1994, S. 26). Auf Schnelligkeit kommt es hier also an. Name und Adresse des Anrufers erscheinen sofort auf dem Bildschirm, wenn das Telefon klingelt. Die Bestellung wird von freundlichen Domino Pizza Mitarbeitern aufgenommen und – um Verkehrsstaus zu umgehen – von einem Motorradfahrer ausgeliefert.

Automatische Anrufverteilsysteme (ACD/Automatic Call Distributor) gehören in den USA zur Standardausrüstung einer Serviceabteilung oder im Telemarketingbereich. ACD-Anlagen überwachen die eingehenden Anrufe, verteilen diese gleichmäßig auf freie Ansprechpartner und liefern für das Unternehmen wesentliche statistische Informationen über verschiedene Zeitperioden. Mit ACD-Anlagen können beispielsweise folgende Ergebnisse erreicht werden (vgl. Greff, 1993a, S. 153 f.):

- Die Personalplanung wird optimiert, da das System Daten liefert, zu welcher Tages- und Nachtzeit wieviele Anrufe im Unternehmen eingehen.
- Mitarbeiter im Telefonkontakt werden in der Regel weder unter- noch überfordert, da die ACD-Anlage die Anrufe gleichmäßig auf alle Arbeitsplätze verteilt. Das System ermittelt, welcher Mitarbeiter bisher am wenigsten Anrufe bearbeitet bzw. »Telefonarbeitszeit« geleistet hat und leitet die nächsten Anrufer auf dessen Arbeitsplatz weiter.
- Dem Management wird aussagefähiges Datenmaterial darüber zur Verfügung gestellt, wie lange die Bearbeitung eines »Falles« pro Abteilung dauert und wieviele Anrufe verloren gehen, weil die Anschlüsse besetzt waren. Arbeitsplatzbezogene Messungen sind technisch möglich, in Deutschland aus betriebsverfassungsrechtlichen Gründen jedoch meist nicht erlaubt.

Die **CTI-Technik** (Computer Telephone Integration), bei der Telefonanlage und Personalcomputer im Netzwerk verbunden sind, ermöglicht es, in Se-

Differenzierungschance oder Wettbewerbsnachteil

kundenschnelle alle in der Datenbank vorhandenen Informationen über die Aktivitäten mit dem Anrufer auf den Bildschirm zu bekommen. Sollte der jeweilige Gesprächspartner im Unternehmen das Problem des Anrufers nicht sofort selbst lösen können, »transferiert« er die Daten im Netz zum nächsten kompetenten Ansprechpartner (vgl. z. B. o. V., Acquisa, 1994, S. 57).

Auch die Telekom hat erkannt, daß man mit Servicetelefonnummern das Anrufaufkommen erhöhen und Geld verdienen kann. Der **gebührenfreie Service (Vorwahl 0130)**, bei dem der Angerufene die Rechnung zahlt, zählt zu den bekanntesten Dienstleistungen der Telekom. 1993 wurden über diesen Service 110 Millionen Gespräche geführt, 13.200 Servicetelefonnummern waren vergeben (vgl. Telekom 1994a, S. 10). Anders sieht es bei den heute immer populärer werdenden **0190er Nummern** aus. Der Anbieter muß die komplette Technik zur Verfügung stellen. Die Deutsche Telekom AG ist für das Inkasso zuständig. Die anfallenden Gebühren teilen sich die Telekom und der private Anbieter der 0190er Nummer im Verhältnis 52% zu 48%.

In gleicher Weise haben viele Softwarefirmen in den USA beispielsweise von einer 800er Telefonnummer, die gebührenfrei ist, auf eine 900er Telefonnummer umgestellt, die höhere Gebühren als normal in Rechnung stellt.

Umfragen haben gezeigt, daß der Kunde durchaus bereit ist, für Service zu bezahlen, wenn er dafür gut bedient wird. Was nutzt es dem Kunden, wenn er zwar eine Software-Hotline in München über eine 0130er Nummer gebührenfrei anwählen kann, der Hörer aber erst nach dem 47. Durchläuten abgenommen wird, wie das Wirtschaftsmagazin WISO im Februar 1992 anläßlich eines Servicetests bei Computer-Herstellern festgestellt hat.

Inwieweit sich Computer mit Spracherkennungssystemen (Sprachdialogsysteme), die derzeit eine Worterkennungsrate von durchschnittlich 95% haben, durchsetzen werden, bleibt abzuwarten. Erfahrungen in den USA, wo **Voice Mail Systeme** nach dem Telefax den stärksten Zuwachs haben (vgl. Greff, 1993a, S. 156), zeigen, daß viele Anrufer auflegen, wenn sie mit einem Computer sprechen sollen. Dies bedeutet den Verlust von Kunden und Interessenten. Beim Einsatz von Voice Mail Systemen, bei denen sich der Anrufer durch Drücken von Tasten auf dem Telefon in die nächste Hierarchie »hocharbeiten« muß (»Wenn Sie Prospekte über Afrikareisen haben möchten, bitte drücken Sie die 1. Wenn Sie in Europa verreisen möchten, bitte drücken Sie die 2 auf Ihrem Telefongerät…«), dauert zudem die Telefonverbindung länger.

Differenzierungschance oder Wettbewerbsnachteil

Eine Statistik aus den USA sagt, daß es im Durchschnitt 1 Minute 13 Sekunden sind, bis der Anrufer die richtige Person oder sein Anrufsziel erreicht hat. In 47 Sekunden wird die gleiche Arbeit von einem gut ausgebildeten Telefonservice-Mitarbeiter erledigt.

Wenn der Kunde den Nutzen eines solchen Sprachdialogsystems höher einschätzt als den Verlust an persönlicher Betreuung, dann wird sich auch die Akzeptanz des Einsatzes derartiger Systeme eher einstellen (vgl. Oeser, 1994, S. 75).

In Deutschland nutzt z. B. die Deutsche Lufthansa AG Sprachdialogsysteme sowohl für die innerbetriebliche Mitarbeiterinformation als auch für den Kundeneinsatz. Das im internen Einsatz befindliche System dient u. a. dazu, den Mitarbeitern Informationen über die voraussichtliche Auslastung eines speziellen Fluges geben zu können, damit sie – wenn freie Sitzplätze zur Verfügung stehen – zu einem reduzierten Preis buchen können. Im Kundeneinsatz werden z. B. Informationen zu dem Lufthansa Pendelbus Frankfurt-Heidelberg-Mannheim per Sprachdialogsystem gegeben. Will ein Kunde jedoch die persönliche Beratung in Anspruch nehmen, wird sein Gespräch automatisch per Anrufweiterschaltung in das neue Telefonservice-Center der Zentrale Kassel verbunden. Die Kosten für diese Weiterverbindung werden von der Lufthansa getragen.

Zukünftig sollen bei der Lufthansa aktuelle Informationen über den Flugbetrieb und spezielle Fragestellungen zu einem hohen Prozentsatz durch Sprachdialogsysteme abgewickelt werden (vgl. Oeser, 1994, S. 72ff.).

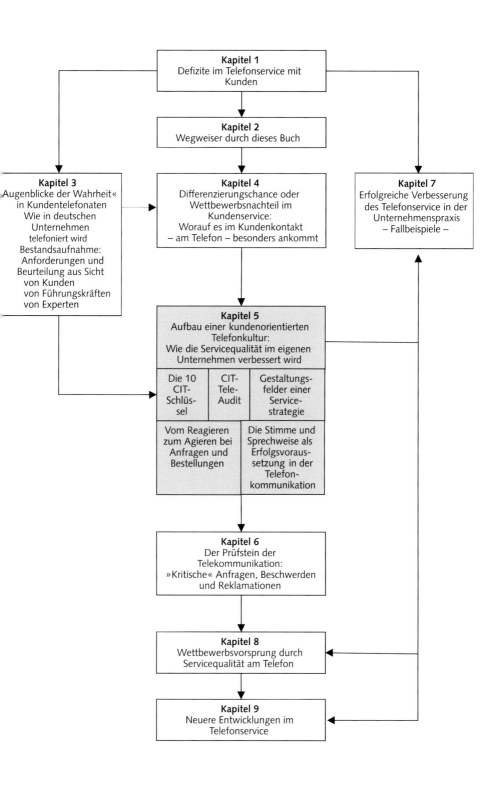

5. Aufbau einer kundenorientierten Telefonkultur
Wie die Servicequalität im eigenen Unternehmen verbessert wird

1. Die 10 CIT-Schlüssel zur Servicequalität im Kundendialog

> **Als zentrale Fragen werden in diesem Kapitel behandelt:**
> ❑ Was sind wesentliche Bausteine für eine kundenorientierte Telefonkultur?
> ❑ Wie läßt sich die Servicequalität am Telefon verbessern?

Die zentrale Frage dieses Kapitels ist, wie sich die im vierten Kapitel aufgezeigten Defizite als Fallen und Stolpersteine bei der Servicequalität beheben lassen und darüber hinaus der Service zu einem echten Wettbewerbsvorteil ausgebaut werden kann.

Hierzu werden 10 Schlüsselbereiche formuliert, um die Corporate Identity am Telefon und damit die Servicequalität am Telefon zu optimieren. Im folgenden gehen wir auf diese 10 CIT-Erfolgsschlüssel im einzelnen ein, wie sie in Abbildung 45 aufgeführt sind.

1. Telefonservicequalität ist Chefsache

Der wichtigste Ausgangspunkt ist zunächst, daß der Telefonservice und damit auch die angestrebte Telefonservicequalität aus ihrem Schattendasein herausgeholt werden müssen. Hierzu reichen verbale Aussagen über den zukünftigen Stellenwert nicht aus. Vielmehr muß exemplarisch durch die Beteiligten gezeigt werden, welcher Beitrag in Zukunft für die Akquisition und Kundenzufriedenheit vom Telefonservice erwartet werden kann. Die klare Konsequenz ist, daß alle Überlegungen zur Verbesserung der Servicequalität am Telefon von der Unternehmensleitung gesteuert werden, also Chefsache sind.

Im Einzelfall heißt dies nicht, daß die Geschäftsführung alle Details zur Verbesserung der Servicequalität am Telefon plant und festlegt. Vielmehr bedeutet es, daß die Unternehmensleitung sich selbst über den Stellenwert dieses Instrumentes klar wird und diese Prioritätensetzung im Unternehmen auf geeignete Weise kommuniziert. Folge ist dann in der Regel, daß es einen zuständigen Projekt- bzw. Programmverantwortlichen für dieses Vorhaben geben wird, der dem Vertriebs- oder Marketingvorstand oder dem Geschäftsführer berichtet.

Kundenorientierte Telefonkultur

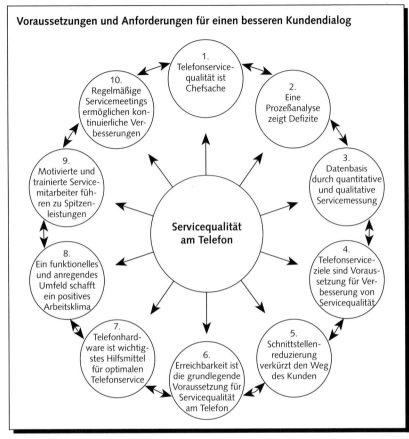

Abb. 45: Die 10 CIT-Schlüssel

Nur wenn auf diese Weise obere Führungskräfte serviceorientiertes Verhalten im Unternehmen in seiner Wichtigkeit dokumentieren, wird die Servicequalität im Kundendialog auch bei nachgeordneten Mitarbeitern einen entsprechend hohen Stellenwert einnehmen können (vgl. Töpfer/Mann, 1994, S. 33; Zeithaml/Berry/Parasurman, 1991, S. 411 f.). Erfolgreiche Unternehmen, welche die Bedeutung der Servicequalität für die Kundenzufriedenheit und -bindung erkannt haben, setzen sich deshalb auch Ziele für die Servicequalität am Telefon. Dies kann beispielsweise so erfolgen, daß es Aufgabe einer Führungskraft ist, in ihrem Bereich eine Erreichbarkeit der Mitarbeiter mit Kundenkontakt von 95% im Monat zu sichern. Oder, daß ein Anrufer höchstens einmal weiterverbunden werden muß, bis er den richtigen Ansprechpartner am Telefon hat.

Neben diesen quantitativen Zielen sind qualitative Serviceziele für den Kundendialog am Telefon ebenso wichtig. Hierzu gehören Aussagen über die angestrebte Freundlichkeit und Fachkompetenz, mit der ein anrufender Kunde behandelt werden soll.

Ein Erfolgsfaktor liegt bei diesem Vorhaben auf der Hand: Servicequalität am Telefon muß von den Führungskräften vorgelebt werden. Dies bezieht sich zum einen auf die Erreichbarkeit und zum anderen selbstverständlich auch auf die Art und Weise, wie die Geschäftsleitung mit Anrufern am Telefon umgeht. Nur so läßt sich eine Telefonkultur im Unternehmen entwickeln, die gewachsen und damit glaubwürdig ist und nicht in einem »Crash-Kurs« verordnet und aufgesetzt wird.

Hierzu gehört auch folgender Sachverhalt: Eine Führungskraft, die in einem Gespräch mit einem Mitarbeiter diesen davon abhält, ein klingelndes Telefon zu bedienen, oder die an einem klingelnden Telefon vorbeigeht, das niemand anders als sie im Moment abheben kann, ist ein schlechtes Vorbild.

2. Eine Prozeßanalyse zeigt Defizite
Zunächst ist realistisch abzuschätzen, wo und wie häufig im Unternehmen bei der Annahme von Anrufen und bei der Behandlung von Anrufern Schwachstellen auftreten und damit zu beseitigende Defizite erkennbar sind. Hierzu ist es unbedingt erforderlich, eine systematische Prozeßanalyse der eingehenden Anrufe durchzuführen.

Diese läuft auf eine **Critical Incident Analyse** (vgl. Stauss, 1991b, S. 356f.) hinaus, also auf eine Untersuchung, welche kritischen Vorfälle auf dem Weg eines telefonischen Kontaktes auftreten. Wesentliche Meilensteine sind hierbei,

- wie häufig es klingelt, bis abgenommen wird oder bis der Kunde aufgibt,
- wie der Kontakt mit der Telefonzentrale ist,
- wie oft weiterverbunden werden muß oder ob häufig eine direkte Durchwahl an den zuständigen Mitarbeiter erfolgt,
- wie die Behandlung durch den Ansprechpartner ist und vor allem ob und wie das Problem des Kunden gelöst wird.

Es ist zweckmäßig, diese Analyse in Häufigkeitsdiagrammen quantitativer oder qualitativer Art mit Indikatoren darzustellen. Hierdurch kann am ehesten Betroffenheit bei den zuständigen Mitarbeitern erzielt werden. Denn das Ziel ist nicht, negatives zu dokumentieren, sondern es als Grundlage zu verwenden, um besser zu werden. Hierauf werden wir im nächsten Kapitel beim CIT-Telefon-Audit noch eingehen.

Das Ergebnis des zweiten CIT-Schlüssels ist also eine Struktur- und Ablaufanalyse. Sie veranschaulicht, welche Ströme von Telefonanrufen zu welchen

Kundenorientierte Telefonkultur

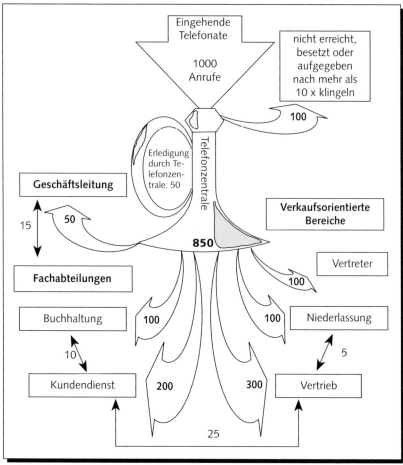

Abb. 46: Analyse der Ströme von Telefonanrufen

Zeiten überhaupt an die Telefonzentrale oder an bestimmte Abteilungen fließen und wie diese weitergeleitet werden bzw. wo Anrufer »verlorengehen« (siehe hierzu Abbildung 46). Im übertragenen Sinne ist dies eine Input-Prozeß-Outputanalyse der Telefonkommunikation mit dem Unternehmen und im Unternehmen.

Diese Prozeßanalyse ist durch quantitative und qualitative Messung der Servicequalität zu präzisieren und zu ergänzen.

3. Datenbasis durch quantitative und qualitative Servicemessung
Präzisiert werden muß diese Analyse durch Detailauswertungen der Anrufe insbesondere nach folgenden Kriterien:

Kundenorientierte Telefonkultur

- Wieviele Anrufe gehen zu welchen Zeiten und an welchen Tagen im Unternehmen ein?
- Wo gehen diese Anrufe ein? (Abteilungen, Bereiche)
- Wer ruft an? (Lieferanten, Geschäftskunden, Privatkunden)
- Wie hoch ist der Anteil der internen (Niederlassungen, Außendienst) und der externen Anrufe (Kunden, Lieferanten)?
- Was sind die Anrufgründe? (Anfragen, Bestellungen, Reklamationen)
- Welche und wieviele Anrufe wurden erfolgreich behandelt? (Zeitbedarf, Rückrufe)
- Wieviele Anrufer/Kunden konnten aus welchen Gründen nicht sofort zufriedengestellt werden?

Beispielhaft werden wir die erste Frage noch einmal aufschlüsseln. Bei dieser quantitativen Analyse, wie sie in Abbildung 47 dargestellt ist, sind die Gründe für bestimmte Anrufspitzen zu erfragen. Das Ergebnis liegt bei diesem Fallbeispiel auf der Hand: Wer am Wochenende mit seinem technischen Gerät Schwierigkeiten hat, ruft am Montag morgen gleich bei der Hotline des Herstellers an, um sein Problem gelöst zu bekommen. Wie sich aus der Untersuchung eines Herstellers von Kopiergeräten ersehen läßt, geschieht dies vor allem zwischen 9 und 11.30 Uhr (siehe Abb. 47) (vgl. Miyabayashi, 1994, S. 221 ff.)

Besonders hoch war bei diesem Beispiel die Anzahl der verlorenen Anrufe zu den Spitzenanrufzeiten am Montagvormittag. Der Grund war die mangelnde Erreichbarkeit. Plausibel ist dabei folgender Sachverhalt: Kunden mit dringlichen Problemen sind hartnäckig und rufen solange an, bis der Kontakt zustande kommt. Interessenten, die beabsichtigen, ein technisches Produkt zu kaufen, und die sich zunächst einmal über das Produktspektrum informieren wollen, versuchen es in der Regel nur ein- bis zweimal und rufen dann bei einem Wettbewerber an.

Maßnahmen zum Reduzieren der »Lost calls« und zum Einhalten der Serviceziele (z.B. Anrufe spätestens nach dem 3. Klingeln angenommen) sind:

- Zusätzliche personelle Unterstützung durch Einstellen von Springern/ Aushilfskräften, die auch ausreichend geschult sind, um Probleme des Anrufers zu lösen bzw. ihn schnell an eine kompetente Person weiterzuleiten,
- und als technische Voraussetzung genügend freie Telefonleitungen.

Im vorliegenden Fallbeispiel wurden zusätzliche geschulte Aushilfskräfte im Zeitraum von 9.00 bis 12.00 Uhr eingesetzt.

Kundenorientierte Telefonkultur

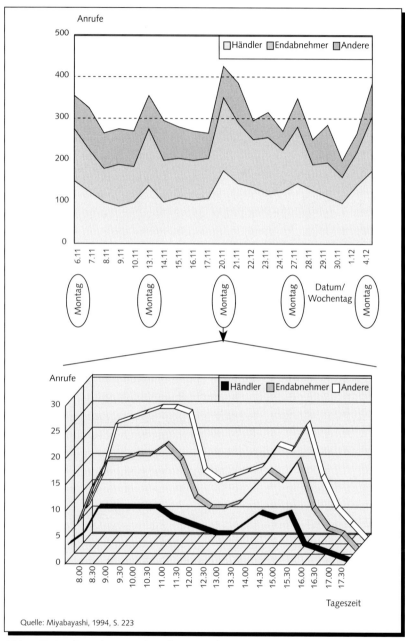

Abb. 47: Analyse der eingehenden Anrufe

Je detaillierter und präziser das Datenmaterial ist und die Anrufe im gesamten Volumen und in ihrer Art untersucht werden, desto besser können Sie Schwachstellen erkennen, analysieren und beseitigen. Eine derartige Analyse kann zum Beispiel Defizite im folgenden Bereich aufzeigen:

- Der Anteil der Anrufer, die einen Telefonkontakt mit dem Unternehmen nicht zustande bringen konnten, weil alle Leitungen besetzt waren oder die Telefonzentrale überlastet war, beträgt vor allem am Montag mehr als 20% aller eingehenden Anrufe.

Ein weiterer Effekt tritt bei einer derartigen Analyse ein: Nämlich, daß mehr Transparenz über die Kosten der »Telefonarbeit« im Unternehmen erzielt wird. Dies läßt sich beispielsweise daran ablesen, wie häufig die Zentrale weiterverbinden muß, da möglicherweise die Chance einer Direktanwahl der zuständigen Ansprechpartner im Unternehmen nicht genutzt wird. Etwa, weil den Interessenten oder Kunden in der vorherigen, meist schriftlichen Kommunikation diese Möglichkeit nicht klar aufgezeigt wurde.

Die Konsequenz ist dann beispielsweise nicht, daß die Personalplanung verändert und das Personal am Telefon aufgestockt wird, sondern daß die Informationen in der schriftlichen Kommunikation deutlich herausgestellt werden und so der Telefonservice mit den vorhandenen Kapazitäten effizienter gestaltet werden kann. Nur im Falle der Hauptstoßzeiten von Anrufen ist es zweckmäßig, über eine flexible Kapazitätsplanung und -aufstockung diese Spitzen aufzufangen.

Je detaillierter zusätzlich die Informationen im Unternehmen über die Arten und Inhalte der eingehenden Anrufe sind, desto gezielter können Sie die Mitarbeiter in allen Bereichen mit Kundenkontakt auf das Beantworten der Kundenanfragen und auf das Lösen von Kundenproblemen vorbereiten. Hierzu gehören selbstverständlich auch ein vorausgehendes Briefing und eine entsprechende Schulung der Mitarbeiter am Telefon, wenn eine spezielle Vertriebsaktion oder Marketingkampagne vorgesehen ist.

Ein Vorteil kann dabei genutzt werden: Die erforderlichen Analysen und Auswertungen können Sie heute bereits mit jeder modernen Telefonanlage, die über die entsprechende Zusatzausrüstung verfügt, durchführen. Die Konsequenz ist, daß eine Strategie der Servicequalität am Telefon mit Fakten untermauert werden kann, um sie punktgenau zu gestalten.

4. Telefonserviceziele sind die Voraussetzung für die Verbesserung von Servicequalität

Die im Unternehmen bereits bestehenden Vorstellungen über die Qualität des Telefonservice und die Überlegungen zur Zielrichtung können in der Praxis erst dann auf realisierbare Größen verdichtet werden, wenn eine klare Datenbasis vorliegt. Deshalb sind – bezogen auf die analysierten Bereiche – Serviceziele für die Qualität des Kundendialoges am Telefon zu formulieren. Es ist klar, daß auch die Messung bereits Vorstellungen über die Zielrichtung voraussetzt. Denn anderenfalls können die Kriterien, nach denen die erfolgreiche Kommunikation bzw. Defizite analysiert werden sollen, nicht vorgegeben werden. Dabei sind auch die Anforderungen der Kunden an die inhaltliche und emotionale Gesprächsführung durch gezielte Analysen zu ermitteln und als Qualitätsbedingungen vorzugeben.

Die Serviceziele für die Qualität der Telefonkommunikation sind aus generellen Servicezielen des Unternehmens abzuleiten. Das Ergebnis sind Vorgaben, wie hoch bzw. niedrig die Anzahl der »verlorenen Anrufe« sein darf. Es steht außer Frage, daß die Formulierung realistischer Ziele immer von den umsetzbaren Verbesserungsmaßnamen abhängt, auf die in den nächsten CIT-Schlüsseln noch eingegangen wird.

Entsprechend zu formulieren ist der **Grad der Erreichbarkeit**, der ggf. nach einzelnen Abteilungen in Abhängigkeit vom **Grad der Kundennähe** differieren kann, sowie die durchschnittliche Wartezeit, bis ein Telefonanruf entgegengenommen wird oder ein Anrufer weiterverbunden wird. Vorgaben zum zweiten Kriterium sind in der Regel einheitlich für das ganze Unternehmen.

Ein weiterer wesentlicher Faktor für eine Zielvorgabe ist die **Produktivität**. Hiermit wird die Relation zwischen der Anzahl der eingehenden und beantworteten Gespräche zu der Zahl der vorhandenen Mitarbeiter in einer definierten Zeiteinheit (pro Stunde, pro Tag) festgeschrieben. Es ist klar, daß hierdurch keine Refa-Analyse angestrebt wird. Aber zur Bestimmung der zur Verfügung zu stellenden Kapazität ist diese Maßzahl erforderlich.

Zusätzlich sind neben der »Zielzeit« für die Beantwortung einer Anfrage eines Anrufers qualitative Ziele zu formulieren. Man könnte etwa vorgeben, daß bei einer ernsthaften Reklamation eines Kunden unabhängig von allen Zeitvorgaben dieser »aufzufangen« und eine Basis für einen weiteren positiven Kundenkontakt ist.

> Damit ist klar, daß generell bezogen auf die Ziele des Telefonservice das angestrebte Ergebnis in einer möglichst hohen Kundenzufriedenheit mit einem vertretbaren Aufwand an Personal und Sachmitteln liegt.

Über das erreichte Niveau geben nur regelmäßige Kundenbefragungen Auskunft. Auf sie gehen wir beim CIT-Telefon-Audit im folgenden Kapitel noch ein.

5. Schnittstellenreduzierung verkürzt den Weg des Kunden

In diesem Kapitel greifen wir den Aspekt einer ineffizienten Organisation detailliert auf. Je spezialisierter die Abteilungen im Unternehmen arbeiten und deshalb Zuständigkeiten aufgesplittet sind, desto schwieriger ist es für den Kunden, genau zu wissen, wer im Unternehmen für welche Aufgabenstellungen und für welches Problem zuständig ist. Im übrigen gilt dies häufig nicht nur für die Kunden, sondern auch für Mitarbeiter im Unternehmen, speziell für die Telefonzentrale, wenn sie selbst etwas wissen oder einen Kunden weitervermitteln wollen.

Gerade der gegenwärtig hochaktuelle Ansatzpunkt des **Re-Engeneering** (vgl. Hammer/Champy, 1994, S. 47 ff.) liefert auch für ein **Schnittstellenreduzieren** in der Telefonkommunikation wichtige Grundlagen. Hierbei geht es um die Analyse von Geschäftsprozessen im Sinne von in sich geschlossenen Prozeßketten, zum Beispiel bei Bestellungen, also dem Auftragseingang und der Auftragsabwicklung, oder bei Reklamationen. Das Ziel ist, die Durchlaufzeit im Unternehmen zu reduzieren und zur Erreichung dieses Ziels die Anzahl der beteiligten Personen zu verringern und die Zuständigkeitsbereiche einzelner Personen zu vergrößern. Beides kommt auch der Servicequalität am Telefon zugute, da sich hierdurch die Anzahl möglicher Ansprechpartner reduziert.

Durch das **Benennen eines Projektverantwortlichen**, der den definierten Vorgang als Abschnitt der Wertschöpfungskette steuert, gestaltet und kontrolliert, ist so auch ein Ansprechpartner auf einer höheren Ebene bekannt, der im Bedarfsfall regulierend eingreift.

Zusätzlich nutzen immer mehr Unternehmen ein weiteres Instrument, den **Telefonservice-Pool**. Das Ziel ist, und dies wird ebenfalls in den Telefonservicezielen präzisiert, daß beispielsweise bis zu 80% aller eingehenden Kundenanrufe von den jeweiligen Mitarbeitern im Telefonservice-Pool direkt beantwortet werden können.

Wichtige Grundlage hierfür ist eine gute EDV-Unterstützung auf dem PC, um so ein breites Spektrum von Kundenanfragen auf dem erforderlichen inhaltlichen Niveau beantworten zu können. Nur besondere Fälle, die nicht sofort gelöst werden können, werden an ein Fachteam als Gruppe von

Spezialisten auf unterschiedlichen Gebieten oder an eine spezielle Fachabteilung durchgestellt, um so von einem in dieser Sache kompetenten Ansprechpartner beantwortet zu werden.

Eine gute instrumentelle Grundlage für die Analyse und Bewältigung der verschiedenen Arten von Kundenanrufen ist die **ABC-Analyse**.

Zur A-Kategorie zählen die Anrufer, die direkt vom Telefonservice-Pool behandelt und gelöst werden sollen. Hierauf hat sich speziell die Information und Qualifizierung dieser Mitarbeiter zu konzentrieren.

In die B-Kategorie gehören Anrufe, die einen höheren Spezialisierungs- und Schwierigkeitsgrad aufweisen und deshalb zumindest für eine begrenzte Zeit mit Unterstützung der Fachteams oder speziellen Fachabteilungen gelöst werden können. Zielsetzung ist, daß ein großer Teil der Mitarbeiter des Telefonservice-Pools diese Anfragen nach einiger Zeit ausreichend beantworten kann.

Zur C-Kategorie gehören die Anrufe, bei denen der Mitarbeiter im Telefonservice-Pool möglichst schnell erkennen soll, daß er hier überfordert ist, um den Anrufer dann auch gleich an Spezialisten weiterzuleiten. Dadurch wird Zeit und Geld gespart und darüber hinaus die Geduld des Anrufers nicht über Gebühr strapaziert, da ihm der Mitarbeiter im Telefonservice-Pool sowieso nicht weiterhelfen kann.

Ein derartiger Telefonservice-Pool hat folgende Vorteile:

❑ Die Kunden brauchen sich nur eine Telefonnummer zu merken, wenn sie Unterstützung benötigen.

❑ Die im Telefonservice-Pool arbeitenden Mitarbeiter können sich voll und ganz auf die »Telefonarbeit« und damit das Lösen von Kundenproblemen konzentrieren.

❑ Die Mitarbeiter werden anhand definierter Kriterien hinsichtlich ihrer Einstellung, ihres Kommunikationsverhaltens und ihres Fachwissens speziell für diese Aufgabe ausgesucht und geschult. Prädestiniert sind Mitarbeiter, denen Telefonieren Spaß macht und die gern mit Kunden in Kontakt sind.

❑ Durch das Bündeln der eingehenden Anrufe kann die Telefon- und EDV-Technik gezielter und effizienter zur Anrufverteilung (ACD-Systeme) und für spezielle Auswertungen und Ergebniskontrollen eingesetzt werden. Es liegt auf der Hand, daß sich dann also auch höhere Investitionen in neue Techniken rentieren und auch amortisieren.

❑ Durch ein gezielteres Ermitteln des Anrufvolumens ist eine bessere Planung des benötigten Personals und der erforderlichen Infrastruktur realisierbar.

6. Erreichbarkeit ist die grundlegende Voraussetzung für Servicequalität am Telefon

Erreichbarkeit ist nicht nur eine Frage der physischen Präsenz von Personen, sondern vor allem auch eine Frage der Technik der Telefonanlage.

Die Personalplanung orientiert sich an den Daten über die für das erwartete Anrufvolumen eines Tages zu unterschiedlichen Tageszeiten verfügbare Infrastruktur. Zur Technik und Kapazität der Telefonanlage gehört damit vor allem die Anzahl der vorhandenen Amtsleitungen, die in Abhängigkeit von Verkaufsaktionen über die Standardanzahl hinaus für einen bestimmten Zeitraum dann auch aufgestockt werden kann. Wichtig ist, daß sowohl in personeller als auch in kapazitätsmäßiger Hinsicht nicht mit einem zu geringen oder zu hohen Durchschnittswert gearbeitet wird. Es ist vielmehr in Abhängigkeit von der Strategie und den konkreten Maßnahmen die Kapazität flexibel zu variieren.

Dabei ist die technische Kapazität leichter zu gestalten und zu handhaben als die Personalkapazität. Deshalb sind für einen flexiblen Personaleinsatz **flexible Arbeitszeiten** das angemessene Instrument.

Eine Alternative für Unternehmen, für die aus wirtschaftlichen Gründen eine Aufstockung der personellen oder technischen Kapazität (z. B. Investition in ACD-Anlagen) nicht finanzierbar ist, kann auch das »**Outsourcing**« an eine Telefonmarketingagentur sein. Diese Beratungsfirmen bieten Hotline-Dienste für beratungsintensive Produkte an.

So übernahm die Firma Telcare als Outsourcing-Partner für die SAP AG, Deutschlands größte Softwareschmiede mit damals ca. 4.500 Mitarbeitern und einem Jahresumsatz in 1994 mit 1,8 Mrd. DM (vgl. SAP Presse-Information 1994; S. 2), alle diejenigen Kundenanfragen mittels Anrufweiterleitung, die bei der SAP – aus Kapazitätsengpässen – nicht entgegengenommen werden konnten. Die durchschnittlich 400 täglichen Anrufe – davon 25% aus dem englischsprachigen Raum – wurden bei einer Wartezeit von weniger als 30 Sekunden von geschulten Telecare-Agents, die sich im Kundenauftrag meldeten, entgegengenommen und bearbeitet.

Anwender, die eine Outsourcing-Lösung planen, müssen vor allem prüfen, inwieweit Produkt-Know-how auf den Serviceleister übertragbar ist.

7. Telefonhardware ist das wichtigste Hilfsmittel für einen optimalen Telefonservice

In diesem CIT-Schlüssel sprechen wir den Gestaltungsbereich der technischen Infrastruktur noch einmal an, da sie ein wichtiges Hilfsmittel zum

Erreichen einer umfassenden Servicequalität ist. Gemeint ist hier nicht mehr die klassische Telefonhardware, also die Telefonanlage, sondern die Kopplung von PC-gestützter EDV-Leistung und Telefonanlage.

Voraussetzung hierfür ist ein **Kundeninformationssystem**, dessen Kernstück nicht nur eine quantitative, sondern auch eine qualitative Database bildet (siehe hierzu auch Kapitel 4.3.). Hierzu sollten ausführliche Daten über die Historie des Kunden, aber auch Informationen zu einzelnen Produkten, dem gesamten Sortiment und zu Lagerbeständen gehören. Ergänzen sollten Sie diese Dokumentation aller Kundenkontakte vor allem durch ein automatisches Wiedervorlagesystem, so daß ein Abarbeiten im terminlichen Zeitplan gewährleistet ist.

Die EDV-gestützte und -gesteuerte Telefonhardware sollte im Bedarfsfalle auch ermöglichen, daß wichtige Bestandteile der Kundenkorrespondenz – zum Beispiel ein Reklamationsbrief – per Scanner-Verfahren gespeichert und so im Bedarfsfall auch auf dem Bildschirm als Grundlage für das Gespräch mit dem Kunden genutzt werden können. Ähnliches gilt für das Auflisten der Kaufgründe und der Kaufwiderstände des Kunden sowie Aussagen zu seiner subjektiven Zufriedenheit und zu besonderen Ansprüchen.

Wenn in einem Unternehmen keine Spezialisten für diese Geräte und Softwarelösungen vorhanden sind, dann hilft das Fachwissen externer Berater weiter.

8. Ein funktionelles und anregendes Umfeld schafft ein positives Arbeitsklima

Bei diesem CIT-Schlüssel wird ein ganz anderer, aber in seiner Bedeutung nicht zu unterschätzender Faktor angesprochen, nämlich die räumliche Infrastruktur. Die Frage ist also, wie der servicegerechte Telefonarbeitsplatz aussieht und gestaltet ist, damit wirklich konzentriert telefoniert werden kann.

Erfahrungen zeigen, daß ein nicht funktionelles Umfeld sich auf das Telefonverhalten der Mitarbeiter negativ auswirkt. Dies muß dem Telefon-Mitarbeiter nicht einmal direkt bewußt sein.

Neben einer guten EDV-technischen Ausstattung des Arbeitsplatzes ist zum einen das funktionelle Umfeld so zu gestalten, daß Stimmen und Aktivitäten im Hintergrund für den Anrufer nicht zu hören sind und den Telefon-Mitarbeiter auch nicht beim Telefonat stören. Eine geeignete Boden-, Wand- und Deckenschallisolierung fördert hier die Konzentrationsfähigkeit der Mitarbeiter.

Zum anderen kann ein anregendes Umfeld durch die Raumgestaltung und Ausstattung hergestellt werden. Hierzu gehören Farben, Formen und vor allem auch Licht.

9. Motivierte und trainierte Servicemitarbeiter führen zu Spitzenleistungen

Für die Mitarbeiter mit telefonischem Kundenkontakt gibt es zwei Auswahlkriterien, nämlich das »Passen« für die Telefonkommunikation und das »Wissen« für die Telefonkommunikation. Insgesamt sind die Servicebereitschaft als positive Einstellung zum Telefonservice und die kommunikativen Fähigkeiten gegenüber den fachlichen Fähigkeiten abzuwägen. Für die Entscheidung über den Einsatz von Personen kommt dabei dem ersten Bereich ein höheres Gewicht zu. Denn es kommt hier auf das »Passen« an, also die Kontaktfreudigkeit und positive Grundeinstellung der Mitarbeiter zum Telefonieren. Gefragt sind nicht Experten, die ohne die notwendige Kundenorientierung telefonieren. Das »Wissen«, also spezielle fachliche Informationen, können im Vergleich hierzu leichter und besser in Schulungen vermittelt werden. Mit der Personalentwicklung soll also die vorhandene Grundlage der Begeisterung durch eine Befähigung ergänzt werden.

Sie sollten die Mitarbeiter nicht in langen Seminaren, sondern durch »Learning by doing« qualifizieren. Neulinge sollten Sie nach einer Grundeinweisung in eine Kerntruppe, die erfahren und eingespielt ist, integrieren, um gleich vor Ort die kommunikativen und fachlichen Fähigkeiten zu verbessern.

Das **Kommunikationstraining** umfaßt vor allem eine Schulung in Argumentationstechniken, Einwand- und Reklamationsbehandlung, möglichst an echten Fallbeispielen.

Bei der **fachlichen Qualifizierung** ist auf die detaillierte Analyse der Anrufgründe zurückzugreifen, um so die inhaltlichen Anforderungen an das Wissen präzisieren zu können. Zu unterscheiden ist zusätzlich, auf welche Wissensbausteine am PC der Mitarbeiter direkt zurückgreifen kann und wo er zusätzliches Fachwissen vermittelt bekommen muß. Je stärker die EDV-Unterstützung ist, desto mehr wird sich das Fachwissen auch auf das Handling der PC-Infrastruktur beschränken können.

An der Grundeinweisung sollten auf jeden Fall auch Mitglieder der Unternehmensleitung teilnehmen. Sie vermitteln den neuen Mitarbeitern hier die Telefonserviceziele und die Servicephilosophie des Unternehmens, unterstreichen durch ihre Teilnahme die Bedeutung der Telefonarbeit und steigern das Selbstwertgefühl dieser Mitarbeiter. Der Motivationsaspekt ist insbesondere dann nicht zu unterschätzen, wenn die Entlohnung dieser Mitarbeiter eher durchschnittlich ist.

Motivation ist eine Frage des Selbstwertgefühls, der Einstellung und der Erwartungen. Das Selbstwertgefühl wird durch den Stellenwert des Telefonservice und der eigenen Aufgabenstellung im Unternehmen bestimmt. Die Einstellung ist wesentliches Auswahlkriterium für diese Funktion. Der größte Gestaltungsbereich liegt damit bei der Beeinflussung der Erwartungen. Hierzu sollten Sie gezielt spezielle Telefonservice-Aktionen durchführen. Den Mitarbeitern ist eine Rückkopplung über erreichte Ergebnisse, aber auch über noch bestehende Ziellücken zu geben und Leistungsanreize durch Incentive-Programme zu schaffen. Trotz aller Vorbehalte gegen derartige Anreizmaßnahmen (vgl. Sprenger, 1992, S. 63 ff.) ist bei einer – aus Sicht der Mitarbeiter – fairen und attraktiven Gestaltung dieses Instruments von einer positiven Wirkung auszugehen.

Im Einzelfall müssen Sie auch entscheiden, inwieweit Sie neben nichtmonetären Anreizen, wie dem Telefon-Mitarbeiter des Monats oder der Mitgliedschaft in einem Besten-Club mit Erlebnisreisen, eine Zusatzvergütung nach definierten Kriterien einführen können.

Zu dem »**Passen**« und dem »**Wissen**« kommt eine weitere Fähigkeit und Verhaltensweise der Telefon-Mitarbeiter: Da die technische Infrastruktur dazu führt, daß Ruhe- und Erholungspausen während der Telefonat-Sequenzen wegfallen, ist die **Belastbarkeit** des Mitarbeiters ein wichtiges Kriterium. Dies bedeutet, daß in einem sehr einfachen Assessment-Center ebenfalls überprüft werden muß, ob die positive Einstellung und Kommunikationsfähigkeit des Mitarbeiters bei einer höheren Beanspruchung über einen längeren Zeitraum auch erhalten bleibt. Neben der serviceorientierten Einstellung und den kommunikativen Fähigkeiten ist die Belastbarkeit demnach zusätzlich ein wichtiges Kriterium für das gesamte Anforderungsprofil und die Auswahl der Mitarbeiter.

10. Regelmäßige Servicemeetings ermöglichen kontinuierliche Verbesserungen

Gerade für die Mitarbeiter am Telefon mit der unmittelbaren Schnittstelle zum Kunden gilt der Grundsatz, daß ein **kontinuierlicher Verbesserungsprozeß** sicherzustellen ist. Dies bezieht sich in erster Linie auf die Art und Weise, wie der Kunde bedient wird. Denn diese Mitarbeiter haben das umfassendste Wissen über die Fragen, Probleme und Erwartungen der Anrufer. Deshalb sollten bei derartigen Servicemeetings auch die inhaltlichen Bausteine des Dialogs mit den Kunden überprüft und weiterentwikkelt werden. Nur so ist sichergestellt, daß diese Bausteine nicht nur der gültigen Unternehmens- und Servicestrategie voll entsprechen, sondern beim Kunden auch die angestrebte Resonanz und Reaktion finden.

Darüber hinaus bieten sich regelmäßige Servicemeetings an, um erkannte Schwachstellen in der Gestaltung und Abwicklung der Geschäftsprozesse sowie in der Organisation und Infrastruktur zu beheben.

Servicemeetings sollten aus diesen sachlichen Gründen und auch aus Motivationsgründen in einem regelmäßigen Turnus stattfinden. In Abhängigkeit von den Zielsetzungen, dem servicebezogenen Reifegrad des Unternehmens und der Mitarbeiter sowie in Abhängigkeit von aufgetretenen Problemen können diese Besprechungen wöchentlich oder auch nur monatlich stattfinden. Diese Servicemeetings sind ergänzende Maßnahmen oder häufig auch die Folge aus einem CIT-Telefon-Audit. Hierauf werden wir im folgenden Kapitel näher eingehen.

2. Analyse und Verbesserung der Servicequalität durch ein CIT-Telefon-Audit

> **Als zentrale Fragen werden in diesem Kapitel behandelt:**
>
> ❑ Wo stehen wir in der Qualität unserer Serviceorientierung und Telefonkommunikation im Vergleich zu den Kundenanforderungen und den Wettbewerbern?
> ❑ Was müssen wir tun, um die formulierten Ziele bzw. analysierten Anforderungen zu erreichen?
> ❑ Wie werden die Steuerungs- und Ergebnisgrößen zur Verbesserung der Servicequalität gemessen?

Wo stehen wir in der Qualität unserer Serviceorientierung und Telefonkommunikation im Vergleich zu den Kundenanforderungen und den Wettbewerbern?
Auf der Grundlage der zehn CIT-Schlüssel ist in jedem Unternehmen eine detaillierte Analyse durchzuführen. Ein derartiges CIT-Telefon-Audit hat zum Gegenstand, die bisherigen inhaltlichen Aktivitäten und die organisatorischen Regelungen in der bestehenden Telefonkommunikation zu überprüfen. Ziel ist, möglichst alle Akteure und Betroffenen einzubeziehen, um gleichzeitig das Bewußtsein zu prägen und die Bereitschaft für Verbesserungen vorzubereiten.

Kundenorientierte Telefonkultur

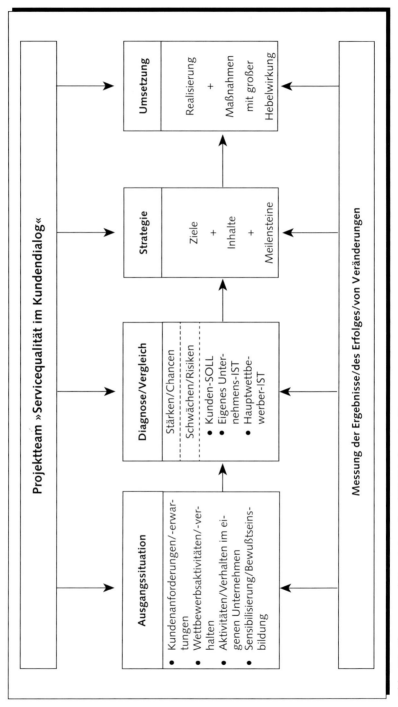

Abb. 48: Phasen und Bausteine des CIT-Telefon-Audit

Kundenorientierte Telefonkultur

Ein CIT-Telefon-Audit ist damit zugleich Grundlage und Instrument für ein serviceorientiertes Ausrichten der Telefonkommunikation des Unternehmens. Es ermöglicht eine strategische Bilanz, in der überprüft wird, in welchem Maße bisher bereits die Serviceorientierung an den Kundenerwartungen und Markterfordernissen ausgerichtet ist. Das Ziel ist, alle Aktivitäten – und damit das gesamte Handeln und Verhalten im Unternehmen – stärker serviceorientiert, also kundenorientiert zu gestalten.

Ein Audit liefert einen Soll-Ist-Vergleich zwischen dem von Interessenten und Kunden geforderten und erwarteten Serviceverhalten sowie dem vom eigenen Unternehmen und Wettbewerbern praktizierten Serviceverhalten. Hierdurch wird Handlungsbedarf im eigenen Unternehmen aufgedeckt.

Im Abbildung 48 sind die Phasen und Bausteine des CIT-Telefon-Audits aufgelistet. In der Ausgangssituation werden die Fragen beantwortet:

❑ Was will der Interessent/Kunde?
❑ Was bekommt der Interessent/Kunde?

Durch diese Informationssammlung, Bestandsaufnahme und das Auseinandersetzen mit den Erwartungen, dem, was andere Unternehmen bieten, und dem eigenen Stand und Niveau der Servicequalität erreichen Sie ein Sensibilisieren für diesen Gestaltungsbereich sowie eine Bewußtseinsbildung. Die Analyse ist die Grundlage für die anschließende Diagnose und den detaillierten Soll-Ist-Vergleich. Hier wird die Frage beantwortet:

❑ Wie wichtig und wie gut ist die von uns gelieferte Servicequalität im Vergleich zu den wesentlichen Wettbewerbern?

In dieser Phase sollten allerdings nicht nur die Hauptwettbewerber der gleichen Branche zugrunde gelegt werden, denn sonst wird die Meßlatte nur an dem mehr oder weniger guten Serviceverhalten von Konkurrenten ausgerichtet. Wie die CIT-Studie im dritten Kapitel gezeigt hat, wird dadurch leicht ein mögliches Differenzierungspotential »verschenkt«. Grundlage sollte bei der Diagnose deshalb ein Benchmarking sein (vgl. Camp, 1994, S. 16ff.), das auch servicestarke Unternehmen in anderen Branchen einbezieht. Das Ziel ist, unabhängig von den konkreten Produkten und Marktleistungen die Meßlatte auf dem Niveau der servicebesten Unternehmen anzulegen.

Hierauf baut die Differenzierungs- und Positionierungsstrategie des Unternehmens im Servicebereich auf. Ziele, Inhalte und Meilensteine sind sehr bewußt und vor allem auch nach der Realisierbarkeit mit den zur Verfügung stehenden Sachmitteln, Personen, Organisationsabläufen und -einheiten so-

Kundenorientierte Telefonkultur

wie den erforderlichen Zeiträumen zu formulieren. Die Meilensteine legen dabei die Etappenziele im Hinblick auf die angestrebten Ergebnisse fest. Hier werden die Fragen beantwortet:

- ❑ Wo setzen wir inhaltlich an?
- ❑ Was machen wir in Zukunft anders?

Eine derartige Strategie kann beispielsweise folgende Meilensteine vorsehen:

1. Einrichten einer 0130-Telefonnummer und Aufbau eines Pools von Servicemitarbeitern.
2. Schulen der Service-Mitarbeiter und Einrichtung von drei Fachteams mit Spezialisten als Back-up zum Unterstützen des Service-Pools und zum Beantworten von Detailfragen, um die Anzahl der Schnittstellen zu reduzieren und die Fachabteilungen zu entlasten.
3. Verbessern der Erreichbarkeit durch Reduzieren der Lost-Calls um 80 Prozent.

Die Strategie ist die Grundlage für die anschließende konkrete Umsetzung und damit für die Antwort auf die Frage:

- ❑ Wie vergrößern sich Kundenzufriedenheit und Kundenbindung?

Es steht außer Frage, daß bei der Realisierung Maßnahmen mit großer Hebelwirkung durchgeführt werden, also Bereiche gestaltet werden, die eine nachhaltige und meßbare Verbesserung bewirken. Auf dieser Grundlage sind regelmäßig die erreichten Ergebnisse in einem Soll-Ist-Vergleich zu analysieren, aber auch Veränderungen bei den Kundenerwartungen und beim Wettbewerberverhalten.

Aus dem vorstehenden Prozeßschema wird deutlich, daß dieses Audit als Überprüfung der Servicequalität am Telefon im eigenen Unternehmen stärker in Richtung eines Reviews geht, also einer gemeinschaftlichen Analyse und Erarbeitung von Verbesserungsmaßnahmen. Ziel ist ein realistisches Abschätzen von bestehenden Problemen und möglichen Gefahren, um so Fallen und Stolpersteine in der Servicequalität und Telefonkommunikation zu erkennen. Wenn die Bereitschaft wächst, nicht Schuldige in der Vergangenheit zu suchen, sondern gemeinsam aus Fehlern und Schwächen zu lernen, dann läßt sich hier schnell ein Prozeß mit positiven Veränderungen einleiten.

Was müssen wir tun, um die formulierten Ziele bzw. analysierten Anforderungen zu erreichen?

Auf dieser Basis noch einige Ausführungen zur Vorgehensweise. Es hat sich bewährt, bereits in einer frühen Phase in Workshops zu arbeiten, um so sowohl die Mitarbeiter als auch die mitwirkenden Führungskräfte in die Bestandsaufnahme und Bewußtseinsbildung einzubeziehen. Es ist empfehlenswert, ein Projektteam für die Steuerung und Umsetzung einzurichten. In Abbildung 48 nannten wir es Projektteam »Servicequalität im Kundendialog«. In das Projektteam und die im Bedarfsfall zusätzlich zu installierenden Arbeitsgruppen sind alle betroffenen Bereiche einzubeziehen, die ihre Kunden- und Serviceorientierung verstärken sollen, also auf jeden Fall wichtige Innendienstbereiche, die Telefonzentrale und auch die Kundendienstabteilung und der Außendienst. Wenn mit der Arbeit die Analyse von Prozeßketten als in sich geschlossene Geschäftsprozesse verbunden ist, dann lassen sich hierdurch nicht nur ablauforganisatorische Verbesserungen erreichen, sondern zugleich auch das **Ressortdenken überwinden**.

Durch das aktive Einbeziehen von Mitarbeitern nachgeordneter Ebenen werden mehrere Ziele verfolgt: Es wird der Sachverstand genutzt, der bei der tagtäglichen Umsetzung gewachsen ist. Ein wirkliches Engagement der Betroffenen läßt sich erfahrungsgemäß nur durch diese unmittelbare Mitarbeit erreichen. Häufig erreicht man so, daß endlich das verbessert wird, was die Mitarbeiter schon immer als verbesserungsbedürftig angesehen hatten. Ob dies zutrifft oder nicht, ist nicht entscheidend, sondern nur die Motivation, sich aktiv einzubringen.

Wesentlich ist bei einer derartigen Projektorganisation, daß neben einem **Machtpromotor** mit direktem Zugang zur Unternehmensleitung genügend **Fachpromotoren** im Team mitarbeiten und – in der dargestellten Weise – viele »**Umsetzungsmotoren**« einbezogen sind.

Wie werden die Steuerungs- und Ergebnisgrößen zur Verbesserung der Servicequalität gemessen?

Entscheidend für den Erfolg eines CIT-Telefon-Audit ist, wie Anforderungen, Ist-Werte und Ergebnisse gemessen werden. Gerade bei Sachverhalten, die sich einer »harten« objektiven Messung entziehen und damit »weiche« Erfolgsfaktoren darstellen, ist dieses Meßproblem nicht zu unterschätzen. Wenn es nicht gelöst wird, dann existiert keine Grundlage für ein zielgerichtetes und wirkungsvolles Handeln.

Vor diesem Hintergrund beantworten wir abschließend in diesem Kapitel die folgenden drei Fragen:

❏ Was wird gemessen?
❏ Wie wird gemessen?
❏ Wo wird gemessen?

Die folgenden Ausführungen erscheinen vielleicht zunächst etwas theoretisch. Wer mit Qualitätsmanagement vertraut ist, der weiß aber, daß diese Grundlagen der Messung unbedingt erforderlich sind, um in der Unternehmenspraxis zu einer aussagefähigen Analyse und Gestaltung zu kommen.

Zunächst ist die Frage der inhaltlichen Messung zu beantworten. Dabei ist festzulegen, auf welcher Dimension die Meßvariable erfaßt wird. Wie läßt sich also Servicequalität am Telefon messen? Neben den bereits ausführlich angesprochenen quantitativen Meßvariablen zum Bestimmen der Erreichbarkeit sind qualitative Dimensionen einzubeziehen. Dies kann etwa die Qualität des dem Interessenten zur Verfügung gestellten Informationsmaterials oder die Qualität der telefonischen Auskunft sein.

Die Messung ist dabei aus Sicht des Unternehmens und aus Sicht des Interessenten oder Kunden möglich. Aus Sicht des Unternehmens ist zu prüfen, in welchem Maße eine Bedarfsanalyse durchgeführt wurde, die übersandten Informationsmaterialien hierauf ausgerichtet waren und wie verkaufsaktiv das Gespräch geführt wurde. Kundenbezogen ist als Ergebnis des Kommunikationsprozesses die Kundenzufriedenheit zu analysieren.

In beiden Fällen ist für die Meßvariablen eine Zielgröße zu definieren, also der Meßwert, der angestrebt wird und an dem sich die bisher erreichte Situation auszurichten hat. Auf dieser Basis ist das »Delta« als Differenz aus dem Soll- und dem Ist-Wert zu ermitteln. Die Maßnahmen, die sich auf das Verringern oder Beseitigen dieser Differenz ausrichten, sind im Hinblick auf die dadurch entstehenden Kosten zu analysieren. Parallel hierzu sind jedoch auch die Kosten zu erfassen, wenn dieses »Delta« nicht geschlossen wird. Um es an einem Beispiel zu verdeutlichen: Was kostet es an Hardware-Installation, Personal und Schulung, die Quote der Lost calls von 30% auf 15% zu halbieren. Und was »kostet« es das Unternehmen, wenn diese 15% Lost calls weiterhin bestehen in Form von unzufriedenen Kunden oder entgangenem Umsatz und Gewinn bei Interessenten.

Damit sind wir unmittelbar bei der zweiten Frage: Wie wird gemessen? Die Kosten, die durch Verbesserungsmaßnahmen entstehen, sind relativ leicht zu erfassen. Häufig scheinen sie auf den ersten Blick nicht gerechtfertigt, da sie scheinbar höher liegen, als der Verlust eines Kunden »kostet«.

Kundenorientierte Telefonkultur

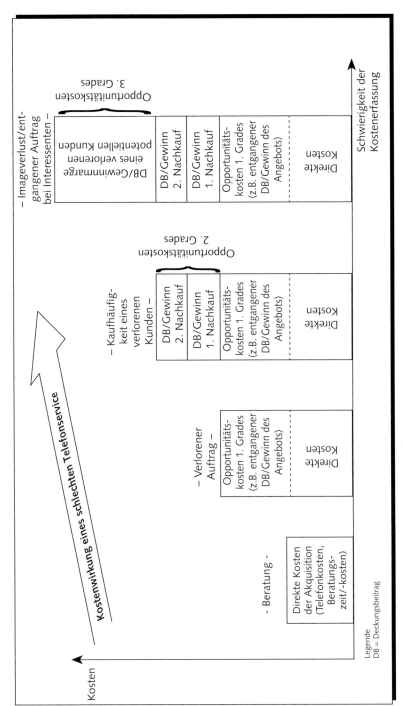

Abb. 49: Kosten bei unzureichender Servicequalität

Hier muß mit einem umfassenden Kostenmodell und mit Opportunitätskosten gearbeitet werden. Häufig wird in der Praxis nur ein geringer Teil der Kosten erfaßt, die eigentlich zu veranschlagen wären. Dieser »Eisberg-Effekt«, bei dem bis zu 95% der ursächlichen Kosten unberücksichtigt bleiben, führt dann zu der angesprochenen »Überteuerung« geplanter Maßnahmen.

In Abbildung 49 sind die direkten Kosten durch die Beratung bzw. das geführte Telefongespräch aufgeführt. Darüber hinaus können zusätzlich auch **Opportunitätskosten ersten Grades** berücksichtigt werden, die beispielsweise entstehen, wenn ein Kunde unzureichend beraten wurde und der Auftrag verloren geht. Hierfür ist beispielsweise der Deckungsbeitrag oder der Gewinn des Kundenauftrages zu veranschlagen.

Opportunitätskosten zweiten Grades entstehen, wenn ein schlechter Service den unzufriedenen Kunden zum Wettbewerber »treibt«. Dann sind zusätzlich die Kaufhäufigkeit und die durchschnittliche Gewinnmarge des Kundenauftrags zu berücksichtigen.

Da heute grundsätzlich davon auszugehen ist, daß die Kundenbindung nur eine begrenzte Zeit besteht, ist eine durchschnittliche Verweildauer festzulegen, im Beispiel 5 Jahre mit zwei Kaufentscheidungen.

Die beiden ersten Kostenarten sind noch relativ gut und verursachungsgerecht zu erfassen. Deutlich schwieriger wird es, wenn als weitere intangible Kosten die **Opportunitätskosten dritten Grades** geschätzt werden sollen. Hierbei handelt es sich, wie unsere CIT-Studie gezeigt hat, beispielsweise um den Fall, daß ein schlecht beratener Kunde so verärgert ist, daß er den Vorfall anderen weitererzählt. Dies kann dazu führen, daß Interessenten und im Extremfall sogar Bestandskunden dem eigenen Unternehmen verloren gehen. Hierbei kann es sich selbstverständlich immer nur um einen groben Schätzwert handeln. Wenn er aber unberücksichtigt bleibt, wird das Ergebnis »schöngerechnet«. Deshalb ist es erforderlich, die Häufigkeit und den Grad der relativen Unzufriedenheit zu ermitteln, um auf dieser Basis einen Schätzwert für die intangiblen Kosten formulieren zu können. In unserem Beispiel in Abbildung 49 haben wir angenommen, daß uns noch einmal ein Interessent durch einen stark verärgerten Kunden verloren geht.

Entsprechend wäre also auch abzuschätzen, wie hoch die Opportunitätskosten sind, wenn nach 10x Klingeln nicht abgehoben wird. In der CIT-Studie hatte jeder 8. Anrufer das Unternehmen aus diesem Grunde nicht erreicht. Dies gilt dann, wenn der Anrufer diese Situation als kritisch empfindet und es für ihn ein ausschlaggebender Grund ist, zu einem Wettbewerber zu wechseln. Auch wenn die ermittelten Schätzwerte mit einem hohen Unsicherheitsfaktor versehen sind, führen sie doch zu einer Sensibilisierung. Sie äußert sich darin, daß in vielen Unternehmen überhaupt erst einmal in diese Richtung und auf diesem Niveau diskutiert wird und daß auf der Grundlage dieser – wenn auch unpräzisen – Datenbasis die Dringlichkeit und die Wirksamkeit von Verbesserungsmaßnahmen in einem ganz anderen Licht erscheinen.

Die bisherigen Ausführungen zu den Ansatzpunkten und Dimensionen der Messung von Servicequalität am Telefon sind in Abbildung 50 exemplarisch zusammengefaßt. Um es noch einmal zu betonen: Nur die Auseinandersetzung mit diesen Meßvariablen und Wirkungsvariablen im eigenen Unternehmen schafft die Voraussetzung für das Planen und Gestalten von Verbesserungsmaßnahmen.

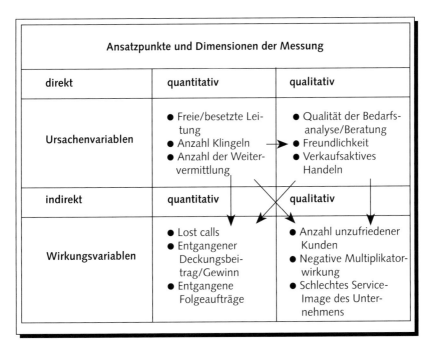

Abb. 50: Art und Inhalt der Messung von Servicequalität am Telefon

Sowohl die Ursachen- als auch die Wirkungsvariablen können zur Bestimmung der Servicequalität herangezogen werden. Meßvariablen können dabei quantitativ oder qualitativ sein. Die Wirkungsbeziehungen können – wie die Pfeile andeuten – dabei unterschiedlich sein.

Die 3. Frage ist im Ansatz durch unsere bisherigen Ausführungen schon beantwortet. Zum einen ist intern zu messen, also wie im Unternehmen der Telefonservice abläuft und seine Qualität ist. Zum anderen ist extern zu messen, also wie zufrieden der Anrufer mit dem gebotenen und erlebten Service am Telefon ist. Derartige Analysen wurden in der CIT-Studie durchgeführt und im 3. Kapitel vorgestellt.

Bei den internen Messungen ist im Vorfeld mit den Betroffenen abzuklären, daß diese Testanrufe bzw. Kontrollmessungen durchgeführt werden. Dies kann dabei jeder Arbeitsplatz eines Mitarbeiters sein, der Kundenkontakt hat. Also nicht nur die Telefonzentrale, sondern beispielsweise die Fakturierung und die Arbeitsvorbereitung. Von vorneherein ist dabei auf die folgende Zielsetzung Wert zu legen: Angestrebt sind keine Leistungskontrollen, sondern Fakten und Erkenntnisse für erforderliche Verbesserungen. Das frühzeitige und uneingeschränkte Einbeziehen des Betriebsrates und die Klarheit dieser Zielsetzungen erleichtern oder ermöglichen sogar erst das Durchführen derartiger Analysen.

Entschärft werden können diese Analysen dadurch, daß im Vorfeld die betroffenen Mitarbeiter im Rahmen einer Mitarbeiterbefragung einbezogen werden und aus ihrer Sicht eine Aussage zu der dem Interessenten bzw. Kunden gebotenen Servicequalität machen sollen. Hierdurch läßt sich die Diskussion um die Ergebnisse nicht unerheblich versachlichen, da oftmals feststellbar ist, daß die Mitarbeiter die durch unternehmensinterne Analysen oder die Kundenbefragung ermittelten Defizite auch gesehen und entsprechend eingeschätzt haben. Die Bereitschaft zum Handeln in Richtung Verbesserungen wird hierdurch gefördert. Allen Analysen wird damit der Eindruck eines »Scherbengerichtes« genommen.

Die externe Messung läßt sich nur durch eine Befragung der betroffenen Kunden – und wenn möglich auch Interessenten – erreichen. Allerdings sind Interessentenadressen meist nicht verfügbar. Der Interessent ist eigentlich nur durch eine schriftliche Befragung anzusprechen, da er sich bei einer telefonischen Befragung in der rechtlichen Grauzone eines noch nicht spezifizierten Interesses und Kontaktes zum Unternehmen befindet. Neben dem Kriterium der rechtlichen Zulässigkeit ist natürlich die Frage der Analyseinhalte und Meßkriterien ebenso wichtig. Zu analysieren ist neben der Zufriedenheit mit dem Produkt und dem Service insbesondere auch die Art der Kommunikation, die gelieferten Informationen und die Qualität der Beratung. Vor allem sind die Erwartungen an die Kontaktaufnahme und -qualität zu untersuchen, die letztlich die Zufriedenheit mit dem gebotenen Service bestimmen.

Kundenorientierte Telefonkultur

Interne Messung		Externe Messung	
ZIEL = Angestrebtes Serviceniveau IST = Bisher erreichtes Ergebnis		SOLL = Kundenerwartung IST = Kundenzufriedenheit	
Dimension/ Kriterium	Ausprägung	Dimension/ Kriterium	Ausprägung
Firmen- und Eigenname sehr deutlich nennen	IST ZIEL ●—● 55 △ 85 30	Freundliche Begrüßung durch die Telefonzentrale	IST SOLL ●—● 48 △ 75 27
Kompetente Auskunft, wann der gewünschte Ansprechpartner zu erreichen ist	IST ZIEL ●—● 53 △ 82 29	Schnelles Verbinden mit dem richtigen Ansprechpartner	IST SOLL ●—● 41 △ 70 29
Engagement dem Anliegen des Anrufers gegenüber	IST ZIEL ●—● 51 △ 80 29	Fachlich kompetente Beantwortung von telefonischen Anfragen	IST SOLL ●—● 52 △ 80 28
Verkaufsaktive Einwandbehandlung	IST ZIEL ●—● 30 △ 90 60	Schnelle Problemlösung bei Reklamation	IST SOLL ●—● 24 △ 85 61
	0 25 50 75 100 sehr gering/ sehr stark/ sehr schlecht sehr gut		0 25 50 75 100 sehr gering/ sehr stark/ sehr schlecht sehr gut

△ = Abweichung zwischen ZIEL-/SOLL-Wert und IST-Wert

Abb. 51: Ort und Form der Messung

Eine Kundenbefragung sollte möglichst zeitnah nach definierten Befragungszeitpunkten erfolgen. Die Befragung per Telefon ist im Vergleich zu einer schriftlichen Befragung interaktiver und im Vergleich zu einer persönlichen Befragung kostengünstiger und mit einer höheren Erfolgsquote versehen (vgl. Frey, 1990, S. 28 ff.; Jung, 1990, S. 389 f.).

In Abbildung 51 ist dargestellt, wie der Ort und die Form der Messung aussehen können. Bei der internen Messung ist die Differenz zwischen dem angestrebten Zielwert und dem bisher erreichten Analyseergebnis wiedergegeben. Bei der Kundenbefragung bezieht sich die Differenz auf den Unterschied zwischen der erfragten Kundenerwartung und der erreichten Kundenzufriedenheit.

In den Fällen, in denen eine quantitative Messung nicht direkt möglich ist, wird die qualitative Messung in Form einer Rating-Skala durchzuführen sein. Im vorliegenden Fall sind in Abbildung 51 die Antwortmöglichkeiten auf eine 100-Prozent-Skala mit einer Abstufung von jeweils 25 Prozentpunkten übersetzt worden. Der lediglich optisch größere Wert im Vergleich zu einer Skala von 1 bis 5 erleichtert in der Praxis häufig die Diskussion und die Bereitschaft zu Verbesserungen, denn bei den exemplarisch dargestellten Meßvariablen wird dadurch jeweils ein größerer Wert für den Unterschied zwischen dem angestrebten Ergebnis und dem erreichten Zustand wiedergegeben, also zum Beispiel 60% statt 2,4.

5.3. Gestaltungsfelder einer Servicestrategie

> **Als zentrale Fragen werden in diesem Kapitel behandelt:**
> ❑ Was sind wesentliche Bereiche im Unternehmen, von denen die Servicequalität in der Umsetzung und im Ergebnis abhängt?
> ❑ Wie wird eine mehrstufige und vernetzte Ursache-Wirkungsanalyse zum Erkennen der Defizite und der notwendigen Maßnahmen mit großer Hebelwirkung durchgeführt?

Was sind wesentliche Bereiche im Unternehmen, von denen die Servicequalität in der Umsetzung und im Ergebnis abhängt?
In diesem Kapitel legen wir als Quintessenz der Ausführungen im 5. Kapitel den Schwerpunkt auf die Frage, wo und wie mit Verbesserungsmaßnahmen anzusetzen ist. Abbildung 52, die inhaltlich Abbildung 48 fortführt, verdeutlicht, daß nach dem **CIT-Check-up** und der **CIT-Diagnose** der eigentliche Kernbereich des CIT-Telefon-Audits die **Phase der Strategie und Umset-**

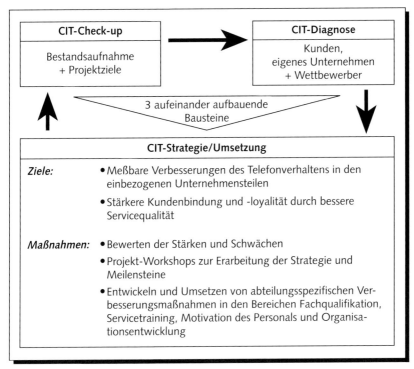

Abb. 52: Strategie und Umsetzung der Bausteine des CIT-Telefon-Audits

zung ist. Hier werden die Verbesserungen des Telefonverhaltens in den einbezogenen Unternehmensteilen geplant, inhaltlich gestaltet und im Ergebnis gemessen. Diese Strategie zur Verbesserung der Servicequalität am Telefon zielt sowohl auf eine stärkere Prozeß- als auch eine stärkere Ergebnisorientierung. Angestrebt wird in beiden Fällen eine höhere Kundenbindung und -loyalität.

Grundlage hierfür ist das **Benchmarking**. Benchmarking hat im Bereich Servicestrategie und Servicequalität als Motto: Besser gut von einem anderen Unternehmen abgeschaut als schlecht selbst entwickelt. Benchmarking gründet auf der Erkenntnis, daß man über die Branchengrenzen hinweg Methoden und Arbeitsweisen von Spitzenunternehmen ohne weiteres übernehmen kann. Ziel ist, von den Klassenbesten in der jeweiligen Disziplin zu lernen, also etwa bei der Servicequalität bezogen auf Erreichbarkeit, der technischen Infrastruktur oder dem Verhalten der Mitarbeiter im telefonischen Kundenkontakt.

Das Bewerten der Stärken und Schwächen aus eigener Sicht und aus der Sicht führender Wettbewerber bzw. exzellenter Serviceunternehmen dient dazu, in Projekt-Workshops die eigene Strategie mit klar definierten Meilensteinen festzulegen. Auf dieser Basis sind in mehreren Workshop-Runden die abteilungsspezifischen Verbesserungsmaßnahmen festzuschreiben. Sie beziehen sich (s. Kapitel 5.1.) personenbezogen auf die Verbesserung der fachlichen Qualifikation, ein spezielles Telefontraining und flankierende Maßnahmen der Organisationsentwicklung; in Wechselwirkung dazu unternehmensbezogen auch auf konkrete Maßnahmen zur Verbesserung der Infrastruktur und der Organisation.

Eigentlich erscheint es selbstverständlich, aber wir können aufgrund der Defizite in der Praxis nicht oft genug wiederholen: Alle Verbesserungsmaßnahmen für die Servicestrategie, die Systeme und Techniken sowie die Mitarbeiter haben nur eine Richtschnur: das Verbessern der Servicequalität aus Sicht des Kunden (siehe Abb. 53) (vgl. Albrecht/Zemke, 1987, S. 39).

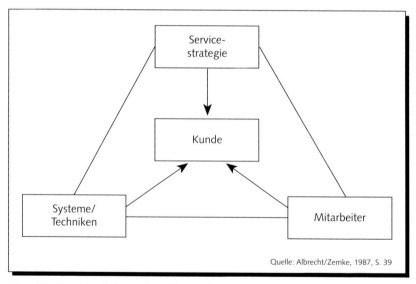

Abb. 53: Der Kunde im Fokus aller Verbesserungsmaßnahmen

Konkret umzusetzen ist diese Anforderung in den einzelnen Gestaltungsfeldern zum Optimieren der Servicequalität am Telefon (siehe Abb. 54). Die 10 CIT-Schlüssel in Abbildung 45 haben die Prioritäten, die Vorgehensweise und die Ansatzpunkte zur Verbesserung der Servicequalität am Telefon aufgezeigt. Bei den Gestaltungsfeldern geht es jetzt darum, die

Kundenorientierte Telefonkultur

Bereiche für konkrete Verbesserungen festzulegen. Sie können mehrere der formulierten CIT-Schlüssel umfassen. Kriterium ist, daß in diesen Bereichen klare Zielsetzungen und Maßnahmen formuliert werden können.

Wir unterscheiden dabei Gestaltungsfelder, die eine Analyse und anschließende Verbesserung der »Moments of Truth« zum Gegenstand haben, und Gestaltungsfelder, die sich auf die sachlichen und personenbezogenen Voraussetzungen und das Gestalten des Organisationsentwicklungsprozesses (OE-Prozesses) beziehen.

Die Gestaltungsfelder, die sich auf die »**Moments of Truth**« beziehen, beantworten die Fragen:

- Was ist für den Kunden wichtig?
- Wann kommt der Kontakt zustande?
- Was wird inhaltlich dem Kunden geboten?
- Wie wird der Service und die Unterstützung geboten?

Die Gestaltungsfelder für die Verbesserungen im Rahmen eines **Organisationsentwicklungsprozesses** lassen sich auf folgende 4 Fragenbereiche verdichten:

- Wie sind die Arbeitsabläufe und damit die Zuständigkeiten im Unternehmen?
- Wie sind Arbeitsbedingungen und -klima für die Mitarbeiter im Telefonservice?
- Wie ist die Hardware-Unterstützung?
- Wie sind die Qualifikation und Motivation der Mitarbeiter im Telefonservice?

In der Praxis wirken die hier nacheinander und zum Teil isoliert angesprochenen Gestaltungsbereiche immer im Verbund und sind deshalb in einer Vernetzung zu sehen, zu analysieren und zu verbessern.

Wie Sie aus den CIT-Schlüsseln gesehen haben, ist das entscheidende Erfolgskriterium für eine exzellente Servicequalität im Unternehmen gerade die Fähigkeit, diese Ursachen-Wirkungs-Zusammenhänge zu erkennen und dann auch konsequent zu gestalten. Ohne das überstrapazierte Wort der Synergien heranziehen zu wollen, kommt es hier dennoch darauf an, positive Ergänzungs- und Verstärkereffekte zu schaffen.

In Abbildung 55 ist die Grundstruktur eines derartigen vernetzten Ursachen-Wirkungsschemas der 10 Gestaltungsfelder wiedergegeben. Wie aus der Unterscheidung sehr starker und mittlerer Wirkungsbeziehungen zwischen einzelnen Gestaltungsfeldern deutlich wird, ist in der Praxis die Trennung

Kundenorientierte Telefonkultur

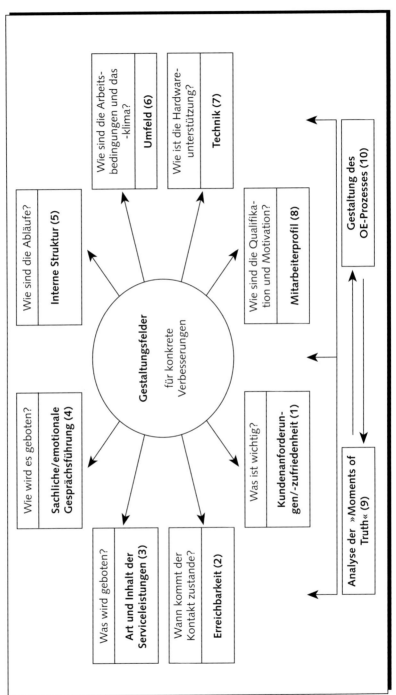

Abb. 54: Gestaltungsfelder zur Optimierung der Servicequalität am Telefon

Kundenorientierte Telefonkultur

der Bereiche aus unmittelbarer Kundensicht und der Bereiche aus unternehmensinterner Sicht nicht aufrecht zu erhalten. Aus dem Inhalt der CIT-Schlüssel wurde klar, daß die Defizite oder die Gestaltungsvorteile der Vernetzung die Schwächen oder die Stärken der Servicequalität am Telefon ausmachen.

Zunächst mag erstaunen, daß die Analyse der »Moments of Truth« und die Gestaltung des OE-Prozesses auch zu den Gestaltungsfeldern gezählt werden. Gerade bei der stark verhaltensabhängigen Servicequalität am Telefon erscheint dies aber geboten. Denn – wie die konkreten Erfahrungen in der Unternehmenspraxis zeigen – erst das persönliche und unmittelbare Erleben von Augenblicken der Wahrheit aus Kundensicht schafft eine persönliche Betroffenheit und damit die Bereitschaft, das eigene Handeln und Verhalten zu überdenken und zu verbessern.

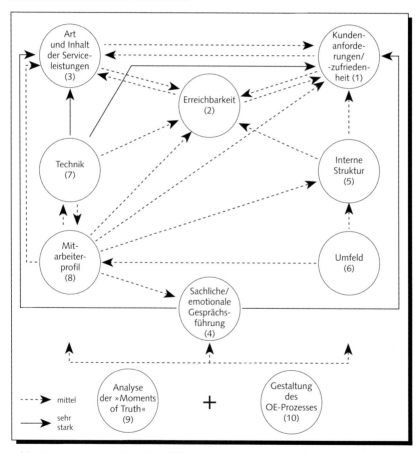

Abb. 55: Vernetztes Ursachen-Wirkungsschema der 10 Gestaltungsfelder

Ähnlich ist es mit der Gestaltung des OE-Prozesses. Der klassische Satz der Organisationsentwicklung »**Der Weg ist das Ziel**« gilt gerade auch bei der Servicequalität am Telefon. Die vernetzte Sichtweise der weichen und harten Erfolgsfaktoren und Maßnahmen, die Schritt für Schritt beide Bereiche verbessern, schafft Meilensteine und Etappensiege für die Servicequalität am Telefon.

Im Detail ist in Abbildung 55 dargestellt, daß die sachliche und emotionale Gesprächsführung der Schlüsselbereich für den inhaltlichen Service und für die Kundenzufriedenheit darstellt. Zusätzlich wird die Technik als wesentliche Grundlage für eine kundenorientierte Gesprächsführung und damit als Basiswert für die Kundenzufriedenheit eingestuft.

Wie wird eine mehrstufige und vernetzte Ursache-Wirkungsanalyse zum Erkennen der Defizite und der notwendigen Maßnahmen mit großer Hebelwirkung durchgeführt?
Eine unternehmensindividuelle Analyse der Ursachen-Wirkungs-Beziehungen zwischen den 10 Gestaltungsfeldern gibt einen konkreten und vertiefenden Aufschluß darüber, wie Probleme als an der Oberfläche nachzuvollziehende Symptome einer schlechten Servicequalität am Telefon entstanden sind. Dies kennzeichnet die in Abbildung 56a und 56b skizzierte Analyserichtung. Das Problem selbst ist – wie die Wirkungsrichtung verdeutlicht – durch den umgekehrten Ablauf entstanden.

Ausgehend von dem nachvollziehbaren Symptom, das hier im Beispiel der Abbildung 56a verlorene Kundenaufträge und damit verbundene Umsatzeinbußen ist, ist die mehrstufige Analyse – immer mit der Frage »Warum ist dies passiert?« – durchzuführen. So läßt sich aufsteigend über mehrere Wirkungsebenen herauskristallisieren, wo die eigentlichen Ursachen des Problems liegen.

Im vorliegenden Fall von »Fehlende Serviceziele und -strategie« wird zunächst deutlich, daß Kunden die Telefonzentrale bzw. Ansprechpartner in Hauptverkehrszeiten schlecht erreichen und deshalb die Anrufe aufgeben.

Eine detaillierte Analyse zeigt drei Gründe hierfür auf: Zum ersten gibt es zu wenig Amtsleitungen. Zum zweiten ist die personelle Besetzung grundsätzlich so gering, daß manchmal auch eine freie Amtsleitung nicht gleich bedient werden kann. Und zum dritten führen, wie eine vertiefende Analyse zeigt, die Mitarbeiter die einzelnen Gespräche zu lange. Hier zeigt sich, daß die Kundenorientierung auch negativ ausschlagen kann, da man den Anrufer nicht gleichzeitig gut behandeln und zügig im Gespräch bedienen kann.

Kundenorientierte Telefonkultur

Die Ursache zum letzten Bereich lag klar erkennbar in einer mangelnden Schulung der Mitarbeiter in der Gesprächsführung. Zusammen mit den beiden erstgenannten Problembereichen war für alle drei ein zu geringes Budget festgelegt worden, um die Infrastruktur und die Mitarbeiterqualifikation zu verbessern.

Die Frage, warum zur Behebung dieser deutlichen und gravierenden Defizite nicht mehr Geld zu Verfügung gestellt wurde, förderte zutage, daß die Unternehmensleitung über keine detaillierten Daten zu diesen Schwachstellen verfügte. Eine Analyse der MOT's war nie in Auftrag gegeben worden. Der Grund lag darin, daß in dem Unternehmen Kundenzufriedenheit als Unternehmensziel und speziell als Marketingziel keine hohe Priorität besaß. Dies war wiederum eine Folge der Tatsache, daß das Unternehmen bisher keine Serviceziele und keine Servicestrategie formuliert hatte.

Im Vergleich hierzu geht das Beispiel in Abbildung 56b »Unzureichende Mitwirkung und Motivation der Mitarbeiter« von einer anderen Situation aus.

Symptom und Ergebnis sind wiederum gleich: Das Unternehmen verliert Aufträge und büßt Umsatz ein. Der erste Analyseschritt zeigt, daß die Beratung der Interessenten und Kunden nicht gut genug ist. Eine vertiefende Ursachenforschung belegt, daß die Gespräche zu wenig kundenorientiert geführt werden: und zwar sowohl im Hinblick auf die Bedarfsermittlung, die verkaufsorientierte Gesprächsführung als auch das ausreichende emotionale Eingehen auf die Kundenwünsche und -erwartungen. Dies alles sind Voraussetzungen, um die Anrufer zufrieden, also ohne Zweifel und kognitive Dissonanz, aus dem Gespräch zu »entlassen«.

Detailanalysen zeigen danach zwei Ursachenstränge. Zum einen fehlen vertiefte Kenntnisse in einer guten Gesprächsführung. Zum anderen sind die Mitarbeiter deutlich demotiviert und frustriert. Der Grund liegt darin, daß die Telefonarbeitsplätze nicht gut genug eingerichtet und gestaltet sind, da häufig Hintergrundgeräusche aus Gesprächen von Kollegen die Konzentration stören.

Der maßgeblichere Grund für die geringe Motivation liegt aber darin, daß die neue EDV-gestützte Telefontechnik zu kompliziert ist und bei der Bedienung vom Inhalt des Gespräches ablenkt. Ursächlich ist das Problem der nicht beherrschten Technik und der fehlenden Motivation darauf zurückzuführen, daß die Mitarbeiter in diesen Veränderungs- und Verbesserungsprozeß nicht aktiv einbezogen wurden, sondern das Ergebnis nur kurz vorgestellt bekamen. Ergänzend hierzu ist auch keine stufenweise Schulung in der Anwendung der neuen EDV-gestützten Telefontechnik durchgeführt worden.

Kundenorientierte Telefonkultur

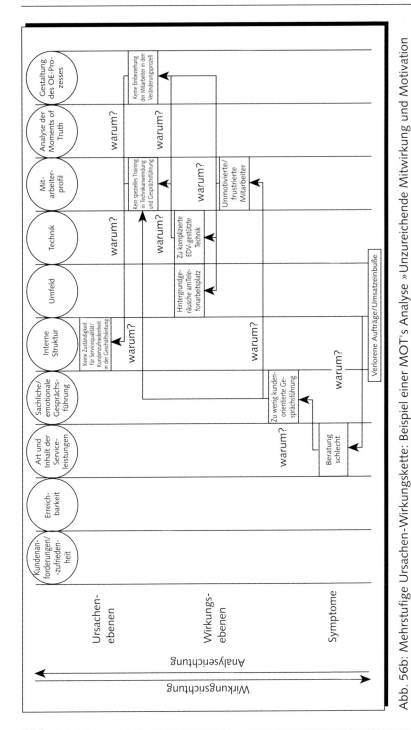

Abb. 56b: Mehrstufige Ursachen-Wirkungskette: Beispiel einer MOT's Analyse »Unzureichende Mitwirkung und Motivation der Mitarbeiter«

Kundenorientierte Telefonkultur

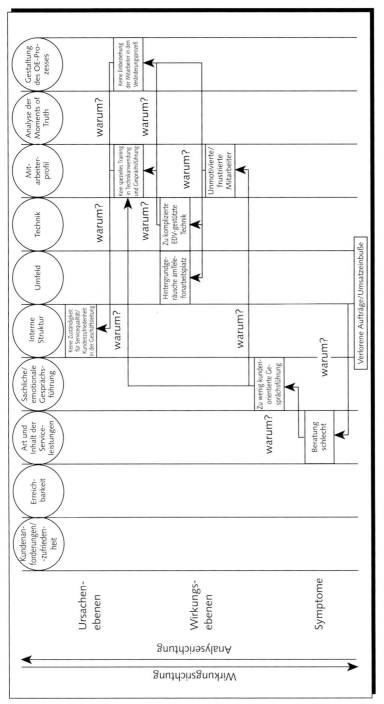

Abb. 56b: Mehrstufige Ursachen-Wirkungskette: Beispiel einer MOT's Analyse »Unzureichende Mitwirkung und Motivation der Mitarbeiter«

Als maßgebliche Ursache kristallisierte sich heraus, daß im Unternehmen zwar die Bedeutung des Service und der Servicequalität als Grundlage für Kundenzufriedenheit klar erkannt worden war, aber keine organisatorischen Konsequenzen gezogen wurden: Es gab keine organisatorische Stelle, die für Servicequalität und Kundenzufriedenheit in der Geschäftsleitung zuständig war. Von daher gab es auch keine Stelle, die sich ausreichend um die Mitarbeitermotivation und die Qualität der Arbeitsplätze der Mitarbeiter als »Transmissionsriemen« für diese Servicequalität der Kunden kümmerte.

Wir halten fest:

❏ Die Analyse der Vernetzung führt dazu, daß nicht nur am Symptom kuriert wird, sondern über eine vertiefende Analyse die maßgeblichen Ursachenbereiche herausgefiltert werden können, an denen direkt anzusetzen ist.
❏ Dies ermöglicht Maßnahmen mit großer Hebelwirkung, also Verbesserungen im Detail, welche die Fehler- und Problemquellen unmittelbar beseitigen und zusätzlich eine positive Ausstrahlung auf andere Bereiche haben.

5.4. Wie bei telefonischen Anfragen und Bestellungen service- und verkaufsaktiv gehandelt wird

Als zentrale Fragen werden in diesem Kapitel behandelt:

❏ Wie handeln die Mitarbeiter bei telefonischen Anfragen serviceorientiert?
❏ Welche »Beziehungsteufel« müssen beim Gespräch mit Stammkunden ausgeräumt werden?
❏ Wie können Gespräche in Auftrags- und Bestellannahme persönlicher und verkaufsaktiver gestaltet werden?

Nach den zweifellos wichtigen strategischen Ausführungen der vorangegangenen Kapitel legen wir jetzt den Fokus auf die operative Umsetzung. Nach dem Grundsatz »All business is local« gilt gerade auch beim Kundenkontakt, daß jeder Service »local« ist, und das heißt, daß er operativ erfolgreich gestaltet und durchgeführt werden muß.

In diesem Kapitel zeigen wir, worauf es beim unmittelbaren Kontakt mit Interessenten oder Kunden ankommt, und wie Anfragen und Bestellungen professionell beantwortet und gehandhabt werden. Dabei werden wir an verschiedenen Stellen konkrete Fallbeispiele aus der Beratungspraxis anführen.

Kundenorientierte Telefonkultur

Zur Einstimmung möchten wir zunächst als Original-Ton (O-Ton 1) die Informationsanfrage eines kaufwilligen Interessenten wiedergeben (vgl. Schuler, 1992e, S. 25f.).

> Verkäufer (VK): Profi-Reifenservice, guten Tag.
> Kundin (K): Guten Tag, Angela China am Apparat, ich brauche ein paar Reifen...
> VK: Ja?... (nach einer Pause, als die Kundin nicht sofort sagt, welche Reifen sie braucht) Welche Größe denn?
> K: Das weiß ich nicht, ich hoffe, das können Sie mir sagen, ich fahre einen BMW 318i.
> VK: (atmet tief durch) Baujahr?
> K: '92
> VK: Das kann sein 175/70 HR 14, 195/65 HR 14 oder 195/60 HR 14.
> K: (offensichtlich etwas verunsichert) Das heißt, da gibt es mehrere Möglichkeiten?
> VK: (etwas herablassend:) Selbstverständlich, ja klar!
> Es entsteht eine Pause, Kundin nimmt zögernd das Gespräch wieder auf:
> K: Ehhm ... kann ich, ... kann ich beide Größen nehmen?
> VK: (jetzt offensichtlich genervt) Doch nicht auf der gleichen Felge, nein...
> Wieder eine Gesprächspause.
> K:... Ach so ... (klingt völlig hilflos)
> VK: (jetzt nachdrücklich und ungeduldig) Sie müssen eben ans Auto gehen, draufgucken, was für Reifen drauf sind, und dann kann ich Ihnen sagen, was es kostet.
> K: (etwas erleichtert, da sie eine Möglichkeit sieht, wie sie doch noch zu ihren Reifen kommt) Ahh so ... gut, ich danke Ihnen.
> VK: Ja bitte, wiederhören (denkt sicherlich: Schon wieder so eine Kundin, die Reifen kaufen will und noch nicht mal die Größe weiß. Können die Kunden sich nicht vorher schlau machen ... und dann auch noch Preise wissen wollen...).
>
> (Quelle: Schuler, 1992e, S. 25f.)

Original-Ton 1: Informationsanfrage

Lassen Sie das Beispiel einmal auf sich wirken. Handelt es sich hierbei um ein einzelnes »verunglücktes« Gespräch, oder ist dies einer der vielen »Momente der Wahrheit« in Unternehmen, bei dem ein Interessent mit seinem Anliegen »alleine gelassen« und eine Verkaufschance nicht genutzt wird?

Zur Erinnerung: Im Rahmen der CIT-Studie stellten wir in über 1.000 Kontaktanrufen fest, daß sich über 40% der Gesprächspartner nicht engagiert dem Anliegen des Kunden gegenüber verhalten haben. Bei Produkt- und Preisanfragen reagieren Mitarbeiter am Telefon zwar überwiegend nett und freundlich, sind aber oftmals aufgrund mangelnder Produktkenntnis oder mangelnder Schulung in Gesprächsführung überfordert. Auch wurden Namen und Adressen von Interessenten zur weiteren Akquisition oftmals nicht oder nur auf »Drängen« der Anrufer notiert.

Die Praktiker nehmen die mangelnde Detailkenntnis der Kunden oftmals als Rechtfertigung für die eigene, wenig serviceorientierte Reaktion. »Die Kunden wissen nicht, was sie wollen« ist ein häufiger Vorwurf von Innendienstmitarbeitern und Verkäufern. »Können Kunden sich nicht informieren, bevor sie uns anrufen und sich dann gezielt ausdrücken?« Diesen Vorwurf haben Anrufer öfters zumindest zwischen den Zeilen oder auch offen ausgesprochen gehört. Er dient vielen Verkäufern und Telefonberatern im Innendienst als Begründung für nichtgewährte Hilfsbereitschaft und Beratung (vgl. Schuler, 1992e, S. 26). Gerade in einer derartigen Situation wird damit die Chance verspielt, dem nichtinformierten oder Unterstützung signalisierenden Interessenten durch eine serviceorientierte Gesprächsführung zu helfen und zugleich das Gespräch verkaufsorientiert vorzubereiten.

In den Köpfen der Servicemitarbeiter eines Unternehmens scheint damit die folgende Vorstellung über den »idealen Kunden« vorzuherrschen: Der Anrufer meldet sich sofort mit seiner Kundennummer, gibt eine klare Bestellung auf mit konkreter Angabe der Verpackungsart und der Verpackungseinheiten, hat möglichst auch von allen Artikeln die Bestellnummer parat und stellt keine unnötigen Fragen, die den Innendienstmitarbeiter aufhalten. Und vor allem, die Lieferzeit interessiert ihn nicht, sondern er fügt sich ergeben in das Schicksal, vom Unternehmen dann bedient zu werden, wenn er an der Reihe ist.

Für ein Unternehmen, bei dem mehrere Mitarbeiter am Telefon diese »innenorientierte Servicekultur« als Abwicklungsprozeß praktizieren, werden sich so trotz möglicherweise qualitativ hochwertiger Produkte mit der Zeit Probleme am Markt einstellen. Vor allem dann, wenn die Wettbewerber die Anforderungen und die Differenzierungschancen erkannt haben und hier nachhaltig anders reagieren.

Bei Anfragen reagiert der Ansprechpartner im Unternehmen höchstens noch wie ein Auskunftsbüro, aber nicht wie ein Verkäufer. Wie in unserem »Reifenbeispiel« wird der Kunde nicht mit einer Bedarfsanalyse nach dem Anwendungsbereich des Produktes gefragt. Vielmehr zählt der Mitarbeiter Produkte ohne Argumentation auf, der Kunde wird mit »Fachchinesisch« konfrontiert oder bekommt oft vorschnell Preisauskünfte. Letztendlich kommt es zu keinem verbindlichen Gesprächsabschluß. Nicht einmal die Adresse des Anrufers notiert der »Telefonberater«. Eine verpaßte Verkaufschance, weil dem Telefonberater die Bedeutung einer solchen Anfrage oft gar nicht bewußt ist.

Wie handeln die Mitarbeiter bei telefonischen Anfragen serviceorientiert?
Macht sich die Unternehmensleitung – und die ist beim Aufbau einer serviceorientierten Unternehmenskultur gefragt – Gedanken über die Möglichkeiten, das Verhalten der Mitarbeiter mit Kundenkontakt serviceorientiert auszurichten, dann zeigt sich, daß die Verbesserungsmaßnahmen und damit die konkreten Schritte zur serviceorientierten telefonischen Anfragenbehandlung eigentlich leicht sind. Wir stellen hierzu fünf Schritte vor (vgl. Schuler, 1992e, S. 26f.).

Fünf Schritte auf dem Wege zur serviceorientierten Anfragebehandlung

---

1. Schritt: So motivieren Sie die Mitarbeiter für Service
Beziehen Sie Innendienstmitarbeiter mit Telefonkontakt aktiv in Ihre Werbeaktivitäten mit ein. Zeigen Sie etwa am Ablauf einer Direktmarketingkampagne die Bedeutung der Schnittstelle Kunden-Telefon-Telefonberater auf. Errechnen Sie mit den Mitarbeitern, wieviel Werbeaufwand es kostet, bis ein Kunde zum Telefonhörer greift und eine Anfrage in Ihrem Unternehmen startet. Setzen Sie Ziele für die »Umwandlung« von Anfragen in Käufe, etwa verbunden mit einem Verkaufswettbewerb.

Eigentlich liegt, wie diese Maßnahmen zeigen, das erste Versäumnis bei der Unternehmensleitung. Denn Verhaltensreaktionen sind nur zu erwarten, wenn vorher Informationen über Bedeutung und Inhalt des Verhaltens vermittelt werden.

2. Schritt: So führen Sie ein Telefonat zielgerichtet und effizient
Erstellen Sie Hilfen für die Gesprächsführung bei telefonischen Anfragen: Skripte als strukturierte Gesprächsleitfäden sind im aktiven Telefonmarketing als »roter Faden« des Gesprächs eine wichtige Hilfe geworden. Wenn Skripte gut getextet sind und vor allem nicht abgelesen und nachgebetet werden, sind sie eine wesentliche Stütze, um ein Gespräch zielgerichtet und effizient zu führen.

Diese strukturierten Gesprächsleitfäden helfen Mitarbeitern mit Telefonkontakt auch als **»Inbound-Skripte«**, eingefahrene und reaktive Verhaltensweisen bei der Beantwortung von Anrufen zu überwinden. Bei telefonischen

Kundenorientierte Telefonkultur

Anfragen unterstützen sie, kombiniert mit einem Gesprächsreport, eine sorgfältige Bedarfs- und Anwendungsanalyse sowie ein kontrolliertes Weiterbearbeiten des Anrufs.

Mit dem folgenden Skript haben es Mitarbeiter einer Reifenhändlerkette geschafft, Anfragen, die im Reifenhandel oft Preisanfragen sind, wesentlich verbindlicher zu gestalten (Schuler, 1992e, S. 27).

---

1. Verständliche und freundliche Begrüßung und Vorstellung
»Guten Tag, mein Name ist ... vom Reifen Service in ...«

2. Vom Reagieren zum Agieren
»Schön, daß Sie uns anrufen, Herr/Frau ...
Was kann ich für Sie tun?«

3. Was ist der Bedarf des Kunden?
❏ Zuhören
❏ Fragen: Bedarfsanalyse
»Welches Auto fahren Sie? Typ?«
»Wieviel Kilometer fahren Sie im Jahr?«
»Wo fahren Sie am meisten«

4. Höchstens ein »Lockangebot«
»Da kommt für Sie möglicherweise der ... in Frage. Dieser Reifen hat den Vorteil ... Das bedeutet für Sie ...«

5. In jedem Fall verbindliche Terminvereinbarung
»Herr/Frau ... Sie brauchen einen sicheren Reifen, der auch eine hohe Beanspruchung aushält. Damit Sie den richtigen Reifen für Ihre Ansprüche erhalten, kommen Sie doch einfach zur Beratung in unser Reifen-Center. Wann paßt es Ihnen am besten ...?
Morgen um 9 Uhr oder lieber um 14 Uhr?«

6. Verbindlicher Schluß
»Darf ich mir Ihren Namen und Ihre Adresse notieren?
Vielen Dank für Ihre Anfrage, wir sehen uns also morgen um ... Auf Wiedersehen!«
(Quelle: Schuler, 1992e, S. 27)

Original-Ton 2: Skript für die serviceorientierte Behandlung der Reifen-Anfrage

»Kein Preis am Telefon« ist die Devise vieler Händler; vielmehr soll mit dem Kunden ein Termin »auf dem Hof« vereinbart werden. Denn befindet sich der Kunde erst einmal vor Ort, ist ein Verkaufsabschluß eher zu erreichen und die Möglichkeit für Zusatzverkäufe wesentlich größer. Durch die genaue Befragung, wie der Kunde den Reifen nutzen will, soll eine gezielte Beratung in der Werkstatt vorbereitet werden.

Der Kunde gewinnt durch diese Fragen Vertrauen, denn er merkt, daß sein Problem (»Ich brauche Reifen und habe nicht so viel Ahnung von der Sache«) ernst genommen wird. Er spürt schon bei der telefonischen Anfrage, daß man bei diesem Händler bemüht ist, ihm nicht irgendeinen Reifen, sondern den richtigen Reifen für seine Anwendung und seine Fahrweise zu verkaufen. Durch ein solches Telefongespräch hebt sich der Reifenhändler sicherlich von seinen Mitbewerbern, bei denen der Interessent vielleicht noch anruft, ab. Ein Grund mehr für ihn, den vereinbarten Termin wahrzunehmen.

3. Schritt: So verkaufen Sie nach einer Anfrage direkt am Telefon
Bereiten Sie Ihre Mitarbeiter mit Telefonkontakt auf Anfragen nach einem Mailing, einer Prospekt- oder Katalogversendung intensiv vor. Ein »Inbound-Skript« hilft hierbei, um im Anschluß an Werbemaßnahmen Produkte direkt am Telefon zu verkaufen (vgl. Greff, 1993a, S. 79ff.; Hooffacker, 1991, S. 63ff.). Das Skript für den Direktverkauf bezieht Prospekte und/oder den Katalog als Verkaufshilfen in das Gespräch mit ein. Auch wenn der Kunde bereits ein bestimmtes Produkt anspricht, werden noch einmal sorgfältig sein Bedarf und seine Wünsche erfragt, um zu gewährleisten, daß er das richtige Produkt ausgewählt hat, und um mögliche Zusatzverkäufe vorzubereiten.

Die Darstellung von »Merkmalen, Vorteilen und Nutzen« des Produktes gibt dem Kunden die Sicherheit, die er zum Verkaufsabschluß braucht. Ist er dann noch nicht kaufbereit, ist es wichtig, seine Hemmnisse herauszufinden, auf diese einzugehen und ihm auch Gelegenheit zu geben, über seine Entscheidung noch einmal nachzudenken. Ein weiteres Beispiel, wie ein »Inbound-Skript« zur Bedarfsanalyse und zum Produktverkauf aufzubauen ist, kann aus O-Ton 3 für eine PC-Anfrage nachvollzogen werden (vgl. Schuler, 1992e, S. 28).

Kundenorientierte Telefonkultur

Begrüßung und Vorstellung:
VK: Guten Tag, hier ist XY-Data in Rodgau, Sie sprechen mit Alf Bechmann (Vorname/Nachname)
K: Guten Tag, ...

Aktiver Einstieg:
VK: Herr/Frau ... Was können wir für Sie tun?
K: Ich möchte ... (Bedarf)

Bedarfsanalyse
(Verwendungszweck herausfinden bzw. eingrenzen)
VK: Prima Herr/Frau..., damit ich Sie optimal beraten kann, darf ich Ihnen ein paar Fragen stellen?
– Wozu soll der PC genutzt werden?
– Wieviele Leute sollen mit dem (den) PC(s) arbeiten?
– Welche Hard- und Software benutzen Sie schon?
– Denken Sie daran, den (die) PC(s) in andere Systeme zu integrieren? (Welches Betriebssystem?)
– Wie soll Sie die EDV langfristig unterstützen?
– Wann möchten Sie mit Ihrer Arbeit beginnen? (Wann brauchen Sie den PC?)

Bedarf auf den Punkt bringen, zusammenfassen:
VK: Sie suchen (möchten) also ...
Achtung! Ist das System, das der Anrufer haben will, richtig für seine Zielsetzung? Passendes Produkt anbieten

Angebot/Lösung des Problems:
VK: Dann ist für Sie ... das richtige Produkt. Sie finden den ... in unserem Prospekt auf der Seite ... Haben Sie auch den Prospekt vorliegen? Finden Sie das Gerät? Wie Sie auch im Text sehen:

MERKMAL:
Der ... hat ...

VORTEIL:
Das hat den Vorteil, daß ...

NUTZEN:
Sie können damit ...
Das heißt für Sie ...
Sie sparen also ...

Reaktionen abwarten/Dialog fördern:
VK: Was halten Sie von meinem Vorschlag? Was möchten Sie noch von mir wissen? Soll ich Ihnen noch weitere Detailinformationen geben?

Abschlußfrage vorbereiten/stellen:
VK: Herr/Frau ... Sie möchten also ... mit der Arbeit beginnen. Wenn Sie Ihren ... jetzt bestellen, dann ist er ... bei Ihnen. Soll ich das Gerät jetzt notieren? Möchten Sie lieber ... oder ...?

→

> **Gesprächsende:**
> VK: Vielen Dank für Ihren Auftrag, Herr/Frau ... Viel Spaß mit Ihrem neuen PC. Und wenn Sie Fragen haben oder Unterstützung brauchen, rufen Sie uns jederzeit an, wir helfen Ihnen gerne weiter. Bis bald und auf Wiederhören.
>
> **Wenn noch unsicher:**
> VK: Was macht Sie noch unsicher? Welche weiteren Fähigkeiten möchten Sie noch klären? An welche weiteren Anwendungsmöglichkeiten denken Sie noch? Haben Sie noch technische Fragen? Denken Sie, daß sich ... gut in Ihre vorhandene Hardware integriert?
> **Passende Verstärker (Merkmal, Vorteil, Nutzen) hinzufügen.**
>
> **Wenn noch gar nicht verkaufsbereit:**
> VK: Herr/Frau ... Sie sind noch unsicher, welcher PC für Ihre Anwendungen der Richtige ist. Gerne schicken wir Ihnen noch ausführlichere Beschreibungen und Unterlagen. Ich rufe Sie dann wieder an, um mit Ihnen Ihre Überlegungen zu besprechen. Wann soll ich mich wieder melden? Paßt es Ihnen in der nächsten Woche am ... Lieber vormittags oder nachmittags? So gegen ... Uhr? Prima, Herr/Frau ... dann wünsche ich Ihnen eine schöne Zeit bis zu unserem nächsten Telefonat. Bis bald und auf Wiederhören.
>
> (Quelle: Schuler, 1992e, S. 28)

Original-Ton 3: Inbound-Skript für PC-Anfragen

Verkaufsdruck als hard-selling hilft hier wenig. Nur wenn der Kunde sicher ist, die richtige Entscheidung getroffen zu haben, ist er als Dauerkunde gewonnen.

4. Schritt: Warum Sie Kontakte dokumentieren müssen?
Für eine aussagefähige Erfolgs- und Ergebniskontrolle ist es wichtig, zu überprüfen, wieviele telefonische »Rückläufer« auf eine durchgeführte Mailingaktion oder andere Werbemaßnahmen im Unternehmen eingehen und was aus diesen Anfragen wird. Deshalb ist eine Ergebniskontrolle und Datenspeicherung der telefonischen Anfragen vorzunehmen.

Der Anfang besteht darin, daß in den entsprechenden Abteilungen telefonische Anfragen gezählt werden und jede Anfrage in einem Gesprächsreport erfaßt wird. Die vielfältigen Informationen, die Sie von Ihren Kunden erhalten, sind nur dann sinnvoll, wenn Sie sie dokumentieren. Am effizientesten ist es, wenn diese gleich in einer entsprechenden **Kunden-/Interessenten-Datenbank**, also einem Kundeninformationssystem, gespeichert werden.

5. Schritt: Was machen Sie nach der Anfrage der Kunden?
Legen Sie fest, daß der Kunde schnell die versprochenen Unterlagen, am besten per Telefax, spätestens jedoch postalisch nach drei Tagen, erhält.

Kundenorientierte Telefonkultur

Überprüfen Sie, wie der nächste Eindruck, den Ihr Kunde von Ihrem Unternehmen gewinnt, aussieht. Bereiten Sie das Nachfaßgespräch vor, wenn der Kunde nicht direkt gekauft hat.

Hier gilt der Grundsatz: Keine Anfrage darf verlorengehen. Sie ändern das Verhalten der Mitarbeiter nur dann in eine serviceorientierte Telefonkultur, wenn die Mitarbeiter nachvollziehen können, wie wichtig die Anfragen genommen werden.

Welche »Beziehungsteufel« müssen beim Gespräch mit Stammkunden ausgeräumt werden?
Der schlimmste »Beziehungsteufel« (vgl. Schuler, 1992c, S. 8) ist die **Routine**: Weil man ja mindestens einmal am Tag miteinander telefoniert, sind die Gespräche oft auf ein Minimum reduziert.

> Kunde: »Guten Tag, Poersch, Fa. Mann, bitte heute eine weitere Lieferung ... fertigmachen«.
> Verkäufer: »In Ordnung, schon im Computer.«
> Kunde: »Wird bis spätestens 11.00 Uhr angeliefert?«
> Verkäufer: »Selbstverständlich, wie immer« (denkt: Warum fragt der denn so, er bekommt doch jedesmal die Lieferung prompt am anderen Morgen.)
> Kunde: »Dankeschön und wiederhören, bis morgen«.

Oder es werden ellenlange Gespräche über Mißverständnisse und Probleme geführt, die durch »den falschen Ton« entstanden sind. Der Kunde kennt uns ja und wir kennen ihn, das ist oft die Hauptursache für die stereotype und monotone Abfrage sowohl bei eingehenden Telefonaten als auch im aktiven Telemarketing.

»Beziehungsteufel« Nr. 2 ist das **Schubladendenken**: »Den Kunden xy kenne ich. Ich weiß genau, was der kauft und braucht. Das Produkt xy brauche ich dem nicht anzubieten.« Mit dieser Einstellung kann niemand eine engagierte, aktive und kompetente Ausstrahlung vermitteln. Selbst wenn der Verkäufer besagtes Produkt anbietet, wird seine Stimme zwischen den Zeilen seine Gedanken mitteilen und der Kunde wird voraussichtlich wirklich nicht kaufen. »Seht ihr, ich hab's ja gleich gesagt« ist dann die Schlußfolgerung. Ein Kreislauf ohne Ende – oder: Der Kunde geht uns verloren.

»Beziehungsteufel« Nr. 3 ist die **Rollenzuweisung**: »Dieser Kunde ist immer am Nörgeln. Sicherlich hat er jetzt wieder eine Beanstandung. Außerdem gibt er seine Bestellung immer viel zu schnell und unverständlich durch.«

Ein so abgestempelter Kunde wird sich immer weiter so verhalten, weil er so angesprochen wurde, wie es der Rolle entspricht, die ihm zugewiesen ist. Die »Der schon wieder... Haltung« des Verkäufers spürt der Kunde auch hier als indirekte Botschaft. Dieser Kreislauf kann nur dann unterbrochen werden, wenn der Verkäufer einmal anders »in den Wald hineinruft« als gewohnt. Erst dann wird es auch anders herausschallen. Erfahrungswerte aus unserer Beratungs-, Schulungs- und Trainingspraxis zeigen, daß man einen solchen Kunden »verändern« kann, wenn ihn jemand anderes – unvoreingenommen – anruft.

Wie können Gespräche in Auftrags- und Bestellannahme persönlicher und verkaufsaktiver gestaltet werden?
Ein Anrufer möchte etwas bestellen. Dies ist ein ganz alltäglicher Vorfall im Unternehmen, der auch in der Regel routiniert und ohne viel Aufheben abgewickelt wird. Für die Behandlung dieses Vorgangs sollten standardisierte Abläufe geschaffen werden, um möglichst effizient zu arbeiten.

Je professioneller die Organisation der Bestellannahme ist, desto unpersönlicher und standardisierter ist aber oftmals auch der Umgang mit dem Kunden und die Gesprächsführung am Telefon (vgl. Schuler, 1992f, S. 10). Bei einer erhöhten organisatorischen Effizienz bleibt also leicht die Servicekultur auf der Strecke. Die interne und externe Zielsetzung kollidieren damit.

»Ihre Kundennummer?!..., die Bestellnummer?!...« – seit der Einführung dieser beiden Faktoren in das Geschäftsleben werden unzählige Gespräche mit Kunden bei Bestellanrufen schon am Anfang durch diese »Fallbeile« abgeschnitten und in ein »Korsett« gezwängt.

Der Sachbearbeiter in der Bestellannahme hat die Vorgabe, den Auftrag möglichst kurz, bündig und sachbezogen entgegenzunehmen. Er geht davon aus, daß der Kunde weiß, was er will. Hinzu kommt, daß der Anruf den Sachbearbeiter vielleicht gerade bei einer anderen, seiner Meinung nach viel wichtigeren und anspruchvolleren Tätigkeit stört.

»Der Kunde will etwas von uns und wir gewährleisten die ordnungsgemäße Abwicklung«. Diese Einstellung herrscht bei vielen Innendienstmitarbeitern oftmals vor. Der einfache und alltägliche Auftrag wird in seiner Bedeutung für die Kundenbindung und für Zusatzgeschäfte meist noch unterschätzt. Häufig haben die Mitarbeiter auch einfach Hemmungen, aktiver auf den Kunden zuzugehen und ihm etwas zusätzlich zu verkaufen.

Zwar werden heute Kunden durch die telefonische Bestellannahme schneller bedient, als wenn sie ihre Aufträge mit der Post schicken. Durch die oftmals unpersönliche Abfertigung bekommen Anrufer aber nicht das Gefühl, wirklichen Kontakt mit ihrem Gesprächspartner zu haben.

Das Selbstverständnis der Innendienstmitarbeiter muß sich also ändern. Wenn hier keine grundsätzliche Veränderung der Qualität der Gespräche stattfindet, könnte die Bestellabfrage auch von Computersystemen auf gleichem Niveau durchgeführt werden.

> Die persönliche Bestellannahme macht in Zukunft nur Sinn, wenn Innendienstmitarbeiter sich als Telefonverkäufer begreifen, deren Aufgabe nicht einfach darin besteht, eingehende Aufträge entgegenzunehmen und abzuwickeln, sondern vielmehr den persönlichen Kontakt zum Kunden bewußt zu pflegen, Bedürfnisse von Kunden zu erkennen und zu befriedigen. Kurzum: Ein wichtiger Gesprächspartner für den Kunden zu sein.

Wie agieren Sie bei telefonischen Bestellungen verkaufsaktiv? Wesentlich ist vor allem, daß Sie die verschiedenen Phasen des Gesprächs beachten. Die Formulierungen sollten immer wieder in gemeinsamen Diskussionen mit Mitarbeitern und Kollegen verändert und verbessert werden. Denn gegen den »**Beziehungs- und Routineteufel**« im Telefongespräch kann auch das Skript nicht schützen.

Die sieben Phasen der verkaufsaktiven Bestellannahme, die Schuler erarbeitet hat, zeigen, wie man routiniert, aber dennoch kundenorientiert und auf das Gesprächsergebnis ausgerichtet vorgehen kann (Schuler, 1992f, S. 12).

Die sieben Phasen der verkaufsaktiven Bestellannahme

1. Phase: Begrüßung und Vorstellung
»Sie bekommen nie eine zweite Chance, einen ersten schlechten Eindruck wieder gutzumachen.«

Diese bekannte Wahrheit trifft insbesondere für den ersten Eindruck am Telefon zu. Es erstaunt immer wieder bei Gesprächsanalysen, wie entscheidend die Begrüßung und Vorstellung den weiteren Verlauf des Gesprächs beeinflussen. Gerade in Abteilungen, in denen viele Bestellungen und Aufträge am Tag notiert werden, wird oft der Standpunkt vertreten: »Meine Meldung muß kurz und schnell sein, der Kunde und vor allem ich haben keine Zeit für eine Meldung, die in einem ganzen Satz gesprochen wird (Guten Tag, hier ist..., mein Name ist...).« Das Gegenteil ist der Fall. Erfahrungswerte aus der Praxis belegen: Je sorgfältiger, länger und deutlicher man sich meldet, um so positiver ist der Kunde auf den Gesprächspartner und das Gespräch eingestellt, um so sicherer fühlt er sich, um so schneller kommt er zur Sache und um so deutlicher formuliert er sein Problem.

Sich auf den Kunden konzentrieren, ihm Zeit geben, sich auf das Gespräch einzustellen, Hemmnisse und Unsicherheiten abzubauen, dies ist auch eine wichtige Regel für die folgende Phase.

2. Phase: Aktiver Empfang/Einstieg
Lehnen Sie sich nach der beidseitigen Begrüßung nicht innerlich zurück und denken Sie nicht: »Mal seh'n, was der von mir will«, oder begrüßen Sie den Kunden nicht ein zweites Mal. Übernehmen Sie die Gesprächsführung, indem Sie den Kunden mit Namen ansprechen, einen positiven Impuls setzen (»Herr/Frau…, schön, daß Sie anrufen«) und eine offene Frage stellen: »Was kann ich für Sie tun?«

3. Phase: Kundenorientierte Bestellannahme
Vermeiden Sie es, dem Kunden die notwendigen Angaben für die Bestellung in fordernden Einzelwörtern abzuverlangen. Reden Sie vielmehr in ganzen Sätzen mit Ihrem Gesprächspartner. Kalkulieren Sie ein, daß er die notwendigen Formalitäten und Angaben nicht parat hat und helfen Sie ihm – ohne Vorwurf in der Stimme – das gewünschte Produkt zu bestimmen. Achten Sie darauf, daß nicht die Masken des Computers Ihr Gespräch diktieren (»…und dann brauche ich…« oder »Sie müssen mir zuerst die Artikelnummer sagen…«), sondern beginnen Sie auch hier einen Dialog.

4. Phase: Wiederholung der Auftragspositionen
Wiederholen Sie entweder am Ende der gesamten Bestellung oder besser nach jedem Produkt die Angaben des Kunden. Vor allem die letztere Vorgehensweise hat folgende Vorteile:

- Sie vermeiden Hörfehler und damit viele Fehler in der Nachbearbeitung, die Ihr Unternehmen Geld kosten und den Kunden verärgern.
- Sie beeinflussen durch das Wiederholen der letzten Position das Tempo, in dem der Gesprächspartner Ihnen die Bestellung diktiert. Das führt zu einer schnelleren und streßfreieren Aufnahme des Auftrages.
- Sie geben dem Kunden das Gefühl, daß Sie verstanden haben, was er möchte, und daß Sie seine Bestellung als wichtig ansehen. Der Kunde wird sicherer und das Vertrauen zu Ihnen gestärkt.

5. Phase: Rückmeldung zur Bestellung
Der Kunde erwartet jetzt eine Aussage zu seiner Bestellung. Sind die Artikel lieferbar? Wann erhält er die Lieferung? Bis wann werden Artikel, die im

Kundenorientierte Telefonkultur

Rückstand sind, nachgeliefert? Die Frage nach der Lieferzeit wird oft versucht, durch einen schnellen Gesprächsabschluß zu umgehen. Doch in der Regel läßt sich der Kunde – zu Recht – nicht abwimmeln. Geben Sie also unaufgefordert eine Rückmeldung zur Bestellung des Kunden (»Die Artikel sind alle lieferbar. Die Sendung wird am ... zugestellt.«).

6. Phase: Zusatzangebote und Kundenpflege
Kunden haben in der Regel ein Interesse, attraktive Angebote Ihres Unternehmens nicht zu verpassen. Außerdem sind sie auf der Suche nach Möglichkeiten, Zeit und Geld zu sparen.

Weisen Sie also auf Einsparmöglichkeiten, etwa durch das Bestellen von größeren Einheiten hin und machen Sie auf neue, möglicherweise für diesen Kunden interessante Angebote unaufgefordert aufmerksam. Oft passiert es auch, daß er gerade Zubehörartikel vergessen hat und sich darüber freut, wenn Sie ihn darauf hinweisen. Sie verkaufen dem Kunden also nicht etwas, was er nicht haben möchte, denn er hat die Möglichkeit, »Nein, das brauche ich nicht, weil...« zu sagen. Die wenigsten Kunden lehnen schon das Anbieten dieser Angebote an sich ab.

Sie können den Kunden auch vorher fragen, ob er damit einverstanden ist. (»Herr/Frau..., darf ich Sie jetzt noch/oder in Zukunft öfter mal auf ein besonderes Angebot aus dem Bereich ... aufmerksam machen?«)

Ansatzpunkte für diese Zusatzangebote als gewünschte Information für den Kunden gibt es beispielsweise in folgender Hinsicht:

- ❏ Aufträge aufstocken (**up-grade**), was dem Kunden hilft, Zeit und Geld zu sparen. Beispielsweise: »Lieber Herr Rathmann, 50 Ordner haben einen Einzelpreis von 4,25 DM, wenn Sie 100 Stück bestellen, kostet ein Ordner nur 3,75 DM. Sie sparen also pro Ordner 50 Pfennig. Außerdem brauchen Sie nicht so schnell wieder bestellen. Die Ordner werden ja ziemlich regelmäßig und häufig bei Ihnen gebraucht. Soll ich lieber 100 notieren?«
- ❏ Zusatzverkäufe machen, die dem Kunden auch helfen, daß er nichts vergessen hat. Beispielsweise: »Zu dem Staubsauger gibt es auch die passenden Beutel. Am besten Sie bestellen diese gleich mit, da die zwei mitgelieferten Beutel schnell verbraucht sind. Möchten Sie lieber den 50er oder den 10er Pack?«
- ❏ Neue Produktgruppen anbieten (**cross-selling**), die der Kunde vielleicht nur deshalb nicht kauft, weil er sie noch gar nicht kennt. Beispielsweise: »Herr... gibt es in Ihrem Unternehmen auch einen Bedarf für...? Kennen Sie schon das Produkt XY unseres Hauses, das sich genau hierfür eignet.

Kundenorientierte Telefonkultur

Es hat den Vorteil, daß ... Ein Vergleich mit Ihrem jetzt eingesetzten Produkt ist doch sicher interessant. Sie sind ja auch mit unserer Produktgruppe ... sehr zufrieden. Wieviele soll ich für einen ersten Versuch notieren?«

Neben der Art, wie Zusatzangebote gemacht werden, ist für eine verkaufsaktive Kundenpflege auch die Information wichtig, in welchem Rhythmus der Kunde welche Mengen bestellt.

Durch die sorgfältige Beobachtung des Bestellrhythmus und die Analyse des Bestellverhaltens erhält der Telefonverkäufer zugleich Frühwarnsignale, wenn der Kunde einige Zeit »überfällig« ist. Denn aus Abweichungen vom gewohnten Verhalten können Rückschlüsse über die Zufriedenheit oder den Abwanderungswillen von Kunden gezogen werden, die sich dann noch in einem direkten Telefongespräch überprüfen lassen. Frühzeitiges Handeln schafft hier die Grundlage, den Kunden für das Unternehmen noch zu erhalten.

Zum gehaltvollen und verkaufsaktiven Kundengespräch gehört auch die Vorabinformation, welche Preiskonditionen oder Rabattstaffeln der Kunde in der Vergangenheit hatte. Die Kundenpflege scheitert so nicht an der Preisverhandlung. Der Telefonverkäufer benötigt deshalb Informationen über das Preisgefüge für diesen Kunden, aber auch über entsprechende Entscheidungskompetenzen, um verhandeln zu können und Verkaufsabschlüsse zu tätigen.

7. Phase: Verbindliches und freundliches Verabschieden

Vermeiden Sie die zu schnelle Verabschiedung, die nur zu deutlich ausdrückt, daß Sie mit Ihren Gedanken schon ganz woanders sind. Bringen Sie das Gespräch freundlich zu Ende und bereiten Sie den nächsten Kontakt vor (»Vielen Dank für Ihre Bestellung. Ich freue mich auf Ihren nächsten Anruf«).

Professionelle Bestellannahme heißt auch, diesen Kontakt für den intensiveren Dialog mit dem Kunden zu nutzen, also Kundenzufriedenheit zu erfragen und Verbesserungsvorschläge einzuholen.

Ein professioneller Kundenbetreuer im Innendienst sieht nicht nur den kurzfristigen Nutzen durch Zusatzverkäufe und up-grades, sondern ist bestrebt, den Kunden langfristig an das Unternehmen zu binden. Dazu muß er langfristig die Bedürfnisse des Kunden befriedigen können. Es ist sinnvoll, daß er diese möglichst früh kennenlernt. Oft ist es besser als jede aufwendige Marktbefragung, einfach die eigenen Kunden um Vorschläge für die Verbesserung des Service und für neue Produkte zu bitten. Fragen Sie also Ihre Kunden nach einer Bestellung, wie zufrieden sie mit der jetzigen Bestellabwicklung sind, ob sie sich Verbesserungen wünschen und welche Produkte noch in das Sortiment des Unternehmens aufgenommen werden sollten. Ihre Kunden werden es sicher als sehr positiv empfinden, daß ihre Meinung Ihr Unternehmen interessiert.

Höhere Kundenzufriedenheit, weniger Irrtümer und Mißverständnisse, eine bessere Beziehung zum Kunden und kürzere Telefonate: Dies ist das Ergebnis einer zielgerichteten, kundenorientierten telefonischen Bestellannahme.

5.5. Die Stimme und Sprechweise als Erfolgsvoraussetzung in der Telefonkommunikation

> **Als zentrale Fragen werden in diesem Kapitel behandelt:**
> - Welche Bedeutung kommt der Stimme im Dialog am Telefon zu?
> - Wie treffen Sie durch den bewußten Einsatz Ihrer Stimme den »richtigen« Ton?
> - Wie kann die Stimme »trainiert« werden?

Welche Bedeutung kommt der Stimme im Dialog am Telefon zu?
Telefonservice ist eine Form des Dialoges und der Gesprächsführung unter erschwerten Bedingungen. Denn nur ein Sinnesorgan, die Stimme, kann vom Adressaten eingesetzt und vom Empfänger wahrgenommen werden. Bei der face-to-face- Kommunikation hingegen kann der Gesprächspartner neben der Stimme die ganze Persönlichkeit mit Mimik, Gestik und Körperhaltung einsetzen (vgl. Argyll, 1989, S. 201 ff.; Bänsch, 1990, S. 11 ff.). Da beim Telefondialog die Körpersprache nicht sichtbar ist, reduziert sich die Kommunikation auf den Gestaltungsbereich der Stimme (vgl. Kapitel 9 zu neueren Entwicklungen).

Hierdurch besteht die Gefahr, daß dieser eine Gestaltungsbereich nur unzureichend für eine gute Kommunikation eingesetzt wird bzw. eingesetzt werden kann.

Beim Telefonservice müßte eigentlich, um eine vergleichbare positive und umfassende Wirkung wie bei der persönlichen Präsentation zu erreichen, die fehlende Körpersprache durch einen besonders guten Einsatz der Stimme kompensiert werden. Von daher sind die Anforderungen an einen guten Telefondialog deutlich höher als an die normale persönliche Kommunikation.

Kundenorientierte Telefonkultur

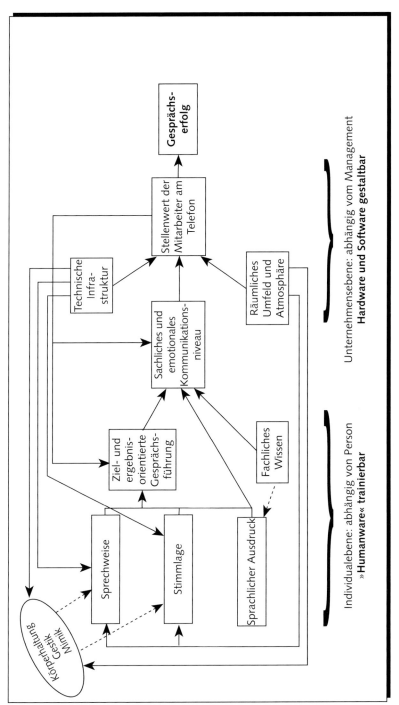

Abb. 57: Einflußfaktoren auf den Gesprächserfolg

Diese Erkenntnis läßt sich in der Aussage zusammenfassen: **Erfolgreiche Telefonkommunikation ist wie »Lächeln mit der Stimme«.**

Allerdings zeigen Untersuchungsergebnisse, daß eine verkrampfte Körpersprache, insbesondere eine stark nach vorne gebeugte Haltung, beim Telefonieren vom Gesprächspartner über die Stimme wahrgenommen werden kann (vgl. Rückle, 1985, S. 392). Körperhaltung sowie Gestik und Mimik drücken sich also über das Medium der Stimme indirekt aus. Dies unterstreicht die Bedeutung eines entsprechenden Trainings und den Stellenwert einer technischen und räumlichen Infrastruktur für eine entspannte Atmosphäre beim Telefondialog.

In Abbildung 57 sind die Einflußfaktoren auf den Gesprächserfolg wiedergegeben. Sprechweise und Stimmlage, die durch die Körpersprache positiv beeinflußt werden können, wirken sich direkt auf die ziel- und ergebnisorientierte Gesprächsführung aus und damit auf das emotionale Kommunikationsniveau (vgl. Kroeber-Riel, 1990, S. 570). Die sprachliche Ausdrucksfähigkeit und das fachliche Wissen bestimmen das sachliche Kommunikationsniveau. Diese Bereiche sind personenbezogen trainierbar.

Den Gesprächserfolg legen aber zusätzlich die verfügbare technische Infrastruktur und das räumliche Umfeld sowie die gesamte Atmosphäre beim Telefondialog fest. Die Maßnahmen, welche das Management in dieser Hinsicht durchführen läßt, kennzeichnen den Stellenwert der Mitarbeiter am Telefon und sind zugleich die Voraussetzung für eine leistungsfähige Hard- und Software. Zusätzlich werden, wie an früherer Stelle dargestellt, durch dieses positive Selbstverständnis die Einstellung, Verhaltensweise und das Kommunikationsniveau geprägt.

Bei der Körpersprache gilt der Grundsatz: Man teilt sich dem anderen, auch wenn man es nicht will, auf diese Weise eigentlich immer mit. Auch Einstellungen und Stimmungen, die man nicht zeigen will, werden über die Körpersprache sichtbar. Bei der Stimme, insbesondere am Telefon, ist es ähnlich, zumal sich bei diesem Kommunikationskontakt alles auf die nur hörbare Ausdrucksform konzentriert. Mitarbeiter am Telefon unterschätzen deshalb die Wahrnehmungsfähigkeit ihrer Kommunikationspartner, wenn sie folgende Aussagen treffen (vgl. Schuler, 1992c, S. 8):

- »Wenn ich schlecht gelaunt bin, dann zeige ich dies nicht nach außen, und mein Gesprächspartner am Telefon merkt nicht, daß ich nicht gut drauf bin.«
- »Der Kunde, mit dem ich gerade telefoniere, nervt mich zwar schrecklich, aber ich behandle ihn genauso freundlich, wie alle anderen, so daß er nie auf die Idee kommt, daß ich ihn nicht leiden kann.«

Nur in den wenigsten Fällen wird beides gelingen, es sei denn, die Mitarbeiter am Telefon verfügen über ein beträchtliches schauspielerisches Talent. Der Gesprächspartner am anderen Ende der Leitung läßt sich über die Stimmung und Einstellung des Telefonmitarbeiters meist nicht täuschen.

Im Umkehrschluß ist in der Praxis auch nachvollziehbar, daß ein Ansprechpartner am Telefon, mit dem man seit längerem einen Kontakt hat, den Telefonpartner auch in der Weise anspricht (vgl. Schuler, 1992c, S. 8):

- »Sie haben sich heute so flott gemeldet, ist Ihnen etwas Schönes passiert?«
- »Sie klingen heute aber sehr gestreßt am Telefon, haben Sie Ärger gehabt?«

Also gilt die Erkenntnis: Die Stimme verrät oft mehr als viele Worte.

Seien wir ehrlich: überlegen wir uns oft nicht ausschließlich, was wir am Telefon sagen und viel zu wenig, wie wir etwas sagen? Bei Trainingsseminaren on-the-job sind die Teilnehmer erstaunt, wenn die Trainer ihnen beim Mithören dieser echten Telefonate mit Bestandskunden allein durch die Analyse ihrer Stimme sagen können, ob sie den betreffenden Kunden mehr oder weniger mögen oder was sie bei dem Anruf für ein Gefühl hatten.

Wie treffen Sie durch den bewußten Einsatz Ihrer Stimme den »richtigen« Ton?
Wenn diese Analyseergebnisse zutreffen, dann ist es unbedingt notwendig, daß Glaubwürdigkeit und Vertrauen die Beziehung zu einem Kunden prägen und deshalb auch aktiv und bewußt entwickelt werden sollten. Dies schafft die Basis dafür, daß die Botschaft, die mit der Stimme vermittelt wird, auch der inhaltlichen Aussage der gesprochenen Worte entspricht.

Wenn also die Worte am Telefon lauten: »Ich werde mich darum kümmern«, der Tonfall aber gelangweilt und desinteressiert ist, dann ist Skepsis erlaubt. Denn die indirekte Botschaft war: »Ich habe eigentlich keine Lust«.

Gehen wir davon aus, daß eine bewußte Täuschung der Anrufer nicht vorgesehen ist und sich deshalb gesprochenes Wort sowie Einstellung und Überzeugung nicht unterscheiden, dann lassen sich zumindest einige Verhaltenshinweise ableiten. Sie zielen darauf ab, durch die Körpersprache beim Telefonieren die stimmliche und inhaltliche Kongruenz der Aussagen zu verstärken.

Es gilt also gerade am Telefon auf die Körpersprache, die Sprechweise und das Sprechtempo zu achten. Das kann dann sogar heißen, daß Sie am Telefon auch gestikulieren sollten (siehe Abb. 58). Wenn Sie sich vorstellen, daß Ihr Gesprächspartner am Telefon Ihnen gegenübersitzt und Sie ihn persönlich ansprechen, dann können Sie sich viel besser auf ihn einstellen und konzentrieren.

Die richtige Sprechgeschwindigkeit unterstützt das Ziel, daß der Partner am Telefon Sie besser versteht. Wer zu schnell spricht, macht andere leicht mißtrauisch. Wer zu langsam spricht, wirkt schnell gelangweilt. Dies sind jedoch nur Faustregeln. Grundsätzlich ist das Sprechtempo an die Situation und den Gesprächsinhalt anzupassen (vgl. Hooffacker, 1991, S. 51).

Die Lautstärke der Sprechweise ist in ihrer Wirkung eindeutiger bestimmbar als der Klang der Stimme. Es gibt Personen, die am Telefon mit einer völlig anderen Stimme reden als normal. Vor allem Frauen neigen dazu, gerade in Streßsituationen viel zu hoch und unnatürlich zu sprechen. Dies erweckt dann leicht den Eindruck von Inkompetenz (vgl. Schuler, 1992c, S. 8).

Jeder hat sicherlich schon einmal den »Routine Sing-Sang« von Personen gehört, die viel telefonieren, also z.B. von Mitarbeiterinnen in der Telefonzentrale (»Momänt, ich verbindeee..«). Dies wirkt unnatürlich. Oft wird auch die Begrüßung ohne Pause geleiert (»FirmaMüllerSchmidtgutenTag«). Dieses übermäßig routinierte Sprechen erzeugt keinerlei Interesse. Durch ein deutliches Anheben und Senken der Stimme, also durch Höhen und Tiefen dort, wo Akzente gesetzt und Gefühle ausgedrückt werden sollen, läßt sich die Aufmerksamkeit für das gesprochene Wort deutlich erhöhen.

Wie kann die Stimme »trainiert« werden?
Der erste Schritt auf dem Wege zu Verbesserungen ist auch bei der persönlichen Kommunikationsfähigkeit der gleiche: In einer Diagnose sind die eigenen Stärken und Schwächen bewußt wahrzunehmen. Dies kann in drei verschiedenen Formen durchgeführt werden (vgl. Schuler, 1992c, S. 8):

❑ **Selbsttest:** Bewußtes Nachvollziehen während eines Telefonates: »Wie wirke ich am Telefon?« (siehe Abb. 59)

Es geht also darum, neben der inhaltlichen Kommunikation auch auf die Art und den Erfolg oder Mißerfolg der eigenen Kommunikation zu achten.

Kundenorientierte Telefonkultur

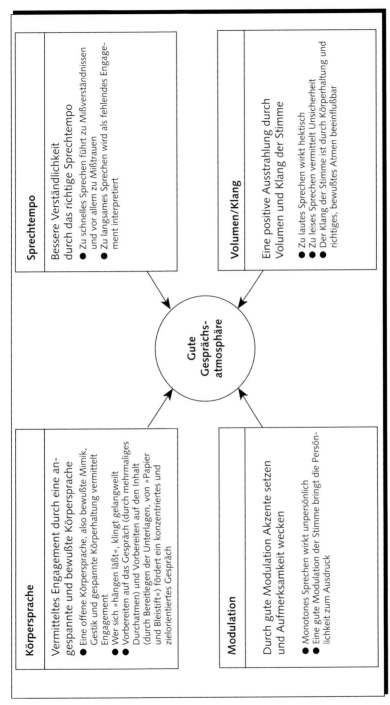

Abb. 58: Körpersprache, Sprechweise und Stimmlage als Grundlage für die engagierte Telefonkommunikation

Kundenorientierte Telefonkultur

Bewertung der Stimme und Sprechweise	ja	teilweise	nein
– Ich passe mich im Sprechtempo gut meinem Gesprächspartner an	O	O	O
– Ich habe eine deutliche Aussprache	O	O	O
– Meine Sätze sind nicht unnatürlich und überroutiniert, sondern gut moduliert	O	O	O
– Ich wirke am Telefon:			
nicht angespannt, sondern locker	O	O	O
nicht hektisch, sondern ruhig	O	O	O
nicht unsicher, sondern sicher	O	O	O
nicht unfreundlich, sondern freundlich	O	O	O
nicht gelangweilt, sondern engagiert	O	O	O
nicht teilnahmslos, sondern überzeugt	O	O	O
– Meine Stimme klingt:			
nicht kalt, sondern warm	O	O	O
nicht monoton, sondern lebendig	O	O	O
nicht zu hoch oder zu tief, sondern angenehm	O	O	O
nicht dünn, sondern voll	O	O	O
– Ich spreche selten Verlegenheitslaute	O	O	O

(Quelle: Schuler, 1992c, S. 8)

Abb. 59: Selbsttest – Analyse der eigenen Wirkung am Telefon

❑ **Fremdtest**: Sie bitten einen Gesprächspartner, mit dem Sie viel telefonieren – am besten in einem persönlichen Gespräch –, die in letzter Zeit geführten Telefonate noch einmal Revue passieren zu lassen und Ihre Telefonstimme zu bewerten.

Zwei Punkte sind hierbei wichtig, um zu aussagefähigen Ergebnissen zu kommen: Zum einen ist dieses persönliche Gespräch im Abstand zu Telefonaten zu führen und nicht unmittelbar vor einem folgenden Telefonat, das bewertet werden soll. Andernfalls sind Verzerrungen und »Schauspieler-Effekte« unvermeidbar. Zum anderen ist dem »Fremdbeurteiler« klarzumachen, daß es hierbei nicht um Gefälligkeitsantworten geht, sondern um eine Rückmeldung wahrgenommener Stärken und Defizite. Nur dies ermöglicht Verbesserungen.

❏ **Objektivierter Test**: Ein oder besser noch mehrere Gespräche werden mit einem Recorder aufgenommen – wobei bekanntlich die Zustimmung des Gesprächspartners erforderlich ist – und anschließend persönlich oder mit einem Experten analysiert. Es ist klar, daß hier nur die Dokumentation des Gepräches wirklich objektiviert ist und die anschließende Interpretation immer subjektiv bleibt. Wird ein Telefonexperte, z. B. im Rahmen von Schulungsseminaren, eingeschaltet, dann wird die Aussagefähigkeit der Analyse deutlich erhöht.

Der zweite Schritt sind dann Atem- und Körperübungen, mit denen die eigene Stimme bewußter nachempfunden, eingesetzt und trainiert werden kann (siehe Abb. 60)(vgl. Greff, 1993a, S. 17f.; Schuler, 1992d, S. 25). Dieser Trainingsinhalt entspricht den Stimmübungen, wie sie von Schauspielschülern durchzuführen sind.

Atem- und Stimmübungen helfen, sich zu entspannen und entspannt zu wirken. Eine ruhige, gelöste Stimme befindet sich meistens auch in einer angenehm klingenden Stimmlage und damit Stimmhöhe.

Übung 1:
Stellen Sie sich vor, Sie wollen ein Tier (ein Pferd, Ihren Hund) beruhigen. Sprechen Sie also Ihren Hund mit einem langgezogenen »ruhig, ganz ruhig« an.

Übung 2:
Stellen Sie sich vor, Sie hören längere Zeit jemanden zu, der Ihnen etwas Interessantes erzählt. Sie hören also gerne zu. Geben Sie Ihrem Gesprächspartner zu verstehen, daß Sie mitdenken, indem Sie ein entspanntes, ein bißchen nachdenkliches »mh, mh« verlauten lassen.

Übung 3:
»Stimmhaft Kauen«: Stellen Sie sich vor, daß Sie gutes Essen im Mund zerkleinern. Dabei kräftig den Kiefer bewegen und Töne (»jam, jam, jam...«) produzieren.

Übung 4:
Schauen Sie – ganz gleich, ob im Liegen, Sitzen oder Stehen – ungezielt, träumend in den Raum, und sprechen Sie mehrmals hintereinander ein lockeres, fast tröstendes »blö«; hören Sie nach einiger Zeit auf Ihre Stimmlage.

(Quelle: Schuler, 1992d, S. 25)

Abb. 60: Stimmübungen

Kundenorientierte Telefonkultur

> **Übung 1:**
> Setzen Sie sich auf einen Stuhl und schauen Sie nach hinten; atmen Sie dabei ein (nicht besonders tief); atmen Sie wieder aus, während Sie sich wieder nach vorne drehen, und lassen Sie Kopf und Schulter entspannt nach vorne heruntersinken.
>
> Hinweis: Machen Sie diese Übung langsam und wenige Male hintereinander. Wiederholen Sie sie tagsüber gelegentlich.
>
> **Übung 2:**
> Setzen Sie sich an das Ende einer Couch, so daß nach rechts hin Platz ist. Versuchen Sie nun nach der rechten Seite hin mit der Hand eine Stelle erreichen zu wollen, die nur schwer erreichbar ist. Spüren Sie den Einatmenimpuls? Atmen Sie aus während der Streckung – und Sie kommen noch ein Stück weiter.
>
> Hinweis: Halten Sie den Atem nicht an bei dieser Übung. Lassen Sie den Atem fließen. Sie werden spüren, daß Ihnen die Streckung dann leicht fällt und gut tut.
>
> (Quelle: Schuler, 1992d, S. 25)

Abb. 61: Atemübungen

Erhöhte Anspannung oder Verspannung beeinträchtigten das natürliche Fließen des Atems und wirken sich negativ auf die Fähigkeit aus, entspannt und intensiv zuzuhören. Wenn Sie sich bewußt machen, wie Sie atmen und Atemübungen durchführen, können Sie diese negativen Effekte deutlich vermindern (siehe Abb. 61). Das Atmen wird bewußt in den Sprechfluß integriert.

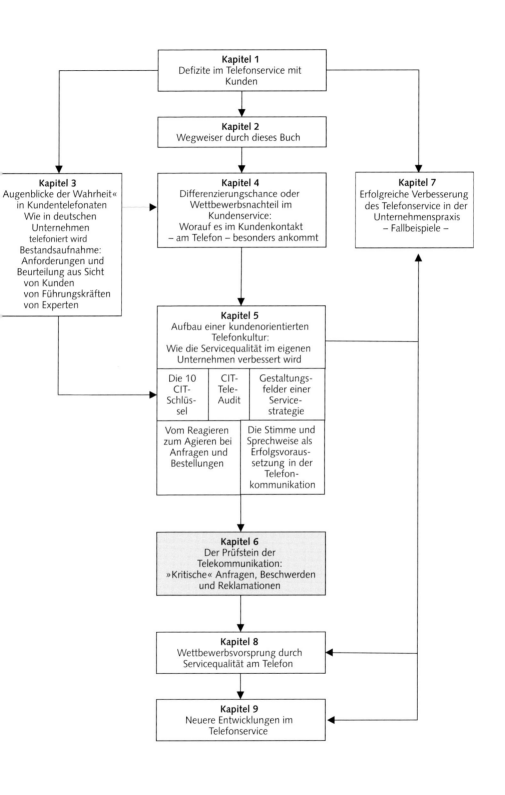

6. Der Prüfstein der Telefonkommunikation: »Kritische« Anfragen, Beschwerden und Reklamationen
Wie schwierige Situationen zu Chancen für die Kundenbindung werden

1. Durch professionelles Beschwerdemanagement werden unzufriedene Kunden zu treuen Kunden

Als zentrale Fragen werden in diesem Kapitel behandelt:

- Welche Chancen und welche Risiken bringt eine Beschwerde mit sich?
- Wie betreiben Unternehmen eine offensive Reklamationspolitik und ein aktives Beschwerdemanagement?
- Wie ergeht es Kunden, wenn sie in Ihrem Unternehmen anrufen, um ihre Unzufriedenheit mitzuteilen?

Auch wenn die Prozentsätze im Detail unterschiedlich sind, belegen wissenschaftliche Untersuchungen und Befragungen einzelner Unternehmen eindeutig die folgenden Sachverhalte (vgl. Bunk, 1993, S. 65; Goodman/Malech/Marra, 1987, S. 177 ff.; Hansen/Jeschke, 1991, S. 205 ff.):

- 96% aller Käufer bzw. Kunden, die nicht zufrieden sind, beschweren sich nicht. Nur jeder 25. unzufriedene Kunde ist also bereit, dies dem Unternehmen mitzuteilen. Die meisten der anderen wechseln – wenn sich eine günstige Gelegenheit bietet – das Produkt und damit das Unternehmen.
- Wird die Reklamation bzw. Beschwerde des Kunden schnell und zufriedenstellend behandelt und gelöst, dann wird der Kunde mit einer Wahrscheinlichkeit von 60 bis 80% in Zukunft wieder bei diesem Unternehmen kaufen.
- Ein positives Erlebnis bei einer Beschwerdeführung, also eine zuvorkommende Behandlung und schnelle Lösung des Problems, wird an 4 bis 8 Personen weitererzählt.
- Ein unzufriedener Kunde, der sich nicht beschwert oder dessen Beschwerde nicht zu seiner Zufriedenheit gelöst wird, erzählt dieses negative Erlebnis an 9 bis 16 Personen weiter.

Diese Erkenntnisse sprechen für sich und müßten eigentlich in jedem Unternehmen die Grundlage für weitreichende Konsequenzen in Richtung **Beschwerdemanagement** sein. Denn:
- Für jedes Unternehmen ist es eine Herausforderung, wenn ein unzufriedener Kunde sich überhaupt beschwert und das Unternehmen damit die Gelegenheit hat, die Unzufriedenheit des Kunden zu beseitigen.
- Die Einstellung darf im Unternehmen nicht verbreitet sein, daß keine Nachrichten gute Nachrichten sind und daß die wenigen, die sich beschweren, notorische Querulanten sind.

Welche Chancen und welche Risiken bringt eine Beschwerde mit sich?
Wenn ein Kunde sich nach einem Ärgernis wieder mit dem Unternehmen in Verbindung setzt, ist er nicht von vornherein für das Unternehmen verloren. Er will mit seinem Problem verstanden, ernst genommen und mit Verständnis behandelt werden. Viele Unternehmen und ihre Mitarbeiter sehen die Chance nicht, daß der Kunde bei ihnen seinen Ärger »loswerden« will und dadurch das negative Erlebnis ihnen und nicht anderen weitererzählt.

Dies ist die Grundlage für eine »Schadensbegrenzung«. Zugleich ermöglicht dies überhaupt erst, den entstandenen Fehler und Schaden wiedergutzumachen, um den Kunden dadurch als Käufer wieder zu gewinnen.

Im Rahmen einer Marktuntersuchung über Servicequalität hat British Airways herausgefunden, daß **»Wiedergutmachung« einer der wichtigsten Kundenerwartungen** ist (vgl. Zemke/Anderson, 1994, S. 14).

Eigentlich müßte es also die Strategie jedes Unternehmens sein, die Kunden dazu zu ermutigen, sich bei Unzufriedenheit zu beschweren. Es liegt auf der Hand, daß diese »Beschwerdeführungs-Strategie« eine schmale Gratwanderung ist, da nur wesentliche und ernstgemeinte Beschwerden an das Unternehmen herangetragen werden sollen. Wenn ein Kunde sich dann artikuliert und das Unternehmen die Chance zur Nachbesserung erhält, kann es zugleich verhindern, daß der unzufriedene Kunde eine Geschichte zu erzählen hat und damit zu einem negativen Multiplikator für das Unternehmen wird (vgl. Töpfer/Mann, 1994, S. 23). Der Kunde handelt anderenfalls nach dem Motto »bad news are good news«.

Die Erfahrungen von Unternehmen mit einem professionellen Beschwerdemanagement gehen noch viel weiter: Wenn sie das negative Erlebnis des Kunden zufriedenstellend aufarbeiten, dann besteht die Chance, daß sie aus einem unzufriedenen Kunden nicht nur einen »neutralisierten«, sondern sogar einen Dauerkunde machen. Denn das Unternehmen nahm ihn in dieser

»Schlechtwetter-Situation« mit seinem Problem wichtig und (über)erfüllte seine Erwartungen.

Hinzu kommt noch ein weiterer Erfahrungswert aus der Praxis, der ein professionelles Beschwerdemanagement nahelegt: Es ist vier bis sechs mal teurer, einen Neukunden zu gewinnen als einen Bestandskunden zu betreuen und zu pflegen (vgl. Müller/Riesenbeck, 1991, S. 69).

Alle diese Sachverhalte müssen zunächst den Mitarbeitern bekannt und in ihrer Konsequenz bewußt sein, bevor verlangt werden kann, daß die Mitarbeiter in einem unzufriedenen Kunden etwas anderes als einen Störenfried sehen, der sie in ihrem normalen Arbeits- und Geschäftsablauf behindert.

Handeln und Verhalten setzt bekanntlich zunächst Verstehen und Akzeptieren voraus. Die gesamte Strategie und Kultur des Unternehmens muß auf diese Einstellung gegenüber dem Kunden ausgerichtet sein. Die Mitarbeiter müssen in dieser Hinsicht trainiert werden und vor allem in ihrem Verhalten auch an diesen Maximen gemessen werden.

Eine Beschwerde eines Kunden darf nicht nur das Tabu brechen, Mißstände im Unternehmen aufzuzeigen, es muß dem Unternehmen auch gelingen, einen berechtigt und nachhaltig unzufriedenen Kunden dazu zu bewegen, sich frühzeitig zu äußern. Denn Verhaltensangebote des Unternehmens können versagen, wenn sich bei einem Kunden die Unzufriedenheit im stillen nach und nach aufgebaut und verstärkt hat, ohne daß er sich äußern konnte. Die Schwelle eines auf ein sachliches Niveau zurückführbaren Gesprächs wird damit leicht überschritten, da auch den Mitarbeitern im Unternehmen nicht jede emotionale Äußerung unzufriedener Kunden zugemutet werden kann.

Bekanntermaßen herrscht in den Abteilungen, die mit vielen Reklamationen und Beschwerden konfrontiert sind, deshalb häufig ein nervöses und gereiztes Klima. Läßt sich diese Einstellungsveränderung erreichen, dann könnte im Ergebnis in dieser Abteilung ein positives Klima dadurch entstehen, daß die Anzahl der gelösten Kundenbeschwerden zum Erfolgsindikator für das eigene Handeln wird.

Wenn man diesen Gedanken zu Ende denkt, dann bedeutet dies, daß durch ein professionelles und frühzeitig greifendes Beschwerdemanagement die eigenen Mitarbeiter auch davor geschützt werden, daß sie von unzufriedenen Kunden im Beschwerdegespräch »angegriffen« werden und selbst an Motivation, Engagement und vor allem Überzeugungskraft für das Unternehmen und seine Produkte einbüßen.

Auf der anderen Seite ist nachgewiesen, daß die erfolgreiche Behandlung und Lösung von Beschwerden bei den Mitarbeitern positive Effekte bei der Motivation, dem Einsatz in der eigenen Tätigkeit und der Zufriedenheit mit der gestellten Aufgabe bewirkt.

Wie betreiben Unternehmen eine offensive Reklamationspolitik und ein aktives Beschwerdemanagement?
Wenn man diese Anforderungen und Wirkungen einer professionellen Beschwerdebehandlung und -lösung erkennt und umsetzen will, dann stellt sich die Frage, wie man mit Sachverstand und Fingerspitzengefühl vorgeht:

1. Ein Beschwerdeführer wird dadurch »neutralisiert«, daß er möglichst schnell und direkt seinen Unmut äußern kann. Es gibt deshalb hierfür kein besser geeignetes Kommunikationsmedium als das Telefon. Telefonservice als Inbound-Telefonmarketing wird damit zum entscheidenden Erfolgsfaktor beim Beschwerdemanagement. Wichtig ist es also, für die Kunden eine einfache Anrufmöglichkeit, also am besten durch eine gebührenfreie 0130-Nummer, zu schaffen.

Eine schnelle und kompetente Beschwerdebehandlung ist auch für schriftliche Reklamationen ein Muß. Nichts ist für den Kunden unerfreulicher, als wenn er auf einen Beschwerdebrief, der ihn Zeit gekostet und ihm Mühe verursacht hat, nach einem zusätzlichen Zeitraum einen Antwortbrief des Unternehmens erhält, der nie interaktiv sein kann und in den wenigsten Fällen gut geschrieben sowie auf eine konkrete Lösung ausgerichtet ist (siehe Abb. 62). Hingegen ist die sofortige telefonische Kontaktaufnahme auf eine schriftliche Reklamation für den Kunden nicht nur ein deutliches Zeichen, daß er mit seinen Anliegen ernstgenommen wird, sondern gleichzeitig eröffnet der Dialog den Spielraum, in dessen Rahmen eine Beschwerdelösung möglich ist.

2. Generell ist es wenig empfehlenswert, die Kunden aufzufordern, bewußt darüber nachzudenken, womit sie nicht zufrieden sind und ihre negativen Erfahrungen mitzuteilen. Eine Aussage »Bitte reklamieren Sie!« ist deshalb der falsche Weg. Gerade bei preiskritischen Kunden kann dies der willkommene Ansatzpunkt sein, um über eine vorgegebene Unzufriedenheit einen Preisnachlaß oder eine Leistungsverbesserung herauszuhandeln. Allerdings ist durch das Serviceverhalten der eigenen Mitarbeiter den Kunden das Gefühl zu geben, daß sie, wenn sie mit einem Sachverhalt nicht zufrieden sind, sich unmittelbar an das Unternehmen respektive seine Mitarbeiter wenden können und sollen.

3. Bei den Mitarbeitern ist eine Einstellungsänderung durch die bereits angesprochene Hintergrundinformation und ein gezieltes Training zu errei-

Der Prüfstein der Telefonkommunikation

Wie Kundenbeschwerden nicht behandelt werden sollten:

- »dieser Artikel wurde aus unserem Sortiment gestrichen. Einen Ersatzartikel können wir Ihnen nicht liefern. Mit freundlichen Grüßen.«
- »aufgrund der Verordnung vom ... sind wir angewiesen und sehen uns nicht im Stande.«
- »Da wir lt. AGB-Gesetz ausdrücklich auf die Geltung unserer AGB's hingewiesen haben, sehen wir uns leider außerstande.«
- »Wie aus unseren AGB's, speziell § 1, Abs. 3 ersichtlich, sind Sie verpflichtet...«
- »sind gezwungen betreffs Ihrer Reklamation Rücksprache mit dem Hersteller zu halten, der bezüglich der Verursachung des Schadens ...«
- »Ihrem Antrag können wir nicht stattgeben. Eine Rechtsmittelbelehrung haben wir Ihnen in der Anlage beigefügt.«
- »Wir haben Ihren Einwand geprüft und auf unserer Seite kein Verschulden feststellen können. Bitte überweisen Sie den längst überfälligen Betrag bis spätestens... Andernfalls werden wir...«
- »Laut Auskunft unseres Spediteurs wurde die Ware in einwandfreiem Zustand an Sie übergeben und dies auch von Ihnen quittiert. Deshalb ist es uns nicht möglich,...«
- »Wir bedauern, Ihnen einen abschlägigen Bescheid geben zu müssen. Maßgeblich ist die Verstreichung der einwöchigen Widerrufsfrist. In den uns vorliegenden Unterlagen sind Sie diesbezüglich eindeutig belehrt worden.«
- »Lt. Bundesgerichtshofurteil AZ VIII ZR 160/87 NJW 1989, S. 288, sind Sie aufgrund der geschilderten Tatsache nicht berechtigt, den Leasingvertrag zu kündigen.«
- »Wir bedauern, Ihnen mitteilen zu müssen, daß wir Ihnen die ... nicht zurücknehmen können. Lt. unseren Geschäftsbedingungen »Änderungen bleiben vorbehalten« sind die abweichenden Ausstattungsmerkmale kein Grund für eine Verpflichtung zur Rücknahme der von Ihnen abgenommenen Ware.«
- »Nach Auskunft unseres Hardware-Lieferanten kann der von Ihnen geschilderte Ausfall Ihres Computers auf keinen Fall auf einen Fehler unsererseits zurückzuführen sein. Bitte wenden Sie sich an Ihren Software-Lieferanten.«
- »Wieso wollen Sie jetzt schon einen postalischen Nachforschungsauftrag stellen? Sie haben die Sendung per Eilboten doch erst vor 6 Tagen aufgegeben. Warten Sie doch noch eine Woche damit.«

Abb. 62: Bürokratische Reaktionen auf Beschwerden und Reklamationen

chen. Der Übergang von der Sichtweise: »Gegenüber dem unzufriedenen Kunden muß ich mich meiner Haut erwehren, außerdem ist er wahrscheinlich selber schuld oder eine andere Abteilung in unserem Hause« zu der Einstellung: »Prima, da ruft ein unzufriedener Kunde trotz seines Ärgers noch bei uns an und will mit uns darüber reden. Jetzt ist es an uns, sein Problem zu lösen und für Wiedergutmachung zu sorgen« kennzeichnet das angestrebte Ergebnis im Verhalten und Handeln.

4. Es steht außer Frage, daß die Führungskräfte, bei der Behandlung von Reklamationen Vorbild sein müssen und dann auch verärgerte Kunden in gleicher Weise behandeln müssen. Serviceverantwortliche Führungskräfte sollten deshalb regelmäßig an den Stellen im Unternehmen, an denen die meisten Beschwerden eingehen, selbst von Zeit zu Zeit mittelefonieren oder zumindest Telefonate mithören, um sich vor Ort ein Bild von den Problemen der Kunden zu machen. Dies ist das beste und direkteste Frühwarn-Radar über die Zufriedenheit von Kunden, das ein Unternehmen einsetzen kann.

5. Die schnelle Behandlung und Lösung von Reklamationen ist nicht das alleinige Ziel. Genauso wichtig ist es, die Reklamationsgründe zu dokumentieren und zu analysieren.

Die wenigsten Unternehmen wissen, wieviele und welche Reklamationen und Beschwerden täglich per Telefon eingehen. Dadurch lassen sich Ursachen für Beschwerden nicht oder erst sehr viel später erkennen und abstellen. Oft führen kleine Veränderungen, z. B. auf Beipackzetteln oder bei Betriebsanleitungen dazu, daß Bedienungsfehler vermieden werden und dadurch Beschwerdeanrufe nicht auftreten. Die Ursachen für Beschwerden sind zusätzlich ein wichtiger Indikator für Schwachstellen in der Wertschöpfung und in den Abläufen des eigenen Unternehmens. Außerdem liefern Beschwerden über die eigenen Produkte die Grundlage, um über Produktverbesserungen nachzudenken.

6. Dem Aufwand und den Kosten für die Schulung sind die entgangenen Erträge gegenüberzustellen (vgl. Kapitel 5.2.). Hinzu kommt, daß zufriedene Kunden, die persönliche Empfehlungen im Bekanntenkreis geben, doppelt so wirksam sind wie die herkömmliche Medienwerbung. Von daher wirkt sich erfolgreiches Beschwerdemanagement auch in dieser Hinsicht kostenreduzierend oder erfolgssteigernd aus.

7. Wenn man das Beschwerdemanagement durchgeführt hat, kommt es nicht nur auf das Training in der Gesprächsführung an, sondern auch auf ein klares Management. Management heißt hier Steuerung des Beschwerdevorgangs, um diesen möglichst schnell zu einer Lösung zu bringen. Ziel ist, daß

Reklamationen exakt erfaßt und schnell bearbeitet werden und daß jede Reklamation eine Art »Paten« bekommt. Sie dürfen nicht von Abteilung zu Abteilung weitergereicht werden, da sie dann an zu vielen Schnittstellen liegen bleiben.

Eine derartige Analyse führt automatisch dazu, daß die Abläufe im Unternehmen überprüft werden, ob sie überhaupt eine unbürokratische und schnelle Entwicklung von Reklamationen gewährleisten.

8. Auf der Grundlage dieser Daten und Fakten werden Ziele für die Reklamationsbearbeitung und -behandlung gesetzt. Verbunden damit ist, daß die Mitarbeiter, die Beschwerden zu lösen haben, auch ausreichend Entscheidungskompetenzen besitzen, um schnell im Sinne des Kunden und in Übereinstimmung mit den Zielen des Unternehmens agieren zu können. Ziel ist es also nicht, den Kunden »um jeden Preis« zufriedenzustellen, sondern die geforderte Ertragsorientierung des Handelns zu realisieren. Deshalb ist es wichtig, den Spielraum der »Wiedergutmachung«, der Mitarbeitern übertragen wird, an konkreten Fällen mit definierten Ober- und Untergrenzen festzulegen.

9. Die Konsequenz aus der Analyse der Beschwerdegründe ist, den Abteilungen und damit auch den Mitarbeitern Ziele für die positive Reklamationsbehandlung zu setzen.

Festzulegen ist dabei, in welchem Zeitraum Beschwerden von Kunden bearbeitet und vor allem für den Kunden zufriedenstellend beantwortet und gelöst werden sollen. Hierzu ist es zweckmäßig, alle an einem Tag eingegangenen Beschwerden zu erfassen nach Kunden, Zeitpunkt und Art der Beschwerde, den analysierten Gründen und Ursachen, der damit befaßten Abteilung und der erreichten Lösung. Festzuhalten ist dann, wieviele dieser eingegangenen Reklamationen innerhalb eines Tages zufriedenstellend gelöst wurden.

Das Rückmelden dieser Ergebnisse wirkt auf die Mitarbeiter motivierend. Sie empfinden Beschwerden von Kunden nicht mehr vorwiegend als persönliche Angriffe, die es abzuwehren gilt. Vielmehr wird die Bearbeitung als Ziel definiert und das Ergebnis entsprechend belohnt.

Zugleich macht dies deutlich, daß Beschwerdemanagement keine »niedrige« Tätigkeit im Unternehmen ist, sondern daß es an einen Mitarbeiter besondere Anforderungen stellt, aber auch zu erheblichen Erfolgsergebnissen führt. Um es kraß zu formulieren: Der Mitarbeiter an der »Beschwerde-Front« ist nicht mehr der »Mülleimer« der Kunden und des Unternehmens, sondern ein wesentlicher Faktor und Garant dafür, daß das Image und der Markterfolg des Unternehmens keine Beeinträchtigung erfährt.

Der Prüfstein der Telefonkommunikation

Wie ergeht es Kunden, wenn sie in Ihrem Unternehmen anrufen, um ihre Unzufriedenheit mitzuteilen?

Nach diesen detaillierten Ausführungen zu den Ursachen, Folgen und Lösungsmöglichkeiten von Beschwerden stellt sich die Frage, wie der Entwicklungsstand und damit der Reifegrad Ihres Unternehmens in dieser Hinsicht ist.

Was wissen Sie über Ihre verärgerten Kunden und deren Beschwerden? Anhand der nachfolgenden Checkliste können Sie überprüfen, ob Sie die Chancen aus Reklamationen nutzen oder durch schlechte Reklamationsbehandlung eher Kunden verlieren.

In dieser Checkliste (siehe Abb. 63) bezieht sich ein Fragenblock auf das Wissen und Verhalten der Kunden, ein Fragenblock auf die Information im Unternehmen, also auch bei den Mitarbeitern. Der dritte Fragenblock bezieht sich auf die Strategie und die Konsequenzen, die sich daraus ergeben (vgl. Schuler, 1992g, S. 30).

Wie ist die Behandlung und Lösung von Beschwerden bzw. Reklamationen in Ihrem Unternehmen?			
	ja	teil-weise	nein
Unsere Kunden			
– wissen genau, an wen und wohin sie sich wenden können, wenn sie unzufrieden sind	O	O	O
– finden sofort die entsprechende Telefonnummer, wo sie sich beschweren können	O	O	O
– werden aktiv aufgefordert, uns ihre negativen Erlebnisse mitzuteilen	O	O	O
– wissen, daß ihre Reklamationen in unserem Unternehmen ernst und wichtig genommen sowie zügig bearbeitet werden	O	O	O
– werden bei einer Reklamation vorrangig und besonders freundlich behandelt	O	O	O
– beschweren sich eher bei uns direkt als bei anderen Verbrauchern	O	O	O
– haben, nachdem sie reklamiert haben, eher positive Erlebnisse in unserem Unternehmen als negative	O	O	O
Unsere Mitarbeiter und Führungskräfte			
– sind sich der Bedeutung von Reklamationen für die Kundenbindung durchweg bewußt	O	O	O
– fühlen sich immer für einen unzufriedenen Kunden zuständig, auch wenn sie das Problem nicht verursacht haben	O	O	O →

Der Prüfstein der Telefonkommunikation

	ja	teil-weise	nein
Unsere Mitarbeiter und Führungskräfte			
– haben keine Scheu vor einem Gespräch mit einem aufgebrachten Kunden	○	○	○
– begreifen Reklamationen nicht als persönlichen Angriff	○	○	○
– klären nicht zuerst die Schuldfrage, verteidigen und rechtfertigen sich nicht, sondern bemühen sich sofort, das Problem des Kunden nach vorn gewandt zu lösen	○	○	○
– sehen in einer positiven Reklamationsbehandlung eine Herausforderung	○	○	○
– sind in der Lage, die Emotionen im Gespräch zu erkennen und darauf einzugehen	○	○	○
– verstehen die Probleme und Unzufriedenheit der Anrufer und können auch Verständnis zeigen	○	○	○
– erhalten durch die Führungskräfte Rückmeldung und Anerkennung, wenn Reklamationen zügig und zur Zufriedenheit behandelt wurden	○	○	○
In unserem Unternehmen wissen wir			
– wieviele telefonische Reklamationen täglich eingehen	○	○	○
– in welchen Abteilungen diese ankommen	○	○	○
– wieviele der telefonischen Reklamationen in welcher Zeit zur Zufriedenheit des Kunden erledigt werden	○	○	○
– welche Mitarbeiter besonders gut mit aufgebrachten Kunden umgehen können	○	○	○
– die verschiedenen Gründe der telefonischen Reklamationen	○	○	○
In unserem Unternehmen ist festgelegt, daß			
– in einem bestimmten Zeitraum Reklamationen zufriedenstellend behandelt und gelöst werden sollen	○	○	○
– die Anlässe für negative Erlebnisse unserer Kunden und Gründe für Reklamationen gesammelt und ausgewertet werden	○	○	○
– Marketing, Produktentwicklung und Vertrieb kontinuierlich mit diesen Informationen versorgt werden	○	○	○
– Kunden, die schriftlich reklamieren, sofort zurückgerufen werden, um die Reklamation zu besprechen	○	○	○
– Reklamationsbehandlung Führungsaufgabe ist	○	○	○

(Quelle: Schuler, 1992g, S. 30)

Abb. 63: Checkliste Reklamationsbehandlung

Der Prüfstein der Telefonkommunikation

Wenn Sie nach dem Ausfüllen der Checkliste die meisten Kreuze auf der linken Seite gemacht haben, dann verfügt Ihr Unternehmen bereits über einen relativ hohen Reifegrad in der Beschwerdebehandlung. Wenn Sie die meisten Ihrer Kreuze auf der rechten Seite gemacht haben, dann verschenkt Ihr Unternehmen offensichtlich die Chance, durch ein professionelles Beschwerdemanagement die Position im Wettbewerb zu verbessern und zu festigen.

6.2. Mit aufgeregten und verärgerten Kunden und Anrufern »richtig« umgehen

Als zentrale Fragen werden in diesem Kapitel behandelt:
- ❏ Welche Fehler werden bei der telefonischen Reklamationsbehandlung gemacht?
- ❏ Wie können sich Unternehmen und deren Mitarbeiter für die positive und aktive Reklamationsbehandlung fit machen?

In diesem Kapitel möchten wir konkrete Anleitungen für eine erfolgreiche Gesprächsführung bei Reklamationen und Beschwerden geben. Wir verfolgen damit das Ziel, daß jede Strategie und Absicht nur so gut ist, wie sie sich in konkretem Verhalten und in den angestrebten Ergebnissen niederschlägt.

Wenn der Anspruch besteht, ein professionelles Beschwerdemanagement zu institutionalisieren und eine auf den Kunden ausgerichtete Servicekultur auch im Beschwerdefall zu praktizieren, dann kommt es darauf an, daß von möglichst allen Mitarbeitern mit Kundenkontakt diese Fähigkeiten und Fertigkeiten der Gesprächsführung beherrscht werden.

An konkreten Fallsituationen und mit detaillierten Verhaltenshinweisen soll diese Zielsetzung erreicht werden. Vielleicht haben Sie als Kunde oder auch in Ihrem Unternehmen eine vergleichbare Gesprächssituation schon einmal erlebt, wie sie in Abbildung 64 wiedergegeben ist (vgl. Schuler, 1992h, S. 16).

Kundin (K): »Jetzt haben Sie schon dreimal den Liefertermin für mein neues Service nach hinten verschoben! Das Silberbesteck ist doch schon sechs Wochen da, nur nicht das Geschirr und nächste Woche heiratet unsere älteste Tochter. Wir haben das Haus voll Gäste, insgesamt über 20 Personen. Wovon sollen die Leute denn da essen, frag' ich Sie? Das alte Service und Besteck hat die Constanze, meine jüngste Tochter, schon mitgenommen in ihre neue Wohnung nach Hannover. Mein Mann, unser Sohn Frank und ich essen schon seit vier Wochen von dem alten – und nicht mehr vollständigen – Geschirr meiner Großeltern. Das geht aber nicht bei der Hochzeitsfeier, dafür reicht es nicht. Wir können doch aber auch nicht verschiedene Teller und Tassen unseren

Der Prüfstein der Telefonkommunikation

Gästen hinstellen. Was sollen denn die Gäste – und vor allem die Eltern des Bräutigams – denken. Die meinen dann, wir können uns noch nicht mal zum Ehrentag unserer Tochter vernünftiges Geschirr leisten.
Ich verlange, daß Sie mir zusichern, daß das Geschirr nächste Woche geliefert wird!«
Verkäufer (VK): »Garantieren kann ich Ihnen gar nichts. Fakt ist, daß das Porzellan-Service vom Hersteller zur Zeit nicht lieferbar ist. Wenn der uns den Liefertermin ständig verschiebt, können wir doch nichts dafür. Da können wir Ihnen nicht helfen, da sind wir machtlos.«
Kundin fällt ins Wort: »Aber das...«
VK: »Jetzt geben Sie mir doch erst mal Ihre Kundennummer!«
K: »Weiß ich nicht und hab ich nicht greifbar. Ich habe doch jetzt schon 4 mal angerufen. Und was noch dazukommt: Nachdem Sie mir den Liefertermin zugesagt haben, habe ich das Geschirr meiner jüngsten Tochter, der Constanze, geschenkt, und die hat es mit nach Hannover genommen. Ich habe mich natürlich drauf verlassen, daß das Porzellan geliefert wird und jetzt müssen wir auf der Hochzeit von der Brigitte von Papptellern essen. Verstehen Sie mich doch, ich brauche das Geschirr dringend!«
VK: (Denkt: Was erzählt die mir nur so viel, hätte sie lieber ihre Kundennummer parat, dann könnte ich ihr schnell Auskunft geben. Aber wahrscheinlich nutzt es ja eh nichts. Immer muß ich den Kopf dafür hinhalten, wenn diese »blöden« Hersteller nicht liefern.) »Dann Ihr Name und die Postleitzahl!«
K: »Magarete Schedel aus Offenbach. Wir können das alte Geschirr doch nicht von Hannover nach Offenbach zurück...«
VK: »Die Postleitzahl von Offenbach!«
K: »63065, hören Sie, ich brauch doch mein neues Porzellan!«
VK: (hat den Vorgang jetzt auf dem Bildschirm) »Es stimmt, Sie haben das Service »Triangel« am 16.08., also vor drei Monaten, bestellt...«
K: (wird immer ärgerlicher) »Natürlich, das habe ich doch gesagt. Schließlich ist das Silberbesteck ja auch schon sechs Wochen da, nur nicht das Geschirr. Ich brauch doch Geschirr für die Hochzeit meiner Tochter!«
VK: (Denkt: Die geht mir mit der Hochzeit ganz schön auf die Nerven. Ich kann doch wirklich nichts dafür, daß sie ihr Geschirr noch nicht hat.) »Tja, ich hab's ja gleich gesagt, Sie sind nicht die einzige, die auf dieses Geschirr wartet. Der Lieferant verschiebt ständig seine Zusagen. Dieses Service ist halt sehr gefragt.«
K: »Aber was mach' ich nur... Jetzt kauf' ich schon so lange bei Ihnen und ich habe mich doch so darauf verlassen und dreimal schon haben Sie den Termin verschoben (hilflos und wütend). Wenn Sie mir nicht zusagen, daß ich nächste Woche das Geschirr bekomme, storniere ich den Auftrag!
VK: »Liebe Frau, nicht WIR haben den Termin verschoben, sondern der Hersteller (denkt: »Sie hat's immer noch nicht begriffen!«) und ich habe Ihnen doch schon gesagt, daß ich Ihnen nichts zusagen kann. Mit diesem Hersteller haben wir öfter solche Probleme. Uns macht das auch keinen Spaß, verstehen Sie?! Dann storniere ich halt Ihren Auftrag. Mehr kann ich nicht machen.«
K: »Wenn ich jetzt so kurzfristig das passende Porzellan nicht mehr kriege, sind Sie schuld. Bei Ihnen kauf' ich überhaupt nichts mehr, und meinen Bekannten werde ich auch erzählen, wie Ihre Firma hier mit mir umspringt.« – hängt den Hörer ein.

(Quelle: Schuler, 1992h, S. 16, leicht modifiziert)

Abb. 64: Nicht eingehaltener Liefertermin (negatives Ergebnis)

Der Prüfstein der Telefonkommunikation

Das grundsätzliche Problem dieses Gesprächs ist klar: Kundin und Verkäufer leben und argumentieren in unterschiedlichen Welten. Der Verkäufer ist mit keinem Wort auf die für die Kundin schwierige Situation eingegangen. Das Problem des Verkäufers war der Hersteller als Lieferant und nicht die Zufriedenheit des Unternehmenskunden.

Das Ergebnis ist eine Verlierer-Verlierer-Situation. Die Kundin ist wütend und enttäuscht. Sie wird bei dem Unternehmen nicht mehr kaufen. Der Verkäufer ist frustriert, da er es nur mit unzuverlässigen Lieferanten und mit unzufriedenen Kunden zu tun hat. Sein Mißmut wird sich aller Wahrscheinlichkeit nach auf sein nächstes Telefongespräch mit Kunden auswirken.

Die Frage stellt sich also, was die Hauptfehler sind, die zu einem unzufriedenen und verlorenen Kunden und zu einem demotivierten Mitarbeiter geführt haben.

Welche Fehler werden bei der telefonischen Reklamationsbehandlung gemacht?
Die Hauptursache liegt, wie bereits angesprochen, darin, daß in den meisten Reklamationsgesprächen die Verkäufer am Kunden vorbeireden. Am Telefon wird dieses Problem noch verstärkt, da der Mitarbeiter sich nicht nur Informationen, sondern eine Hilfestellung über die EDV am Bildschirm erhofft. In dieser Situation ist er also eher datenorientiert als kundenorientiert. Das Problem des Kunden wird dadurch in der Regel nicht verstanden, auf jeden Fall nicht gelöst.

Im folgenden werden die Hauptfehler im Ablauf und Inhalt der Gesprächsführung angesprochen (vgl. Schuler, 1992h, S. 16; Wanner, 1991, S. 37 ff.) (siehe Abb. 65):

1. Fehler: Die emotionale Betroffenheit wird nicht behandelt.
2. Fehler: Die emotionale Botschaft steht zwischen den Zeilen.
3. Fehler: Am wirklichen Problem wird oft vorbeigeredet.
4. Fehler: Der verärgerte Kunde fühlt sich – zu Recht – unverstanden.

Abb. 65: Die 4 Hauptfehler bei der telefonischen Reklamationsbehandlung

1. Fehler: Die emotionale Betroffenheit wird nicht behandelt.
Der wohl größte Fehler ist, daß das wirkliche Problem des Kunden nicht erkannt und nicht darauf eingegangen wird. Wenn der Kunde anruft und etwas reklamiert, dann hat sein Problem zwei Dimensionen: den sachlichen Hintergrund und die emotionale Betroffenheit. In der Regel werden im

Reklamationsgespräch ausschließlich die sachlichen Hintergründe behandelt. Im vorangehenden Beispiel ist die Tatsache, daß das Geschirr nicht da ist, der sachliche Grund der Reklamation.

2. Fehler: Die emotionale Botschaft steht zwischen den Zeilen.
Am Telefon ist der Angerufene nicht mit der Mimik und Gestik konfrontiert (das verzogene Gesicht, der qualvolle Augenaufschlag...), welche die emotionale Betroffenheit des Anrufers verdeutlichen können. Eine Ahnung davon, wie der Kunde seine momentane Situation erlebt, gewinnen wir nur durch seine Stimme und seine Gefühlsbotschaften zwischen den Zeilen. Die emotionale Betroffenheit des Kunden im »Hochzeitsbeispiel« heißt: »Ich stehe unter Druck, weil ich kein vernünftiges Geschirr habe. Das Schlimmste ist jedoch, daß ich mich bei der Hochzeitsfeier meiner Tochter – auf die ich mich so gefreut habe und die ich so gut vorbereiten wollte – blamieren werde, weil die Gäste mit neuem Silberbesteck von Papptellern oder altem Geschirr essen müssen.«

3. Fehler: Am wirklichen Problem wird oft vorbeigeredet.
Die Reaktion des Verkäufers: »Sagen Sie mir Ihre Kundennummer, und ich sage Ihnen, warum die Bestellung noch nicht da ist«, geht überhaupt nicht auf die Vielfalt der emotionalen Botschaften ein, die die Kundin ihm sendet. Außerdem interessiert es die Kundin überhaupt nicht, denn Tatsache ist, daß ihr Geschirr nicht da ist. Weitere – immer wieder sehr beliebte – Vorgehensweisen des Verkäufers sind die »Wer hat denn an der jetzigen Situation Schuld«-Frage, und wer ist verantwortlich dafür, daß dieses Problem zustande kam. Durch die Konzentration auf die »Klärung« dieser Schuldfrage statt auf die Lösung des Problems wird die emotionale Betroffenheit der Kundin dann noch gesteigert. Auch weitere emotionale Botschaften wie: »Ich als langjähriger und treuer Kunde habe mich auf Euch verlassen und bin enttäuscht worden« – bleiben unbeachtet.

4. Fehler: Der verärgerte Kunde fühlt sich – zu Recht – unverstanden.
Diese Versachlichung der Reklamation durch den Verkäufer mit dem Hinweis auf den Lieferanten hat zur Folge, daß die Kundin ihr Problem immer wieder erzählt, weil sie sich nicht verstanden fühlt. So kommen die langwierigen und nervenaufreibenden Beschwerdegespräche zustande, die den Charakter von »Kleinkriegen« zwischen den Gesprächspartnern haben und nicht an einer positiven Lösung des Problems des Kunden orientiert sind.

Wenn die Führungskräfte und auch die Mitarbeiter eines Unternehmens sich diese Ursachen bewußt machen, dann ist die Grundlage für eine positive Reklamationsbehandlung geschaffen.

Abschließend zu diesen Überlegungen wird in Abbildung 66 noch einmal zusammengefaßt, »Was Sie auf jeden Fall vermeiden sollten« (vgl. Greff, 1993a, S. 167 ff.; Schuler, 1992h, S. 20, Wanner, 1991, S. 37 ff.).

Was Sie auf jeden Fall vermeiden sollten:

❑ Belehren, »Schulmeistern«
  (»Da hätten Sie eben früher bestellen müssen!...«)
  (»Da hätten Sie doch sofort den Stecker aus der Steckdose ziehen müssen!«)

❑ Sich rechtfertigen, die Verantwortung auf andere oder technische Schwierigkeiten schieben
  (»Ich kann nichts dafür, unser Lager kommt im Moment nicht nach«)
  (»Ach, die Frau Schneider hat Ihnen das verkauft, kein Wunder, da waren Sie ja genau bei der »Richtigen«)

❑ Langwierig Gründe eines Fehlers erklären
  (»Das liegt daran, daß die Tulpenzwiebeln über Holland und dann über Belgien transportiert werden und wenn dann in Belgien gestreikt wird...«)

❑ Die Reklamation in Zweifel ziehen
  (»Das hatten wir noch nie, daß ein Kunde hier Probleme hatte«)
  (»Das gibt es nicht. Das kann nicht sein. Da haben Sie bestimmt etwas falsch gemacht«)

❑ Das Problem herunterspielen
  (»Das geht Ihnen nicht allein so...«)
  (»Sie sind heute schon der 20ste, der anruft«)
  (»Bei dem günstigen Preis muß man eben kleine Mängel in Kauf nehmen«)

Abb. 66: Todsünden der telefonischen Reklamationsbehandlung

Wie können sich Unternehmen und deren Mitarbeiter für die positive und aktive Reklamationsbehandlung fit machen?
Im folgenden werden acht Schritte (vgl. Greff, 1993a, S. 174 ff.; Schuler, 1992h, S. 19 f.; Walther, 1992, S. 153 ff.) zur Behandlung von Reklamationen und zum Umgang mit aufgeregten Kunden beschrieben (siehe Abb. 67). Sie kennzeichnen gleichzeitig den Ablauf eines erfolgreichen Reklamationsgespräches. In der Praxis kann es möglich sein, daß sowohl Verschiebungen in der Reihenfolge als auch Wiederholungen einzelner Phasen angebracht sind, um so den Kunden in der jeweiligen Situation besser »auffangen« zu können und ihn für eine Versachlichung und Lösung des Problems zu öffnen.

Der Prüfstein der Telefonkommunikation

1. Schritt: Aktiv und konzentriert zuhören
2. Schritt: Sachlichen Hintergrund und emotionale Betroffenheit heraushören
3. Schritt: Den emotionalen Knoten lösen; Verständnis ausdrücken
4. Schritt: Sich selbst aufmerksam zuhören
5. Schritt: Sachliches Problem genau erfassen und zusammenfassen
6. Schritt: Gemeinsame Lösung suchen
7. Schritt: Entschuldigen und bedanken
8. Schritt: Nächste Schritte festlegen und zügig handeln

Abb. 67: 8 Schritte zur Behandlung von Reklamationen und für den Umgang mit aufgeregten Kunden

1. Schritt: Aktiv und konzentriert zuhören
Hören Sie dem Anrufer – vor allem am Anfang – konzentriert und aufmerksam zu. Das wirkliche Problem erzählt der Kunde in der Regel schon in den ersten Sätzen. Oft hindern wir uns selbst aber gerade zu Beginn eines Gesprächs am Zuhören, da wir häufig noch nebenbei eine andere Arbeit erledigen, oder wir rufen uns schon die Daten des Kunden vom PC auf und lesen in den entsprechenden Vorgängen.

2. Schritt: Sachlichen Hintergrund und emotionale Betroffenheit heraushören
Es ist eine klare wissenschaftlich fundierte Erkenntnis der Transaktionsanalyse, daß eine Kommunikation auf der sachlichen Ebene nur möglich ist, wenn die emotionale Beziehungsebene keine Probleme und Konflikte aufweist (vgl. Harris, 1990, S. 87ff.; Schulz v. Thun, 1990, S. 134ff.; Watzlawik/Bearin/Jackson, 1990, S. 70ff.).

Deshalb ist es unbedingt erforderlich, zunächst auf der emotionalen Ebene Verständnis zu schaffen, bevor auf der sachlichen Ebene Klarheit geschaffen werden kann.

3. Schritt: Den emotionalen Knoten lösen; Verständnis ausdrücken
Lösen Sie zuerst den emotionalen Knoten. Konzentrieren Sie sich auf die Gefühle und die Betroffenheit des Anrufers und zeigen Sie echtes Verständnis für den Ärger, die Verunsicherung und die Enttäuschung des Anrufers. Erst wenn sich der Kunde verstanden fühlt, lösen sich die emotionalen Blockaden und er ist bereit und offen für die sachliche Lösung seines Problems (vgl. Schuler, 1992h, S. 19).

»Frau Schedel, ich verstehe völlig, daß Sie sich geärgert haben. Mir wäre es wahrscheinlich auch so gegangen. Sicherlich haben Sie sich schon auf das neue Porzellan gefreut.« Eine andere Möglichkeit ist: »Ich verstehe, Frau Schedel, Sie sind jetzt wohl unsicher, ob Ihr neues Porzellan auch wirklich noch geliefert wird.« Oder: »Das ist ja wirklich schrecklich für Sie. Sie sind nun sehr enttäuscht, daß das neue Porzellan bisher nicht geliefert wurde.«

Sprechen Sie offen die Gefühle des Kunden an! Negative Erlebnisse und Probleme lassen sich nicht durch ein »das ist doch alles nicht so schlimm...« oder durch Nichtbeachtung unter den Teppich kehren. Durch das Rückformulieren seiner Gefühle zeigen Sie Ihrem Gesprächspartner, daß Sie ihn verstanden haben und ermutigen ihn, sein Problem und seinen Ärger vollständig loszuwerden.

4. Schritt: Sich selbst aufmerksam zuhören
Hören Sie sich selbst aufmerksam zu. Gerade der aufgebrachte Kunde reagiert auf Nuancen von Zwischentönen besonders empfindlich. Ein Vorwurf im Unterton (»Ja, wann haben Sie denn bestellt...?«) wird den Anrufer noch mehr verärgern und seinen Kampfgeist herausfordern. Belehrungen (»Früh genug! Das hab ich Ihnen doch schon gesagt, mindestens schon vor drei Monaten! Ich kenne ja schließlich Ihre langen Lieferzeiten!«) haben einen ähnlichen Effekt. Streichen Sie deshalb folgende Formulierungen aus Ihrem »Reklamations-Wortschatz«: Sie MÜSSEN, SOLLTEN, HÄTTEN BESSER, ... und JA, ABER ... sowie das Wörtchen DENN (Schuler, 1992h, S. 19).

5. Schritt: Sachliches Problem genau erfassen und zusammenfassen
Definieren Sie das sachliche Problem genau durch Fragen und fassen Sie dieses noch einmal zusammen. Dies zeigt dem Kunden, daß Sie die Wichtigkeit seines Problems verstehen und Ihnen an einer sorgfältigen Lösung gelegen ist. »An welchem Tag findet Ihr Hochzeitsfest statt? Sie brauchen das neue Porzellan also bis spätestens zum...!«

6. Schritt: Gemeinsame Lösung suchen
Suchen Sie gemeinsam mit dem Kunden eine Lösung. »Was können wir tun, damit Sie die Hochzeitstafel mit neuem Geschirr decken können? Können wir z.B. ein ähnliches Service aussuchen, eventuell mit einem anderen Muster oder einer anderen Farbtönung. Was halten Sie davon, wenn wir versuchen, aus anderen Lagern dasselbe oder ein ähnliches Service zu beschaffen?«

Wenn Sie eine Lösung vorschlagen, rückversichern Sie sich immer, ob der Kunde auch einverstanden ist. Sollte es wirklich keine Lösung geben, dann hilft nur eines: Verständnis zeigen und die Situation bedauern. Allerdings muß man dies auch aus Kundensicht sehen. Denn er wird sich fragen: Was bringt mir das?

7. Schritt: Entschuldigen und bedanken

Entschuldigen Sie sich für den Ärger, den der Kunde hatte und bedanken Sie sich für seine Reklamation. »Es tut mir leid, daß Sie soviel Aufregung und Ärger hatten. Ich bin wirklich froh, daß Sie angerufen haben und wir Ihnen helfen konnten! Vielen Dank für Ihr Vertrauen zu uns.«

Achtung: Nur für den Ärger entschuldigen, noch nicht dafür, was möglicherweise passiert ist. Gerade im ersten Gespräch ist oft nicht klar, wie es zu der Reklamation gekommen ist. Erst wenn die Tatsachen geklärt sind, können wir uns, wenn nötig, für Fehler entschuldigen (Schuler, 1992h, S. 19).

8. Schritt: Nächste Schritte festlegen und zügig handeln

Fassen Sie die nächsten Schritte zusammen und behandeln Sie die Reklamation zügig. »Wir unternehmen also jetzt ... Ich rufe Sie in einer Stunde wieder an und sage Ihnen Bescheid, was wir erreicht haben. Sind Sie damit einverstanden?...«

Eigentlich ist es also gar nicht so schwer, aus einer schwierigen Situation herauszukommen und sogar noch ein positives Ergebnis für beide Seiten zu erreichen. Das Ziel ist eine Gewinner-Gewinner-Situation. Erst wenn diese geschaffen ist, wird aus einem reklamierenden Kunden, dessen Beschwerde erfolgreich gelöst wurde, ein Dauerkunde. Das Gespräch über das nicht gelieferte neue Porzellan hätte also anders geführt werden können und müssen.

In Abbildung 68 ist der Gesprächsverlauf und -inhalt wiedergegeben (vgl. Schuler, 1992h, S. 19f.). Hieraus wird ersichtlich, daß nicht vom Verkäufer etwas verlangt wird, was er nicht relativ leicht bei entsprechender Schulung erfüllen kann. Außerdem wird deutlich, daß es sich hierbei um eine übermäßig schüchterne oder entgegenkommende Kundin handelt. Dies ist der erreichbare Normalfall mit einem positiven Ergebnis.

Wie könnte das Gespräch über das zur Hochzeit nicht gelieferte Porzellan-Service besser verlaufen?

VK: »Guten Tag, Firma ... in..., Sie sprechen mit Martina Göbel«
K: »Hier ist Frau Schedel. Jetzt haben Sie mir schon dreimal den Liefertermin für mein neues Service nicht eingehalten! Das Silberbesteck ist schon seit sechs Wochen da, nur nicht das Geschirr und nächste Woche heiratet unsere älteste Tochter. Wir haben das Haus voll Gäste, insgesamt über 20 Personen. Wovon sollen die Leute denn da essen, frag ich Sie? Das alte Service und Besteck hat die Constanze, meine jüngste Tochter, schon mitgenommen in ihre neue Woh-

Der Prüfstein der Telefonkommunikation

nung nach Hannover. Mein Mann, unser Sohn Frank und ich essen schon seit vier Wochen von dem alten – und nicht mehr vollständigen – Geschirr meiner Großeltern. Das geht aber nicht bei der Hochzeitsfeier, dafür reicht es nicht. Wir können doch aber auch nicht verschiedene Teller und Tassen unseren Gästen hinstellen. Was sollen denn die Gäste – und vor allem die Eltern des Bräutigams – denken. Ich verlange, daß Sie mir zusichern, daß das Geschirr nächste Woche geliefert werden!«

VK: »Oh je, das ist ja schlimm, was Ihnen da passiert ist. Es ist ja wirklich nicht schön, mit neuem Silberbesteck von altem, unterschiedlichem Geschirr zu essen..«

K: »Das können Sie glauben! Am meisten ärgert mich ja, daß meine Gäste dann denken, wir können uns noch nicht mal zum Ehrentag unserer Tochter vernünftiges Geschirr leisten.«

VK: »Ja, Frau Schedel, das ist natürlich besonders ärgerlich. Sie wissen jetzt nicht, ob das Porzellan noch rechtzeitig kommt?«

K: »Ja genau, ich brauche es doch dringend zur Hochzeit meiner Tochter, was mach'ich denn nur?«

VK: »Ich helf'Ihnen gerne. Haben Sie gerade Ihre Kundennummer zur Hand, dann schau ich mal nach, was da passiert ist.«

K: »Die hab ich nicht im Kopf und die Unterlagen habe ich im Augenblick nicht griffbereit.«

VK: »Macht nichts, sagen Sie mir nur, wo Sie wohnen und die Postleitzahl, Frau Schedel.«

K: »Ich wohne in Offenbach, Postleitzahl 63065 und der Auftrag muß im August eingegangen sein.«

VK: »Oh je, Frau Schedel, der Hersteller dieses Service hat uns schon dreimal versetzt. Wann findet die Hochzeitsfeier statt?«

K: »Nächste Woche doch schon, deshalb bin ich ja so aufgeregt!«

VK: »Das tut mit leid. Ich glaube, das ist zu unsicher, wenn wir uns da auf die nächste Lieferung verlassen. Lassen Sie uns überlegen, was wir tun können. Kann es auch ein ähnliches Geschirr sein, zum Beispiel mit einem leicht abgewandelten Muster oder einer anderen Farbtönung?«

K: »Hhm, es dürfte dann aber nicht viel anders sein als das »Triangle«-Service. Und das andere Porzellan darf nicht mehr kosten. Das ist Voraussetzung.«

VK: »Sicher, Frau Schedel. Ich werde jetzt herausfinden, ob wir das von Ihnen ausgesuchte Service oder ein ähnliches in einem unserer anderen Lager vorrätig haben. Ist es richtig, daß Sie ein Service für 24 Personen brauchen?«

K: »Ja, genau. Glauben Sie denn, daß das klappt?«

VK: »Ich werde mein Bestes versuchen. Es tut mir auch leid, daß Sie so viel Aufregung und Ärger haben. Ich finde es gut und bin Ihnen dankbar, daß Sie mich gleich angerufen haben. Jetzt können wir sehen, wie wir Ihnen helfen können. Ihre Telefonnummer habe ich ja im Computer gespeichert. Ich rufe Sie in einer Stunde wieder an, um Ihnen zu sagen, wie wir es doch noch hinbekommen. Sind Sie damit einverstanden?«

K: »Ja, sicher, hoffentlich klappt's! Dankeschön!«

(Quelle: Schuler, 1992h, S. 19f., leicht modifiziert)

Abb. 68: Nicht eingehaltener Liefertermin (positives Ergebnis)

Der Prüfstein der Telefonkommunikation

Der wesentliche Indikator dieses Gesprächerfolges ist, daß der Kunde sich in der Regel sogar dafür bedankt, daß der Verkäufer sich für ihn und sein Problem jetzt auch noch intensiv einsetzt. Obwohl es eigentlich eine selbstverständliche Serviceaufgabe und Serviceleistung des Unternehmens ist, einen zugesagten Liefertermin zu erfüllen, kann der Verkäufer sein auf den Kunden ausgerichtetes und entgegenkommendes Verhalten als Erfolg verbuchen.

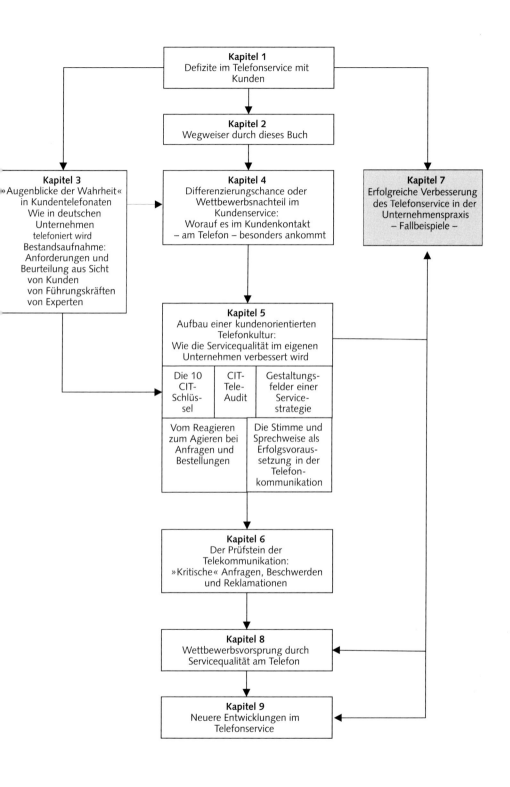

7. Erfolgreiche Verbesserung des Telefonservice in der Unternehmenspraxis
Wie Unternehmen mehr Servicequalität im Kundendialog erreichen

> **Als zentrale Fragen werden in diesem Kapitel behandelt:**
> - Wer bietet guten Telefonservice in der Unternehmenspraxis?
> - Wo setzen die Service-Führer konkret an?
> - Wie wird die Servicephilosophie in die gesamte Markt- und Unternehmensstrategie integriert?

In diesem Kapitel werden einige aktuelle Erfolgsbeispiele aus der Unternehmenspraxis vorgestellt, die für diese Auflage neu ausgewählt wurden. Da sich im Laufe der Zeit die Begrifflichkeiten in Richtung Call Center erweitert haben, werden bereits hier diese Begriffe verwendet. Im 9. Kapitel werden sie inhaltlich erläutert. Die Beispiele zeigen, wie diese Servicephilosophie und die umfassende Kundenorientierung im Unternehmen, und das heißt bei der Unternehmensleitung, dem Management und allen Mitarbeitern, umgesetzt werden. Zugleich wird hieran deutlich, daß viele der vorstehenden Ausführungen mit einem klaren Service-Leitbild, einer nachhaltigen Strategie und dem Willen zur Umsetzung Realität werden können.

Im folgenden werden bewußt Beispiele aus unterschiedlichen Branchen angeführt. Einige der Unternehmen haben amerikanische Mütter. Diese haben demnach ihre Serviceorientierung auf die Konzerntöchter übertragen.

Die Erfolgsbeispiele für eine hohe Servicequalität am Telefon zeigen, daß diese Ansatzpunkte in der Regel in eine auf Wettbewerbsvorteile ausgerichtete Marketingstrategie integriert sind. Die Erkenntnis ist hierbei, daß das Umsetzen einer Marketingstrategie vor Ort vor allem im Service erfolgen muß. Dieser Erfolg vor Ort erfordert neben einem guten Produkt und einer kundenorientierten Marktleistung immer auch eine gute Servicequalität und Telefonkultur im Kundendialog.

Die Beispiele werden nach einem einheitlichen Schema präsentiert. Zunächst wird die Ausgangssituation dargestellt. Nach den an der Strategie ausgerichteten Servicezielen wird die konkrete operative Umsetzung aufgezeigt, und abschließend wird auf die Ergebnisse und Erfolge eingegangen.

Verbesserung des Telefonservice

7.1. Wie die Advance Bank durch objektive telefonische Vermögensberatung versucht, Hauptbankverbindung zu werden

Die Advance Bank versteht sich selbst als erste Direktbank der dritten Generation, also als Vollbank mit komplettem Beratungs- und Dienstleistungsangebot. Dabei bietet sie ihren Kunden neben den Vorteilen des Direkt-Banking, also der Möglichkeit, alle Transaktionen am Telefon abwickeln zu können, innovative Produkte, ein attraktives Preis-Leistungs-Verhältnis, ausgeprägten Service und eine objektive Vermögensberatung (vgl. Advance Bank, 1999a). Das Call Center-Konzept der Bank (zu Call Center siehe Kapitel 9) wurde in Zusammenarbeit mit Andersen Consulting entwickelt und von der ersten Vorstudie an in weniger als zwei Jahren realisiert (vgl. o. V., Computerwoche, 1999a, S. 7). Die Advance Bank ist eine hundertprozentige Tochter der Dresdner Bank AG und übernimmt zusätzliche Call Center-Dienstleistungen für die Muttergesellschaft (vgl. Advance Bank, 1999b).

Die mit dem Call Center verbundenen Ziele wurden vom Management klar formuliert (vgl. Advance Bank, 1999c):
1. Erreichbarkeit an 7 Tagen pro Woche rund um die Uhr
2. Kompetenz durch bankerfahrene und serviceorientierte Mitarbeiter mit detaillierten Produktkenntnissen
3. Bequemlichkeit für den Kunden unter dem Motto:»Erledigen Sie alle Bankgeschäfte via Telefon, Fax oder Internet!«
4. Freundlichkeit, auch bei der Behandlung individueller Fragen.

Langfristig hat die Advance Bank den Anspruch, Hauptbankverbindung zu werden und sieht sich selbst als einzige Direktbank mit objektiver telefonischer Vermögensberatung (vgl. Advance Bank, 1999a).

Die Zentrale des Call Centers befindet sich in München-Neuperlach, wo 160 Kundenberater, speziell geschulte Bankkaufleute, die Anrufe der Kunden entgegennehmen. Servicestandard ist dabei, daß der Kunde spätestens nach dem dritten Klingeln mit einem Berater verbunden wird. Im Falle einer Leitungsüberlastung werden die Anrufe an ein Overflow-Call-Center in Düsseldorf weitergeleitet, ein weiteres Call Center in Wilhelmshaven übernimmt überwiegend Back-Office-Aufgaben sowie die Kontoeröffnungen. Auf den Einsatz von Sprachcomputern verzichtet die Advance Bank vollkommen, da es Bestandteil der Servicephilosophie ist, daß alle Anrufe von einem Menschen und nicht von einem Automaten entgegengenommen werden (vgl. o. V., Computerwoche, 1999a, S. 7).

Die Advance Bank, die erst seit dem 25. März 1996 tätig ist, betreut bereits einen Kundenstamm von etwa 100.000 Kunden. »Die Anstrengungen, die das Call Center-Management hinsichtlich der Servicequalität unternommen hat, führten neben den hohen Kundenneuzugängen zu Erfolgen wie dem 1. Platz unter 112 Call Centern beim 9. Teleperformance Customer Service Award 1997 und 1998 mit Platz 3 als einziges deutsches Unternehmen bereits zum zweiten Mal in Folge auf einem der ersten drei Ränge« (vgl. Advance Bank, 1999b).

.2. Wie Dell durch Intensivierung der Kundenbeziehung seinen Umsatz steigert

Das 1984 von Michael Dell gegründete Unternehmen ist der führende Direktanbieter von PCs weltweit. Der Umsatz des Jahres 1998 betrug 16,8 Mrd. US-Dollar und wird zu rund zwei Dritteln mit Großunternehmen, Behörden und Bildungseinrichtungen getätigt. Dell setzt heute pro Tag über 10 Millionen US-Dollar im Internet um (Dell, 1999). Das Unternehmen entwickelt, baut und testet Desktop-PCs, Notebooks, Workstations und Server und verkauft per Telefon bzw. via Internet.

Ziele des Call Centers (zu Call Center siehe Kapitel 9) sind die Zufriedenheit der Kunden durch eine enge und direkte Kopplung von Hersteller und Abnehmer. Für die Kundenbeziehung spielen die Schnelligkeit der Angebotsabgabe, nämlich noch am gleichen Tag der Anfrage, und der After-Sales-Service eine entscheidende Rolle, so daß die organisatorischen Abläufe im Call Center nach diesem Schema aufgebaut sein müssen, um eine optimale Integration der Prozesse von der Beratung bis zum Support zu gewährleisten (vgl. Härtner, Office Management, 1998, S. 42).

Das Call Center befindet sich in Langen, wo rund 40 fest angestellte Mitarbeiter, die ständig fortgebildet werden, Kundenanrufe entgegennehmen. Jedes System wird nach der Bestellung am Fertigungsstandort in Limerick, Irland, individuell nach Kundenwunsch konfiguriert und trifft spätestens elf Tage nach Bestelleingang beim Kunden ein. Dell vermeidet damit eine kapitalbindende und kostenaufwendige Lagerhaltung (vgl. o. V., FAZ, 1998a, S. 27). Der Support wird in drei Gruppen unterteilt: Die klassische Kundenbetreuung läuft über die Open Support-Line. Die Premium Support Group betreut mittelständische Unternehmen und Großkunden und die Platinum Support Group definierte Großkunden sowie Behörden mit umfangreichen Installationen. Spezialisten aus den einzelnen Produktgruppen fungieren als »Backup« für die Supportgruppen. Über ein eigens konzipiertes Managementwerkzeug namens Quest mißt Dell ständig, wie gut die Servicemitarbeiter am Telefon sind. Dieses Qualitätssicherungssystem umfaßt 136 Meßpunkte im gesamten Verkaufszyklus, so daß auf dieser Basis der Prozeß kontinuierlich optimiert wird (vgl. Härtner, Office Management, 1998, S. 42f.).

Dell führt täglich über 60.000 Kundengespräche, davon 1.200 in Deutschland. Circa 90% aller technischen Anfragen können derzeit am Telefon gelöst werden. Den Reparaturdienst organisiert Dell mit Hilfe von Servicepartnern. Das umfangreiche Serviceangebot allein wirft jedoch keinen Gewinn ab.»Der Service ist zunächst ein Cost Center und kein Profit Center. Die Kosten, die mit dem Service verbunden sind, haben wir in das Produkt eingebunden.«, berichtet Rudi Schuth, Customer Service Manager Central Europe bei Dell (vgl. Härtner, Office Management, 1998, S. 42f.).

7.3. Wie bei DaimlerChrysler der europaweite Kundenservice realisiert wird

Am 15. Oktober 1998 wurde das Customer Assistance Center (CAC) im niederländischen Maastricht eröffnet. Das CAC steht nach der Fusion mit Chrysler sowohl den Mercedes-Benz- als auch den Chrysler-Kunden zur Verfügung. Der 24-Stunden-Service wurde bereits zur Eröffnung in Deutschland, Österreich und den Niederlanden angeboten. Die anderen europäischen Länder werden bis Ende 1999 auf das Call Center aufgeschaltet (vgl. Daimler-Benz, 1999; VBA, 1999).

Die Ziele des Kundenzentrums sind (vgl. Daimler-Benz, 1999; VBA, 1999):
1. Erreichbarkeit an 365 Tagen im Jahr, 24 Stunden am Tag
2. Gebührenfreie Beratung für Kunden aus 17 Märkten in 12 Sprachen
3. Kompetenz durch 450 speziell für die Anforderungen von DaimlerChrysler ausgebildete Mitarbeiter
4. Unterstützung der Kunden bei Notruf, Informationsanfragen, Reklamation, 24-Stunden-Service
5. Optimales Eingehen auf den Kunden durch einheitlich strukturierte Kundendatenbank, die 8 Millionen Kunden gespeichert hat und Bedienung durch Muttersprachler.

Das im Drei-Ländereck befindliche Kundenbetreuungszentrum ordnet die auflaufenden Anrufe sofort dem jeweiligen Länderressort zu, so daß der Anrufer in seiner Muttersprache angesprochen wird. Eingehende Notrufe werden der jeweiligen nächsten Niederlassung von DaimlerChrysler gemeldet, die ihrerseits den Hilferuf an den benötigten Abschlepp- oder Bergeunternehmer weiterleitet. Dadurch ist gewährleistet, daß eingehende Notrufe immer über die örtliche Niederlassung abgewickelt werden (vgl. VBA, 1999).

Bei der Call Center Kongreßmesse in Berlin verlieh der Wirtschaftssenator Wolfgang Branoner den CAt – Award der Call Center World '99 – mit dem zwei innovative Unternehmen ausgezeichnet wurden (zu Call Center siehe Kapitel 9). Im Bereich der im Unternehmen integrierten Call Center gewann DaimlerChrysler den Preis für sein Customer Assistance Center in Maastricht, in dem bis Ende 1999 über 500 Mitarbeiter arbeiten sollen (vgl. Visser, 1999).

4. Wie Xerox durch außergewöhnlichen Kundenservice mehr Kundenbindung erreicht

Nach dem Niedergang von Xerox in den 70er Jahren ist der erfolgreiche Neuanfang vor allem durch eine kompromißlose Kundenorientierung geschafft worden. Anfang der 80er Jahre setzte der Kopierer-Produzent eine konsequente Qualitätsstrategie um (vgl. Grunwald, 1994, S. 397ff.). Seit dieser Zeit hat das Unternehmen eine dynamische Entwicklung genommen. So hat Xerox 1993 insgesamt 25 neue Produkte auf den Markt gebracht, 1997 waren es bereits 95. Das Unternehmen teilt dabei seinen Markt grob in zwei Bereiche ein: Zum einen in den Bereich der industriellen Großkundenlösungen und zum anderen in den restlichen Gesamtmarkt, der von kleinen und mittleren Unternehmen bis hin zum Privatkunden führt. Dabei erhebt Xerox den Anspruch, nicht mehr nur Hersteller von Kopierern zu sein, sondern globaler Wissensmanager in Sachen Document Management, Bearbeitung, Internetpublishing und Archivierung (vgl. Xerox, 1999).

Durch eine umfassende Serviceorientierung und deren Konkretisierung in den Unternehmenszielen sollen neue Kunden gewonnen und die vorhandenen durch Steigerung der Kundenzufriedenheit behalten werden. Dazu dient auch ein effektives Beschwerdemanagement-System, dessen Ziel es ist, alle Beschwerden innerhalb von 48 Stunden zu erledigen. Außerdem wird eine Erschließung neuer, virtueller Absatzwege insbesondere für einfache Produkte angestrebt, wie Telechannel, E-Commerce und der gesamte Internet-Direktvertrieb. Der Dialog mit den Kunden soll intensiviert werden, da das Unternehmen aus den Reaktionen der Kunden lernen will (vgl. Xerox, 1999).

Die Xerox Corporation hat im Zuge der Restrukturierungsmaßnahmen auf allen Kontinenten zentrale Welcome-Center eingerichtet, die den telefoni-

Verbesserung des Telefonservice

schen Support übernehmen und so zu einer besseren Kommunikation mit den Kunden beitragen. Das europäische Call Center befindet sich in Dublin (Irland), dorthin wird auch jeder Anruf innerhalb Europas in Sekundenschnelle geleitet. Die technische Ausstattung des Call Centers ermöglicht es zu erkennen, aus welchem Land der Anrufer kommt, so daß er sofort an einen Native-Speaker geleitet wird, der die Anfrage an einen kompetenten Berater weiterleitet. In 60% der Fälle ist der Berater in der Lage, technische Probleme per Ferndiagnose zu lösen. Dafür hat die Forschungsabteilung des Unternehmens in Palo Alto eigene Software-Diagnoseprogramme entwickelt. Falls eine Anfrage nicht sofort gelöst werden kann, wird sie automatisch an den nächsten Xerox-Kundendienst vor Ort geleitet. Außerdem sind weitere Customer-Support-Center in Deutschland, Großbritannien und Frankreich eingerichtet, die Anrufe bei detaillierten Problemanalysen die Software betreffend übernehmen (vgl. Xerox, 1999).

In Deutschland haben alle Xerox-Mitarbeiter Zugriff auf einen Zentralcomputer. Sobald ein Kunde reklamiert und der Mitarbeiter das Problem nicht direkt lösen kann, werden seine »Informationen« per EDV gespeichert. Bei Anfragen zu Verträgen, Preisen und anderen Informationen sucht das »Customer Query and Complaint System« (CQCS) den zuständigen Mitarbeiter über die Postleitzahl oder die Gebietscodierung. Bei einer Reklamation grenzt der Mitarbeiter mit Hilfe der Software zunächst ein, um welche Art der Beschwerde es sich handelt. Mit Menüfunktionen unterstützt das CQCS die Zuordnung der Beschwerde in den betroffenen Unternehmensbereich, findet automatisch den richtigen Adressaten und leitet die Reklamation an ihn weiter. Alle 15 Minuten zeigt das CQCS dem Empfänger den Eingang von Anfragen und Beschwerden an.

Wird das Problem nicht innerhalb von 48 Stunden erledigt oder der Kunde kontaktiert und eine Lösung mit ihm vereinbart, wird die Reklamation nach einem weiteren Tag per Computer automatisch an den Vorgesetzten weitergeschaltet. Bleibt die Beschwerde auch auf der Vorgesetztenebene unbearbeitet, geht sie nach sieben Tagen an die nächsthöhere Ebene und nach 15 Tagen an den Leiter der Geschäftsstelle. Nach 20 Tagen erhält – im Extremfall – der deutsche Geschäftsführer die Beschwerde. Das Ziel dieser Eskalation auf eine höhere Stufe ist, langwierige Entscheidungsprozesse und Verzögerungen bei der Lösung des Kundenproblems zu verhindern.

Ergebnis des neuen Call Centers von Xerox in Dublin ist »mehr Komfort«, also eine höhere Servicequalität, durch raschere und kompetentere Problemlösungen und im Endeffekt wesentlich weniger Kosten für den Kunden, da bei den Anrufen lediglich lokale Telefonkosten berechnet werden. Seit

Verbesserung des Telefonservice

Einführung des EDV-gestützten Beschwerdemanagement-Systems in Deutschland haben sich die Bearbeitungszeiten für Beschwerden drastisch verkürzt. Derzeit werden fast 70% der Beschwerden innerhalb von 2 Tagen bearbeitet, d.h. der Kunde profitiert von diesem System, da seine Anliegen schneller bearbeitet werden und Irrläufer praktisch ausgeschlossen sind. Für Xerox ist es durch das CQCS möglich, die Ursachen für Reklamationen zu analysieren und somit Schwachstellen der unternehmensinternen Abläufe aufzudecken. Die Problemursachen und die erforderlichen Lösungsschritte dazu werden erfaßt sowie dokumentiert und die Problemfälle bzw. Beschwerden aller Unternehmensbereiche mit Hilfe des Computersystems ausgewertet. Jeder Mitarbeiter hat die Möglichkeit auf die aktuellen Daten zur Lösung von Kundenproblemen zuzugreifen, so daß spätere Reklamationen schneller und effizienter bearbeitet werden können. Die umfangreiche Serviceorientierung des Unternehmens zeigt sich nicht zuletzt in der Tatsache, daß Xerox USA 1997 einer der Malcolm Baldrige National Quality Award-Gewinner war (vgl. National Institute of Standards and Technology, 1999).

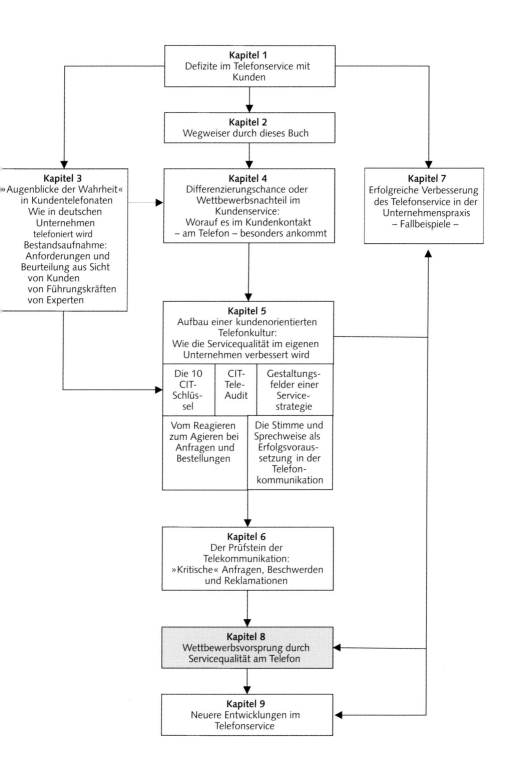

8. Wettbewerbsvorsprung durch Servicequalität am Telefon
Meilensteine, auf die in Zukunft besonders geachtet werden muß

Als zentrale Fragen werden in diesem Kapitel behandelt:
- Wo müssen Sie ansetzen, um die Kundenkontakte mit dem Telefon zu verbessern?
- Wie vergrößern Sie die Zufriedenheit Ihrer Kunden durch zielgerichtete Telefonate?
- Wie hilft Ihnen das Telefon, Kunden fester an Ihr Unternehmen zu binden?

In diesem Kapitel fassen wir die wesentlichen Ansatzpunkte und Inhalte einer telefongestützten Servicestrategie in Fragenform zusammen. Die einzelnen Fragenkomplexe sind dabei nach den Inhaltsbereichen der zehn CIT-Schlüssel untergliedert, wie sie in Abbildung 45 dargestellt sind, um so diesen umfassenden strategischen Ansatz nutzen zu können.

Dies macht es möglich, die Checkliste als Grundlage zu nehmen, um die eigenen Ansätze in dieser Hinsicht einzuordnen, den erreichten Stand im eigenen Unternehmen zu bewerten und zugleich Ansatzpunkte für eine Verbesserung der Servicestrategie zu erhalten.

Servicequalität am Telefon

---

1. Stellenwert des Telefonservice festlegen

- Ist die Servicequalität am Telefon für die Kunden ein wichtiges Kriterium für ihr Kaufverhalten?
- Erreichen Wettbewerber durch optimalen Telefonservice eine höhere Kundenzufriedenheit und Kundenbindung?
- Welchen Beitrag soll der Telefonservice im Rahmen der Unternehmens- und Servicestrategie leisten?
- Ist die Servicequalität Bestandteil der Unternehmensphilosophie und -kultur?
- Welchen Stellenwert hat das Verhalten am Telefon von Mitarbeitern des Unternehmens?
- Gibt es klare Prioritäten für die geforderte Servicequalität am Telefon?
- Sind wesentliche Qualitätsstandards für einen guten und einen exzellenten Telefonservice formuliert?

---

2. Prozeßanalyse zur Defizitermittlung durchführen

- Wie groß ist die Anzahl von Telefongesprächen, die dadurch verloren gehen, daß Ansprechpartner im Unternehmen für Interessenten oder Kunden nicht erreichbar sind?
- Wie groß ist der Anteil der kaufwilligen Interessenten, die nicht verkaufsorientiert beraten werden, so daß es deshalb nicht zu einem Verkaufsabschluß kommt?
- Sind die Mitarbeiter über die Anforderungen der Kunden an die Servicequalität am Telefon informiert?
- Ist die von den Kunden vorgenommene Bewertung der Servicequalität der Mitarbeiter am Telefon den Mitarbeitern bekannt?
- Ist der Stand der Servicequalität im eigenen Unternehmen im Vergleich zu Wettbewerbern bekannt?
- Entspricht das Verhalten der Mitarbeiter am Telefon vollständig dem Anspruch in der Corporate Identity und der Werbung?
- Wie stark wird das Image des Unternehmens durch das Verhalten der Mitarbeiter am Telefon beeinflußt?
- Welchen Einfluß hat das Verhalten der Mitarbeiter im Telefonkontakt auf die Kundenzufriedenheit und Kundenbindung?
- Ist ermittelt worden, welche Kosten die verbesserte Servicequalität verursacht, aber auch welchen entgangenen Umsatz, Deckungsbeitrag und Gewinn ein verlorener Kunde durch unzureichende Servicequalität bewirkt?
- Sind interne Organisationsstrukturen und Zuständigkeiten für eine Verbesserung der Servicequalität am Telefon geklärt?
- Hat das Unternehmen die für die Service-Anforderungen der Kunden nötigen Ressourcen und Leistungskapazitäten?

Servicequalität am Telefon

3. Datenbasis für die Messung der Servicequalität schaffen

- Wird im Unternehmen regelmäßig die Anzahl der eingehenden Anrufe pro Tag gemessen und festgehalten?
- Wie teilen sich die Anrufe in einzelnen Kundengruppen prozentual nach z. B. Produktanfragen, Preisanfragen, Anforderung von Informationsunterlagen, Aufträge und Bestellungen, Kundendienst oder Beschwerden/Reklamationen auf?
- Werden im Unternehmen die registrierten Anrufe nicht nur nach der Art, sondern auch nach dem Zeitpunkt und Ergebnis ausgewertet?
- Liegen detaillierte Informationen vor, wie die Mitarbeiter des Unternehmens Interessenten und Kunden am Telefon behandeln?
- Gibt es ein fortlaufendes Feedback von den Kunden, welche Anforderungen an guten Telefonservice sie stellen und welche Erfahrungen sie mit Mitarbeitern des Unternehmens am Telefon gemacht haben?
- Wird laufend gemessen, in welchem Umfang die Service-Qualitätsziele erreicht werden?
- Wieviel Prozent der Beschwerden/Reklamationen werden entsprechend der formulierten Zielsetzung für den Kunden zufriedenstellend bereits am Telefon gelöst?
- Werden die restlichen Beschwerden innerhalb des in den Servicezielen festgelegten Zeitraumes für den Kunden zufriedenstellend gelöst?
- Werden dann noch bestehende Beschwerden/Reklamationen von Kunden an die nächsthöheren Stellen bis hin zum Geschäftsführer in einem festgelegten Zeitraum weitergegeben?
- Wird die Kundenkartei/Database regelmäßig gepflegt und aktualisiert?

4. Konkrete Ziele für die Verbesserung des Telefonservice festlegen

- Sind klare und eindeutig meßbare Ziele für die Servicequalität am Telefon formuliert worden?
- Sind die Anforderungen der Kunden und Interessenten an das Verhalten der Mitarbeiter am Telefon auch Bestandteile der Servicestrategie?
- Werden alle Mitarbeiter im Unternehmen auf diese Service-Qualitätsziele »eingeschworen«?
- Wissen die Mitarbeiter im Telefonservice, was die Vorgesetzten von ihnen konkret erwarten und wie sie diesen Erwartungen gerecht werden können?
- Werden im Unternehmen finanzielle und sonstige Mittel zur Verbesserung der Servicequalität bereitgestellt?

Servicequalität am Telefon

5. Schnittstellen im Kundendialog reduzieren

- Ist im Unternehmen ein Projektverantwortlicher für die Formulierung, Umsetzung und Kontrolle der Telefonserviceziele und -strategie benannt?
- Gibt es im Unternehmen eine spezielle Abteilung zur Bearbeitung von telefonischen Kundenanfragen als Telefonservice-Pool?
- Gibt es im Unternehmen eine spezielle Abteilung zur Bearbeitung von Beschwerden bzw. Reklamationen?
- Werden im Unternehmen alle Mitarbeiter mit Telefonkontakt über die Zielsetzungen der Telefonservicequalität nicht nur informiert, sondern auch frühzeitig in die Aktivitäten mit einbezogen?
- Werden im Unternehmen Werbe- oder Direktmailing-Aktionen gestartet, ohne die Mitarbeiter der Telefonzentrale über den zu erwartenden telefonischen Response zu informieren?
- Werden im Unternehmen Synergieeffekte beim Telefonkontakt geschaffen z. B. durch Zusatzverkäufe oder Marktforschung bei den Kunden?

6. Erreichbarkeit der Telefonzentrale und der Ansprechpartner sichern

- Sind den Kunden auch die Durchwahlnummern der Ansprechpartner bekannt?
- Wieviel Prozent der Anrufer werden von der Telefonzentrale freundlich begrüßt und richtig weiterverbunden?
- Sind die Mitarbeiter der Telefonzentrale informiert über An-/Abwesenheitszeiten wichtiger Ansprechpartner und deren Vertretungen in den zuständigen Fachabteilungen?
- Ist das Unternehmen telefonisch »rund um die Uhr« erreichbar?
- Besteht eine flexible Telefonservice-Kapazität in Spitzenzeiten?
- Wird bei Personal- oder Kapazitätsengpässen auch das Leistungsspektrum einer externen Telefonserviceagentur genutzt?

Servicequalität am Telefon

7. Telefonhardware als technische Infrastruktur optimieren

- Sind die technischen Voraussetzungen im Unternehmen verfügbar, um das von den Kunden erwartete Niveau an Telefonservicequalität zu bieten?
- Gewährt das automatische Wiedervorlagesystem ein Abarbeiten im terminlichen Zeitplan?
- Sind die Zugriffszeiten auf Daten der Schnelligkeit im normalen Ablauf eines Telefongesprächs angepaßt?
- Ist die Bildschirmführung benutzerfreundlich aufgebaut?
- Existieren Telefonskripte als EDV-gestützter Leitfaden für die Gesprächsführung und Argumentation gegenüber Kunden?
- Können in das vorhandene Kundeninformationssystem neben den quantitativen Kundendaten auch qualitative Daten eingegeben werden?
- Stellt das System dadurch nicht nur quantitative Ergebnisse über die Telefonkontakte, sondern auch aussagefähige Auswertungen z. B. über Kontaktziele, Ergebnisse, Kaufgründe/-widerstände zur Verfügung?
- Wird der Stand der eingesetzten Telefon-Technologie laufend angepaßt?

8. Arbeitsumfeld für die Telefonservice-Mitarbeiter verbessern

- Hat jeder Mitarbeiter einen ergonomischen Telefon-Arbeitsplatz?
- Hat jeder Mitarbeiter einen abgeschirmten Arbeitsplatz ohne Geräuschbelästigung?
- Schaffen Farben, Formen und Licht eine positive Arbeitsatmosphäre?
- Hat jeder Mitarbeiter Zugriff auf EDV-gestützte Daten?

Servicequalität am Telefon

9. Mitarbeiter im Telefonservice schulen und motivieren

- Sind die Anforderungen der Kunden und Interessenten in die Schulungs- und Trainingsmaßnahmen des Unternehmens aufgenommen worden?
- Werden die Mitarbeiter in Gesprächsführung trainiert für eine bessere Kommunikation auf der Sach- und Beziehungsebene?
- Haben die Mitarbeiter genug Produktkenntnis und diesbezügliche Argumentationsfähigkeit?
- Erhalten die Mitarbeiter mit Telefonkontakt – neben klaren Arbeitsanweisungen und Trainingsmaßnahmen – z. B. auch Unterstützungen in Form von Telefonscripts oder Checklisten?
- Sind die Mitarbeiter des Unternehmen berechtigt, eigene Entscheidungen im Rahmen eines bestimmten finanziellen Budgets zum Beispiel bei Reklamationen zu treffen?
- Werden Mitarbeiter im Unternehmen auch danach beurteilt, wie gut sie mit Kunden umgehen können?
- Erhalten die Mitarbeiter im Telefonservice, die sich besonders bemühen und erfolgreich sind, Kunden zufriedenzustellen, finanzielle und/oder sonstige Anerkennungen?
- Wendet das Management genügend Zeit und Ressourcen für die Auswahl und Einstellung von geeigneten neuen Mitarbeitern für den Telefonservice auf?

10. Servicemeetings für kontinuierliche Verbesserungen einrichten

- Werden Servicemeetings als Workshops zur Analyse von Problemen und zur Erarbeitung von gemeinsam getragenen Verbesserungsmaßnahmen regelmäßig durchgeführt?
- Führen die Mitarbeiter eine Selbstanalyse ihrer persönlichen Servicequalität durch z. B. als »Learning-by-doing« im Team bezogen auf Tonfall, Modulation, Sprechweise?
- Erfolgt eine regelmäßige Rückkopplung an die Mitarbeiter über erreichte Erfolge und festgestellte Defizite hinsichtlich der Servicequalität am Telefon?
- Werden Verbesserungsvorschläge der Mitarbeiter berücksichtigt und möglichst schnell umgesetzt?
- Wird im Unternehmen ein Mitarbeiterwettbewerb ausgerichtet, um Ideen zur Verbesserung der Servicequalität am Telefon zu erhalten?
- Wird die Servicequalität vor Ort dadurch vorgelebt, daß das Verhalten der Führungskräfte am Telefon auch den Telefonservicezielen entspricht?

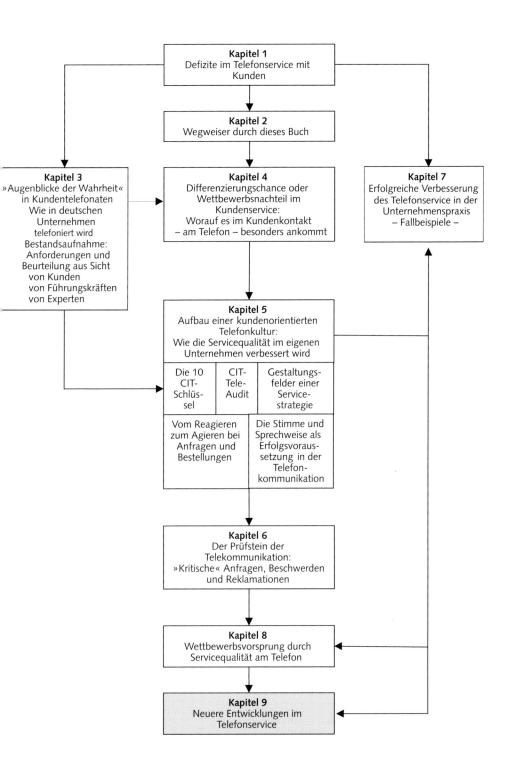

9. Neuere Entwicklungen im Telefonservice
Wie Unternehmen ihren Telefonservice verbessern können

9.1. Komponenten eines erfolgreichen Call Centers

Als zentrale Fragen werden in diesem Kapitel behandelt:

- ❏ Was ist ein Call Center, und wozu wird es im Unternehmen gebraucht?
- ❏ Welche Entwicklungsstufen des Call Centers gibt es?
- ❏ Was sind die 10 Grundsätze des Call Center-Management?
- ❏ Welche Schritte sind beim Aufbau eines Call Centers notwendig?

Was ist ein Call Center, und wozu wird es im Unternehmen gebraucht?

Wenn bei der Umsetzung eines Konzeptes zur Erhöhung der Servicequalität am Telefon erkannt wurde, daß

- ❏ zum einen das Telefon ein wesentliches Instrument zur Erhöhung der Kundenzufriedenheit und Kundenbindung ist und
- ❏ zum anderen erst eine institutionalisierte Form der Servicequalität am Telefon dieses Ziel umfassend erreichen kann,

dann ist dies häufig der Anstoß zum Aufbau und zur Einrichtung eines Call Centers.

Unter einem Call Center wird die Integration von instrumentellen, organisatorischen, technologischen und auf unterschiedliche Kommunikationsmedien bezogenen Bestandteilen eines Systems zur besseren Interaktion mit Kunden verstanden. Das Call Center ist damit ein Instrument, das einen serviceorientierten und effizienten Dialog mit Marktpartnern unter Einsatz moderner Informations- und Kommunikations-Technologien ermöglichen soll.

Da das Hauptziel, ein Call Center einzurichten, darin besteht, die Servicequalität gegenüber Kunden zu verbessern, hat die Ableitung der inhaltlichen, organisatorischen, personellen und technologischen Anforderungen auch aus dieser Sicht zu erfolgen. Von daher ist – wie aus Abbildung 69 ersichtlich – zunächst die Frage zu beantworten, für wen das Call Center aufgebaut wird bzw. an wen es sich richtet. Hieraus folgt unmittelbar die Frage, wie gut es inhaltlich ausgestaltet sein muß. Dies führt in einem späteren Schritt zur

Neuere Entwicklungen im Telefonservice

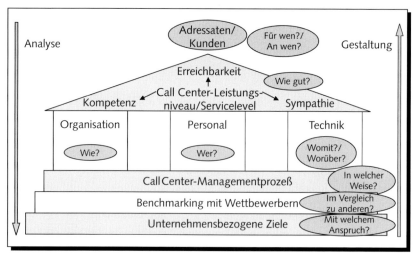

Abb. 69: Call Center-Aufbau – Die Bausteine des Call Center-Tempel

Definition von Standards im Hinblick auf die Erreichbarkeit und das Call Center-Leistungsniveau. Dabei ist zu berücksichtigen, daß es nicht nur um die fachliche Kompetenz, sondern auch um die emotionale Sympathie gehen muß. Einzelbausteine sind die Organisation (Wie?), das dort aktive Personal (Wer?) und die dort eingesetzte Technik (Womit/Worüber?).

Um diese einzelnen Bausteine und die Systemanforderungen optimal aufeinander abzustimmen, ist der Call Center-Managementprozeß klar zu definieren und zu strukturieren. Er hat den reibungslosen Betrieb zum Gegenstand. Das Anforderungsniveau ist dabei im Rahmen eines Benchmarking mindestens an dem Serviceniveau von direkten Wettbewerbern auszurichten. Zugleich ist sicherzustellen, daß die unternehmensbezogenen Ziele klar genug formuliert sind, um das gesamte Call Center-Konzept darauf zu fokussieren.

Welche Entwicklungsstufen des Call Centers gibt es?
Bei der Umsetzung dieses Konzeptes lassen sich im Zeitablauf mehrere Entwicklungsstufen unterscheiden. Sie sind in Abbildung 70 wiedergegeben. Der Entwicklungspfad führt von der Telefonzentrale bis zum Customer Interaction Center. In der Praxis sind die einzelnen Entwicklungsstufen nicht immer eindeutig nachvollziehbar. Es gibt also Überschneidungsbereiche.

Die erste und einfachste Entwicklungsstufe eines Call Centers, die Telefonzentrale bzw. -vermittlung, dient der Vermittlung eingehender Gespräche an

Neuere Entwicklungen im Telefonservice

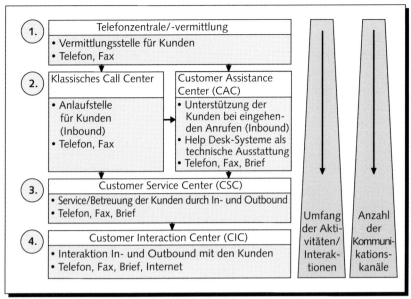

Abb. 70: Entwicklungsstufen des Call Centers – von der Telefonzentrale zum CIC –

die zuständigen Sachbearbeiter. Alle Anrufe bzw. Anfragen werden also weitergeleitet. Auf der zweiten Entwicklungsstufe lassen sich zwei Unterformen unterscheiden. Zum einen das klassische Call Center, das eine Anlaufstelle für anrufende Kunden ist und sich auf eine eng umrissene Aufgabenstellung fokussiert, wie z.B. einfache Auskünfte oder Bestellannahme (vgl. Schulz, Tele Talk, 1999, S. 54). Zum anderen die Weiterführung in Form eines Customer Assistance Center, das dem Kunden bei eingehenden Anrufen Unterstützung gibt, wobei es hier bereits darum geht, die gesamte Dienstleistungspalette im Anwendersupport rund um unternehmensinterne Netzwerke und PCs zu erbringen. Neben Telefon und Fax werden in der Regel auch Briefe als weitere Form der schriftlichen Kommunikation einbezogen. Ist die Anfrage telefonisch nicht lösbar, wird sie an den Benutzersupport weitergeben, der sich dann am Telefon oder persönlich vor Ort der Problemstellung des Anfragenden bzw. Anwenders annimmt. Die Interaktion mit dem Benutzersupport geschieht dabei über spezielle Datenbanklösungen, die es erlauben, Probleme zu erfassen, zu kategorisieren und zu bearbeiten (vgl. Schulz, Tele Talk, 1999, S. 54).

Die dritte Entwicklungsstufe, das Customer Service Center, bietet Service und Betreuung der Kunden nicht nur Inbound, sondern verbindet sie auch mit Outbound-Aktivitäten. Der Umfang der Kontakte nimmt also z.B.

durch spezielle Angebote an Kunden im Rahmen des Direktmarketing deutlich zu.

In der vierten Stufe, beim Customer Interaction Center, steigt nicht nur die Anzahl und Intensität der Kontakte, sondern zusätzlich nimmt die Interaktion durch das gesamte Spektrum der Kommunikationskanäle zu. Hier wird in verstärktem Maße auch das Internet eingesetzt, das durch ein hohes Maß an schneller Interaktion gekennzeichnet ist.

Die Frage ist, auf welcher Stufe ein Unternehmen beginnen sollte, wenn es sich zum Aufbau eines Call Centers entscheidet. Die Antwort hierauf ist eindeutig: Je später der Aufbau und die Einführung eines Call Centers in Angriff genommen wird, desto umfassender sollte die Konzeption zugleich auch in Richtung auf eine höhere – dann bereits realisierbare –Entwicklungsstufe ausgerichtet werden. Mit anderen Worten: Es ist sinnvoll, frühere Entwicklungsstufen gleich zu überspringen oder zumindest relativ schnell zu durchlaufen, um die erforderlichen Lerneffekte zu erreichen. Es liegt auf der Hand, daß die Anforderungen im Hinblick auf das Beherrschen der Instrumente, die organisatorische Gestaltung, die technologischen Voraussetzungen und die Auswahl qualifizierten Personals dabei relativ hoch sind.

Was sind die 10 Grundsätze des Call Center-Management?
Unabhängig von der konkreten Entwicklungsstufe des Call Centers sind eine Reihe von Grundsätzen für die Ausgestaltung und das Niveau zu berücksichtigen. In Abbildung 71 sind 10 Grundsätze des Call Center-Management aufgelistet.

Wie hieraus ersichtlich ist, kommt es zunächst auf eine aussagefähige Analyse der Art und der Anforderungen von Adressaten bzw. Kunden an, um so das gesamte Leistungsangebot des Call Centers darauf ausrichten zu können. Die wachsende Bedeutung von Call Centern als Schnittstelle zum Markt macht es zu einem strategischen Wettbewerbsfaktor und führt in zunehmendem Maße zur Einbindung in die Ziele bzw. Strategie jedes Unternehmens. Somit ist die Service- und Kommunikationsqualität des Call Centers entscheidend, um einem Unternehmen einen strategischen Wettbewerbsvorteil im Markt zu verschaffen. Liegt die Service- und Kommunikationsqualität nicht auf dem erwarteten Niveau der Kunden, kann dies negative Auswirkungen auf das Unternehmensimage haben. Mehr Kundenorientierung wird in höheren Entwicklungsstufen des Call Centers durch eine intensivere Kommunikation zwischen Unternehmen und Kunden erreicht, d.h. durch ein gutes Call Center-Management können Kunden an das Unternehmen gebunden werden. Die im Kundendialog gewonnenen Daten

Neuere Entwicklungen im Telefonservice

> (1) Eine genaue Identifikation der Kunden und die Berücksichtigung ihrer Anforderungen im Leistungsangebot sichern den Erfolg des Call Centers.
>
> (2) Durch die wachsende Verbreitung von Call Centern bei Wettbewerbern gerät ein Unternehmen zunehmend unter Druck, seinen Kunden ein Call Center anzubieten.
>
> (3) Ein Unternehmen kann seinen strategischen Wettbewerbsvorteil nur in dem Maße ausbauen, wie sein Call Center in der Lage ist, die Service- und Kommunikationsqualität zu erhöhen.
>
> (4) Um eine negative Imagewirkung bei auftretenden Problemen und Defiziten zu vermeiden, sind die Erwartungen der Kunden hinsichtlich des Serviceniveaus genau zu eruieren und – zumindest stufenweise – umzusetzen.
>
> (5) Höhere Entwicklungsstufen des Call Centers führen durch eine wechselseitig stärkere und umfassende Interaktion zwischen Unternehmen und Kunden zu einem höheren Niveau der Kundenorientierung.
>
> (6) Das Call Center ist ein Instrument, mit dem Kundenbindung als zentrales Unternehmensziel entscheidend beeinflußt werden kann.
>
> (7) Eine effiziente Nutzung der durch die Kundenkontakte gewonnenen Daten ist nur durch eine Einbindung in das unternehmensweite Informationsflußmanagement möglich, also die Integration des Call Centers in die Unternehmensprozesse.
>
> (8) Kundenorientiertes, d.h. kompetentes und sympathisches Verhalten der Mitarbeiter ist ein zentraler Bestandteil bei der Umsetzung der Ziele des Call Centers.
>
> (9) Ein zunehmender Automatisierungsgrad durch Innovationen im technischen Bereich ist gegenüber der bewirkten Reduzierung individueller Beratung abzuwägen und im Hinblick auf Inhalte und Zielsetzung zu entscheiden.
>
> (10) Durch die steigende Anzahl von Kommunikationskanälen und die damit erhöhten Anforderungen an Personal, Technik und Organisation wird das Call Center-Management zum kritischen Erfolgsfaktor.

Abb. 71: Grundsätze des Call Center-Management

sind in das Informationssystem des Unternehmens einzuspeisen, um sie für die operative und strategische Steuerung effizient im Unternehmen zu nutzen. Entscheidend für die Zielerreichung und damit den Erfolg des Call Centers ist das Verhalten der Mitarbeiter. Sie sind auch durch modernste Technik nur zum Teil ersetzbar, können dadurch aber mit deutlich höherer Produktivität arbeiten. Die Beherrschung der Bausteine des Call Center-Tempels, also Personal, Technik und Organisation, wird durch die Zunahme an Kommunikationskanälen zum kritischen Erfolgsfaktor.

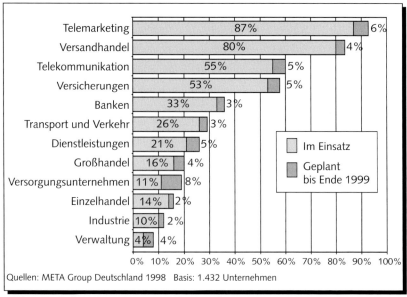

Abb. 72: Call Center-Einsatz nach Branchen

Interessant ist die Information, wie stark Call Center in bestimmten Branchen bereits eingesetzt werden. Abbildung 72 zeigt Ergebnisse einer Befragung von 1.432 Unternehmen in Deutschland (vgl. Scheer, Call Center profi, 1999, S. 19). Wie hieraus erkennbar ist, dominieren eindeutig die Dienstleistungsbranchen. Dies ist insofern leicht nachvollziehbar, da immaterielle Produkte vor allem von der Einschätzung der Kunden abhängen und damit über die Interaktion mit Hilfe eines Call Centers deutlich an Akzeptanz und positivem Image gewinnen können.

Diese empirischen Daten lassen den Schluß zu, daß bei einem härter werdenden Wettbewerb ein Call Center ein wesentliches Instrument ist, auf das immer weniger Unternehmen verzichten können. Damit stellt sich die Frage, wie bei dem geplanten Aufbau eines Call Centers vorgegangen werden soll.

Welche Schritte sind beim Aufbau eines Call Centers notwendig?
Erster Schritt ist üblicherweise eine Situationsanalyse, bei der das vorhandene Serviceniveau im Unternehmen abgeschätzt wird, um noch notwendige Investitionen in EDV-Hard- und Software sowie in die Betriebs- und Geschäftsausstattung herauszufiltern. Diese fließen ebenso wie die Kosten für die Personalauswahl und die laufenden Kosten in einen Business Plan ein

(vgl. Schreiber, Office Management, 1998, S. 41). Die Höhe der Investitionen im Abgleich mit dem erwarteten Nutzen ist ein entscheidendes Kriterium für die Entscheidung über den Eigenbetrieb eines Call Centers oder die Auftragsvergabe an einen Dienstleister. Weitere harte Faktoren sind die Time-to-Market, also die erforderliche Aufbauzeit, und der Auslastungsgrad (vgl. Felgenhauer, Call Center profi, 1998, S. 44f.). Ein Unternehmen darf dabei nicht dem Fehler unterliegen, sich nur auf harte Faktoren zu konzentrieren, denn für den Erfolg eines Call Centers sind die weichen Faktoren, also ausgeprägte Kernkompetenzen auch im sozialen und emotionalen Bereich, eine gute Marktforschung und geschultes Personal, das auf Kunden eingehen kann, mindestens ebenso wichtig, wenn nicht gar noch wichtiger. Auch Wettbewerbs- und Erfolgssensibilität sind Kriterien für die Entscheidung einer Inhouse-Lösung. Eine weitere strategische Fragestellung ist die Standortwahl. Ausschlußkriterien wie Marktnähe, bestimmte Fähigkeiten der Agents oder bereits vorhandene Technik am Stammsitz können die Wahlfreiheit dabei einschränken. Die Kosten alternativer Standorte sind gegeneinander abzuwägen und Fördermöglichkeiten des Staates zu prüfen (vgl. Frerichs, Call Center profi, 1998, S. 38 ff.).

Die Zielsetzungen eines Call Centers werden abgeleitet aus den Unternehmenszielen. Üblicherweise resultieren hieraus die folgenden wichtigen Gründe für den Einsatz eines Call Centers (vgl. Seiwert/Kettemann, Call Center profi, 1998, S. 26; Scheer, Call Center profi, 1999, S. 20):
❏ Verbesserung der Kundenbeziehung, Kundenzufriedenheit und Kundenbindung und damit
❏ Steigerung der finanziellen Ergebnisse,
❏ effiziente und kundenorientierte Gestaltung der Geschäftsprozesse sowie
❏ Unterstützung der Vertriebsaktivitäten, hauptsächlich Erschließung neuer Vertriebskanäle.

Wenn die Entscheidung für den Aufbau eines Call Centers getroffen wurde, dann ist im Rahmen eines Projektmanagement eine Projektgruppe zu bilden, die sich insbesondere auf die Umsetzung der strategischen Ziele Erreichbarkeit, Kompetenz und Sympathie bei ihrer Maßnahmenplanung konzentrieren muß.

Unter Erreichbarkeit sind das Angebot an Kommunikationsmedien, die Kontaktaufnahmedauer sowie die »Öffnungszeiten« eines Call Centers zu verstehen. Mit einem Anteil von 39% ist der 24-Stunden-Service in Deutschland schon sehr weit verbreitet. Jedoch wird dieser Anteil stark von den Call Center-Dienstleistern beeinflußt bzw. getragen, auf die in den Nachtstunden

Neuere Entwicklungen im Telefonservice

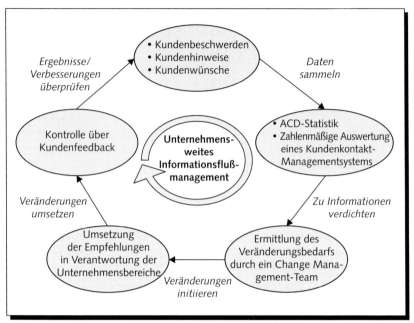

Abb. 73: Das Call Center als Unternehmensspiegel

in vielen Fällen umgestellt wird. Die Gefahr ist also nicht zu übersehen, daßbei Call Centern ohne 24-Stunden-Verfügbarkeit die Servicequalität stark abnimmt, da das Kompetenzniveau nicht gehalten werden kann (o. V., FAZ, 1998c, S. 20).

Die Kompetenz setzt sich aus der Fachkompetenz, der sozialen Kompetenz sowie der Methoden- und kommunikativen Kompetenz zusammen. Die Fachkompetenz ist durch entsprechende Produktschulung und die kommunikative Kompetenz durch Gesprächstrainings mit Leitfragen z.B. durch Monitoring beeinflußbar. Beide haben beträchtliche Auswirkungen auf die Flexibilität der Problemlösung in einem Call Center.

Die soziale Kompetenz spiegelt sich insbesondere im Gesprächs- und Verhandlungsgeschick wider. Dazu gehört die Empathie, d.h. die Fähigkeit sich in andere hineinzuversetzen, ebenso wie die Gesprächsatmosphäre (Freundlichkeit, Verbindlichkeit) als ein Bestandteil der Sympathie. Hier kommt der Mitarbeitermotivation durch das Call Center-Management eine Schlüsselrolle zu (vgl. Thieme/Ceyp, Absatzwirtschaft, 1998, S. 92). Mit Hilfe von Datenbanken für eine unmittelbare Verfügbarkeit von Kundendaten und durch die Festlegung bestimmter Verhaltensregeln im Rahmen des Corpo-

Neuere Entwicklungen im Telefonservice

rate Behaviour kann die individuelle Behandlung der Kunden unterstützt sowie gleichzeitig auch die Sympathie erhöht werden.

Im Rahmen des operativen Ablaufplans sind Schlüsselfragen für die unterschiedlichen Maßnahmenbereiche zu definieren. Das Call Center fungiert damit als Spiegel, den sich ein Unternehmen vorhält, um zu erkennen, ob es in ausreichendem Maße im Sinne des Kunden arbeitet. Die Informationen, die das Call Center dem Unternehmen liefert, sind dabei als Chance zur Verbesserung der Unternehmensprozesse zu sehen.

Da Call Center die Schnittstelle zwischen Markt und Unternehmen bilden, werden so Informationen über die Kunden generiert, die im Rahmen eines Wissensmanagement in das unternehmensweite Informationsflußmanagement zur effizienten Nutzung eingebunden werden können. Die einzelnen Daten, wie etwa Kundenbeschwerden, -hinweise oder -wünsche, werden ständig und strukturiert erfaßt sowie mit Hilfe eines Kundenkontakt-Managementsystems zahlenmäßig ausgewertet (siehe Kapitel 5.1.). Eine solche zahlenmäßige Auswertung bietet beispielsweise die ACD-Statistik (siehe Kapitel 4.3.), die Daten wie das Gesprächsvolumen, den Auslastungsgrad der als zulässig definierten Warteschlange oder die unterschiedliche Zeitdauer der Gespräche enthält. Anhand dieser Informationen kann ein Team notwendige Veränderungen erkennen und dann einleiten.

Dieses Change Management-Team sollte regelmäßig tagen, als festes Mitglied den Call Center-Manager haben und von der Unternehmensleitung in seiner Arbeit unterstützt werden. Dies kann dadurch gefördert und erreicht werden, daß das Team regelmäßig an die Unternehmensleitung berichtet und die Umsetzung der vorgesehenen Veränderungen in den einzelnen Unternehmensbereichen begleitet. Nach der Umsetzung sind die nun bewirkten Veränderungen über das Kundenfeedback zu überprüfen (siehe S. 126). Nur durch ein solches unternehmensweites Informationsflußmanagement, das in Abbildung 73 exemplarisch dargestellt wird, ist es möglich, die im Call Center gewonnenen Daten effizient zu nutzen (vgl. Weisse, Call Center profi, 1998, S. 22 ff.).

Die strategische Bedeutung, die Unternehmen den hierbei gewonnen Informationen beimessen, spiegelt sich vor allem in der organisatorischen Einbindung des Call Centers in das Unternehmen wider. So zeigt eine Studie, daß etwa 60% der Center direkt der Geschäftsleitung zugeordnet sind, 20% werden von Vertriebsleitern und 8% von Marketingverantwortlichen geführt (vgl. o. V., FAZ, 1998c, S. 20).

Wie bereits angesprochen wurde, sind die Mitarbeiter der zentrale Faktor für den Erfolg eines Call Centers. Zunächst ist anhand der Kapazitätsplanung der Personalbedarf in quantitativer und qualitativer Hinsicht zu ermitteln. Die folgenden Aktivitäten zur Personalrekrutierung können sowohl intern als auch extern erfolgen, wobei gerade bei Call Centern die interne Personalbeschaffung aufgrund des bereits vorhandenen Fachwissens vorteilhaft erscheint. Generell schließen sich hieran Qualifizierungsmaßnahmen an (siehe S. 115f.).

Die Personalrekrutierung erfolgt in 5 Stufen (vgl. Schuler/Holzmann, Call Center profi, 1997, S. 29ff.):
1. Erstellen eines Aufgaben- und Tätigkeitsprofils
2. Ableitung eines Anforderungsprofils mit fachlichen, sozialen und kommunikativen Komponenten
3. Gezielte Ansprache von Bewerbern intern oder extern
4. Telefoninterviews, mit denen die grundsätzliche Eignung überprüft wird
5. Persönliche Auswahl in Form von Einzelgesprächen, Round-Table-Gesprächen oder Assessment-Centern.

Da in Call Centern häufig eine hohe Fluktuation besteht, kommen Maßnahmen zur Personalentwicklung eine hohe Bedeutung zu. Dazu gehören insbesondere spezielle Trainings zur Verbesserung der fachlichen und der kommunikativen Fähigkeiten sowie die Motivation der Mitarbeiter. Das Ziel ist, qualifizierte Mitarbeiter zu erreichen und ihnen eine herausfordernde Arbeit zu bieten, die zugleich – trotz des Arbeitsstresses – persönliche Zufriedenheit ermöglicht.

Die Technik eines Call Centers hat nicht den Stellenwert, den die Mitarbeiter einnehmen, da sie relativ schnell austauschbar ist und keinen dauerhaften Wettbewerbsvorteil bieten kann. Für den reibungslosen Ablauf eines Call Centers ist jedoch die technische Ausstattung die Basis. So muß das Projektteam beispielsweise die Auswahl der Telekommunikations-Anlage oder der speziellen EDV treffen. In diese Entscheidung sollten vor allem Überlegungen hinsichtlich der Kompatibilität mit weiteren modularen Systemteilen oder die Möglichkeit der späteren Einbindung des Internet einfließen.

Eine Hilfestellung für den erfolgreichen Aufbau eines Call Centers, das für viele Unternehmen ein neuartiges Instrument bedeutet, ist die Kenntnis der Umsetzungsprobleme und Stolpersteine, die in anderen Unternehmen bei einem derartigen Vorhaben aufgetreten sind. Aus der Erfahrung heraus beurteilt liegen sie sowohl im personellen, organisatorischen als auch im technischen Bereich. Mit anderen Worten treten bei einem derartigen Vorhaben in allen diesen Bereichen Risiken auf, die es im Vorfeld und damit möglichst frühzeitig zu erkennen und zu vermeiden gilt.

Neuere Entwicklungen im Telefonservice

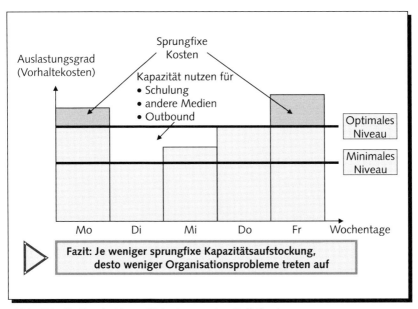

Abb. 74: Optimale Kapazitätsplanung im Call Center

Das oft größte Problem, das in Call Centern existiert, ist der Auslastungsgrad, da – verteilt über einen bestimmten Zeitraum – das Anrufaufkommen nur bis zu einem gewissen Maße planbar ist. Wie aus Abbildung 74 ersichtlich ist, spielt bei einem Call Center die Frage der Vorhaltekosten eine wichtige Rolle: Ein niedriges Niveau kann dazu führen, daß das Anrufaufkommen an anderen Tagen nicht bewältigt wird, was hohe sprungfixe Kosten durch zusätzliche Personalbeschaffung nach sich zieht. Ein höheres Niveau impliziert wiederum ein Nichtauslasten der vorgehaltenen Kapazitäten und damit des Personals, wobei bei geringerer Auslastung des Call Centers ein gewisser Prozentsatz der Zeit für Schulung, Bearbeitung anderer Medien oder Outboundaktivitäten genutzt werden kann. Deshalb ist genau das Niveau optimal, bei dem diese Aktivitäten die Überkapazitäten ausgleichen.

Ein weiteres Problem ergibt sich derzeit durch zu wenig qualifiziertes Personal, da der Markt das gesamte verfügbare Call Center-Personal aufsaugt. Diese Marktknappheit führt innerhalb der Branche zu Abwerbungen und damit zu extrem hoher Fluktuation sowie zum »kometenhaften« Emporschnellen der Gehälter. Experten diskutieren deshalb über die Beseitigung des Defizits durch eine IHK-Ausbildung oder Call Center-Akademien. (vgl. Kirsten-Roos/, Call Center profi, 1998, S. 10ff.). Eine weitere Fluktuation entsteht durch den sogenannten Burn-Out, hervorgerufen u. a. durch mangelnde Akzeptanz der Call Center-Aufgaben, Streß, einseitige, ständige Routinetätigkeiten und mangelnde persönliche Konfliktbearbeitung. Bewältigt werden kann dieses Problem durch eine sorgfältige, den Ansprüchen gerecht werdende Personalauswahl (siehe S. 116), umfassende Telefonagent-Ausbildung und ein positives, leistungsförderndes Klima mittels partizipativer Personalführung. In einem Trainingsprogramm sind dem Agenten Techniken des Streßmanagement auf kognitiver, emotionaler, muskulärer und vegetativer Ebene zu vermitteln (vgl. Fetzner, Call Center profi, 1998, S. 46 ff.).

Bei der Technik ist neben der Kompatibilität für zukünftige Anschaffungen die Anwenderfreundlichkeit entscheidend. Ein durch EDV gut unterstützter Gesprächsverlauf kann das umständliche Wechseln zwischen den Computer-Masken verhindern und so dem Agenten die Arbeit erleichtern.

Weiterhin ist zu beachten, daß ein Defizit im Bereich der Organisation, des Personals oder der Technik sofort die beiden jeweils anderen Bereiche beeinflußt. Beispielsweise führt eine unzureichend beherrschte Technik, resultierend aus schlechter Schulung oder Streß, zu einer schlechten Performance gegenüber dem Kunden und damit zu einem Versagen im Hinblick auf den eigentlichen Zweck des Call Centers, die Servicequalität für den Kunden zu erhöhen. Streß entsteht wiederum aufgrund organisatorischer Unzulänglichkeiten, aber auch durch psychische Überforderung, Zeitmangel und Hektik. Eine gute Arbeitsorganisation muß daher die Ergonomie, den Schallschutz und geringe Bildschirmspiegelung am Arbeitsplatz gewährleisten. Die EDV-Programme sollten nicht der EDV-technischen Logik folgen, sondern dem Gesprächsverlauf angepaßt sein und die Möglichkeiten dieser Systeme von den Agents durch ausreichende Schulung ausgenutzt werden. Pausen sind eher kürzer und dafür öfter einzulegen, um sich von der kontinuierlichen, fremdbestimmten Belastung zu erholen (vgl. Schuler, Call Center profi, 1998, S. 29).

Die entscheidende Frage ist letztendlich, ob die angebotene Leistung des Call Centers dem erwarteten Serviceniveau des Kunden entspricht. In Abbildung 75 sind die wesentlichen Umsetzungsprobleme der Servicequalität aufgelistet. Dabei lassen sich insgesamt sieben Lücken erkennen.

Die Analyse der Gaps entspricht konzeptionell dem Ansatz von Zeithaml/ Parasuraman im Hinblick auf die Diskrepanz zwischen erlebtem und erwartetem Service (Lücke 7). Sie resultiert aus den sechs anderen Lücken, die als Ursache der Lücke 7 in den Defiziten innerhalb der Vorstufen liegen können. Die Lücken 3, 4, 5 und 6 sind typische Call Center-interne Lücken und

Neuere Entwicklungen im Telefonservice

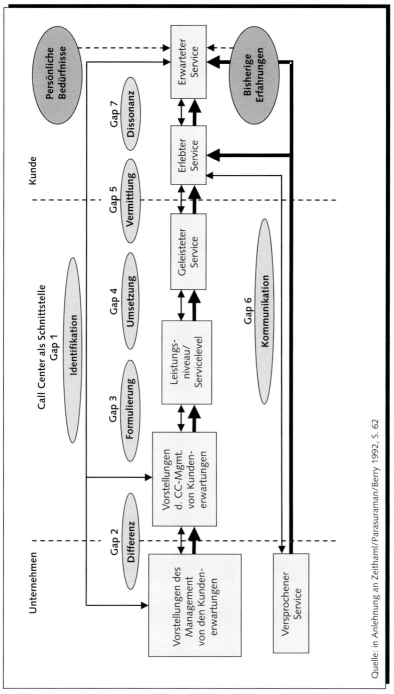

Abb. 75: Umsetzungsprobleme der Servicequalität

beschreiben Management- und Vorsteuerungsprobleme im Call Center. Lücke 3 zeigt beispielsweise die Abweichung auf zwischen den Vorstellungen des Call Center-Management über die Kundenerwartungen und dem, was das Management als Leistungsniveau/Servicelevel formuliert. Die Lücke 2 veranschaulicht die Differenz zwischen dem Unternehmensmanagement und dem Call Center-Management hinsichtlich der Ziele und des Einsatzes des Call Centers. Die Lücke 1 stellt die Brücke von der internen zur externen Sicht dar. Sie zeigt auf, ob das Unternehmen bzw. das Call Center die Erwartungen des Kunden überhaupt richtig einschätzt und ist damit primär ein Marktforschungsproblem.

Dieses GAP-Modell zeigt die Hürden auf, welche überwunden werden müssen, um eine qualitativ hochwertige Leistung zu erbringen.

9.2. Einfluß des Internet auf den Call Center-Managementprozeß

> **Als zentrale Fragen werden in diesem Kapitel behandelt:**
>
> ❑ Welche neuen Möglichkeiten ergeben sich durch das Internet für den Kunden, mit dem Call Center eines Unternehmens Kontakt aufzunehmen?
> ❑ Welche Auswirkungen haben diese neuen Kommunikationsmedien auf den Call Center-Managementprozeß?
> ❑ Welche operativen Maßnahmen sind erforderlich, um die Bearbeitung effizient zu gestalten?

Durch das Internet, das erstmals 1992 der Öffentlichkeit zur Verfügung gestellt wurde, entstehen für den Kunden neue Möglichkeiten, mit dem Call Center eines Unternehmens Kontakt aufzunehmen. Daher werden auch an das Call Center-Management neue Anforderungen hinsichtlich der Einbindung des Internet in die Prozesse und der Führung des Call Centers gestellt.

Die individuellen Vorteile der beiden Medien Telefon und Internet ergänzen sich gerade für den Call Center-Betrieb hervorragend. So ermöglicht das Telefon eine Sprachübertragung und somit mündliche Kommunikation zwischen zwei Menschen in »real time«, und diese kann weltweit und jederzeit, vorausgesetzt das Call Center ist besetzt, erfolgen.

Zusätzlich dazu bietet das Internet geschriebene Informationen, die jederzeit und weltweit verfügbar sind und mit denen sich Marktpartner – auch unter Berücksichtigung der Zeitverschiebung – in Ruhe befassen können (vgl. Fuzinski/Meyer, Call Center profi, 1997, S. 9).

Neuere Entwicklungen im Telefonservice

Man unterscheidet derzeit zwischen drei verschiedenen Möglichkeiten der Kommunikation, bei denen Call Center und Internet unterschiedlich kombiniert werden: Die Textkommunikation umfaßt e-mails, Chats und Internet-Formulare, die kombinierte Kommunikation (Call-(Me)Back-Buttons) verknüpft bei der Interaktion das Telefon mit dem Computer und die integrierte Kommunikation (Push-to-talk-Button) benötigt nur noch den Computer, so daß hier ein Telefon entbehrlich wird (vgl. o. V., Tele Talk, 1999c, S. 72).

Die durch das Internet neu entstandenen Möglichkeiten der Kontaktaufnahme mit dem Call Center eines Unternehmens erfordern unterschiedliche Maßnahmen, um die Bearbeitung effizient zu gestalten.

Große Bedeutung kommt dabei schon derzeit der Bearbeitung und Beantwortung von e-mails zu. Ihre Bearbeitung wird teilweise als Rückschritt betrachtet, da die schriftliche Bearbeitung erheblich mehr Zeit in Anspruch nimmt als eine Klärung am Telefon (vgl. o. V., Tele Talk, 1999c, S. 76).

Dennoch ist diese Aussage zu relativieren, denn verschiedene Systeme erlauben bereits eine zeitsparende und effiziente Bearbeitung der e-mails. So werden e-mails beispielsweise mit Hilfe linguistischer Verfahren anhand der Betreffzeile gefiltert und geroutet, so daß sie in Geschäftsvorfälle wie Bestellung, Anfrage, Reklamation, Adreßänderung oder Kündigung eingeteilt und anschließend an die zuständigen Mitarbeiter weitergeleitet werden können. Zudem sind gerade die sicherlich noch nicht ausgereiften, aber dennoch sehr vielversprechenden Möglichkeiten zur halbautomatischen und vollautomatischen Beantwortung interessant für die künftige Bearbeitung im Call Center. Bei der halbautomatischen Beantwortung werden dem Agenten mehrere Antwortmöglichkeiten geboten, aus denen er sich dann die seiner Meinung nach richtige auswählt. Im Unterschied dazu werden bei der vollautomatischen Beantwortung diese Antwortmöglichkeiten dem e-mail-Kunden direkt zur Auswahl angeboten (vgl. Kruse, Call Center profi, 1998, S. 12f.). Eine weitere Möglichkeit zur Reduzierung des Arbeitsaufwandes bei der e-mail-Bearbeitung stellen sogenannte FAQ's (Frequently Asked Questions) dar, die auf den Webseiten des Unternehmens bereitgestellt werden und Antworten auf häufig gestellte Fragen enthalten. So können Kunden bereits jene Informationen erhalten, die eine e-mail Anfrage erübrigen. Einen Sonderfall der e-mails stellen voice-mails dar, die gesprochene Textnachrichten enthalten und auf gleichem Wege wie schriftliche e-mails verschickt werden. In ihrer Bearbeitung unterscheiden sie sich nur unwesentlich, so daß man sie organisatorisch durchaus zusammenfassen kann. Da die Bearbeitung zeitverzögert, also asynchron, erfolgt, ist es empfehlenswert, den Mitarbeitern bestimmte Fristen zur Beantwortung vorzugeben.

Eine andere Form schriftlicher Kommunikation via Internet stellt der Chat dar. Im Unterschied zur e-mail erfolgt hier allerdings die Kommunikation in Echtzeit, so daß bei der Handhabung andere Anforderungen an die Organisation der Bearbeitung gestellt werden. Während e-mails in Zeiten geringerer Auslastung bearbeitet werden können und so zu einer Nivellierung der Überkapazitäten führen, müssen Chats wie Anrufe sofort bei Eingang bearbeitet werden, so daß hier eine genaue Kapazitätsplanung sehr problematisch sein kann. Unterstützung bieten hier vor allem Textbausteine, die Agents zur Verfügung gestellt werden können.

Häufig werden von Unternehmen auch Formulare angeboten, die Kunden im Internet ausfüllen können. Besonderer Schwerpunkt liegt hier auf Formularen zur Bestellung, zur Anforderung von Informationsmaterialien, wie etwa Geschäftsberichte o. ä., aber auch für Beschwerden. Vorteilhaft für das Unternehmen ist natürlich die leichte Zuordnung zur jeweils zuständigen Stelle durch die starke Standardisierung derartiger Internet-Formulare. Problematisch kann allerdings das Ausfüllen für den Kunden werden. Dem kann mittels Ausfüllhilfen entgegengewirkt werden, was nicht nur den Kunden unterstützt, sondern sicher auch zur Vermeidung von Fehlern beiträgt und somit Bearbeitungszeiten innerhalb des Call Centers verringert. Die Rückmeldung an den Kunden kann dann entweder durch eine schriftliche Mitteilung (e-mail) oder ein Telefonat erfolgen.

Gemeinsam ist den verschiedenen Möglichkeiten der Textkommunikation via Internet, daß sie zusätzliche Anforderungen an das Personal stellen, da es neben der telefonischen Tätigkeit auch eine bestimmte Qualifikation hinsichtlich orthographischer und grammatikalischer Fähigkeiten aufweisen muß. Dabei ist grundsätzlich natürlich die Entscheidung darüber zu treffen, ob spezielle Agents für die Textkommunikation eingesetzt werden oder ob die vorhandenen Mitarbeiter neben ihrer fernmündlichen Kommunikation derartige Aufgaben übernehmen, was eine Fortbildung erfordern würde.

Ist auf den Internetseiten eines Unternehmens ein sogenannter »Call-(Me)Back-Button« verfügbar, so spricht man von kombinierter Kommunikation. Hierbei kann der Anwender bei Bedarf auf diesen Button klicken und wird daraufhin vom Call Center zurückgerufen. Verfügt der Kunde nun über mehrere Telefonleitungen, so kann der Kunde während des Rückrufes im Internet surfen und vom Agenten durch das Internet geführt werden oder andere Hilfestellungen erhalten. Der Vorteil für den Kunden liegt auf der Hand: Individuelle Beratung und die Kostenersparnis des Gespräches, da er vom Call Center zurückgerufen wird.

Neuere Entwicklungen im Telefonservice

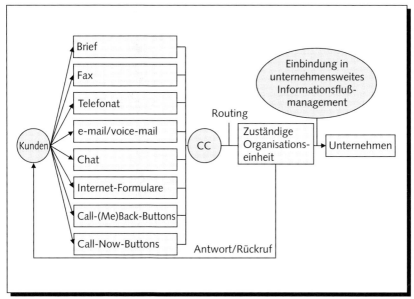

Abb. 76: Zusammenführung der verschiedenen Kommunikationswege

Eine andere Möglichkeit und wesentlich mehr Komfort für den Kunden stellt der Service dar, bei dem parallel eine Internet-Verbindung zwischen dem Anwender und dem Call Center-Agenten besteht. Dabei kann der Agent den Kunden online durch das Internet führen, Videobilder per Internet übertragen oder eigens für den Kunden generierte Anwendungen auf dem Monitor bereitstellen (vgl. o. V., Tele Talk, 1999b, S. 78).

Die integrierte Kommunikation ersetzt schließlich das Telefon durch den Computer in dem Sinne, daß auch die mündliche Kommunikation über das Internet erfolgt. Dies geschieht in der Regel über den sogenannten »Push-to-talk-Button« oder »Call-Now-Button«, der auf den Internetseiten vom Anwender gedrückt wird und sofort eine Verbindung zum Call Center aufbaut. Ziel ist die sekundenschnelle telefonische Verbindung des Kunden mit dem Ansprechpartner (vgl. Kruse, Call Center profi, 1999, S. 59). Dabei wird die Sprache durch eine spezielle Software in Daten umgewandelt, in Pakete zerteilt und über das Internet verschickt. Voraussetzung ist ein multimediafähiger PC, also mit Soundkarte, Boxen und Mikrofon, sowie eine spezielle Software zur Umwandlung der Daten. Diese Anforderungen stellen jedoch kein Hindernis dar, da multimediafähige PCs bereits als Standard im Handel angeboten werden und somit zunehmende Verbreitung finden, und die notwendige Software von den Unternehmen als Download auf den Internetseiten zur Verfügung gestellt wird. Das entscheidende Argument für die Internet-Telefonie sind jedoch die geringen Kosten für beide Seiten, da diese nur bis zum jeweilig nächsten Einwahlknoten des Providers anfallen. Das impliziert, daß sogar Anrufer aus der ganzen Welt fast immer zum Ortstarif telefonieren können.

Diese Fülle an Kommunikationswegen und Möglichkeiten für den Kunden (siehe Abb. 76), mit dem Call Center eines Unternehmens Kontakt aufzunehmen, stellt neue Anforderungen an das Call Center-Management insbesondere im Hinblick auf organisatorische Maßnahmen mit dem Ziel der effizienten Nutzung der im Call Center gewonnenen Informationen und deren Einbindung in das unternehmensweite Informationsflußmanagement.

Eng damit verbunden ist die Entscheidung darüber, ob die Teams innerhalb des Call Centers entsprechend bestimmter Themenbereiche oder spezieller Medien gebildet werden sollen. Ersteres erfordert bezüglich der fachlichen Qualifikation erhöhtes Spezialwissen und Fähigkeiten im Umgang mit den verschiedenen Kommmunikationsmedien. Werden Teams dagegen entsprechend bestimmter Medien gebildet, also etwa ausschließlich für die Beantwortung von e-mails, erfordert dies generalisiertes Wissen in bezug auf die Fachkompetenz sowie spezielles Wissen im Hinblick auf die Anwendung vorher festgelegter Medien.

Neben den erhöhten Anforderungen an die Qualifikation des Personals entsteht natürlich auch ein höherer Anspruch an die technische Ausstattung eines Call Centers. Außer den speziellen Software-Entwicklungen, wie die bereits erwähnten linguistischen Verfahren zum Routen der e-mails, werden auch technische Ausstattungen wie die CTI-Technik zunehmend eingesetzt.

Die CTI-Technik ermöglicht ein Zusammenspiel von Telefon und Computer. Dabei wird ein eingehender Anruf sofort an eine CTI-Anlage geleitet, die dann den Anrufer anhand seiner Rufnummer identifiziert, auf die Datenbank zugreift und dem Agenten die Daten des Kunden direkt mit Hilfe eines sogenannten »Pop-up-Screen« auf den Bildschirm legt. So ist eine individuelle und zügige Behandlung des Kunden möglich.

Gerade die rasante Entwicklung technischer Anwendungen und der damit verbundene erhöhte Qualifizierungsdruck stellen für ein Unternehmen ein erhebliches Investitions- und Kostenvolumen dar, das gegenüber der verbesserten Kundenzufriedenheit abzuwägen ist.

4.3. Bewertung und zukünftige Entwicklung

> Als zentrale Fragen werden in diesem Kapitel behandelt:
>
> ❑ Worauf ist bei der konkreten Umsetzung zu achten, damit der Einsatz neuer Medien tatsächlich zu einer Verbesserung der Kundenzufriedenheit führt?
> ❑ In welchem Umfang werden die neuen Kommunikationsmedien bereits in der unternehmerischen Praxis genutzt?
> ❑ Wie wird das Call Center der Zukunft im Hinblick auf Organisation, Personal und Technik aussehen?

Während bisher die neuen Kommunikationsmedien lediglich im Hinblick auf die Anforderungen, die nun an das Call Center-Management gestellt werden, betrachtet wurden, soll im folgenden darauf eingegangen werden, wie die neuen Medien tatsächlich in die Arbeit der Call Center Eingang gefunden haben und welche Risiken, aber auch Chancen sie bergen.

Eine Befragung unter Call Center Betreibern zeigt, daß derzeit die sogenannten »Low-Level-Dienste«, also die reine Textkommunikation und die Varianten der Call-Back-Dienste, am weitesten verbreitet sind (vgl. o. V., Tele Talk, 1999b, S. 79).

Die bei der e-mail-Bearbeitung zunehmend Verbreitung findende vollautomatische Beantwortung, die zweifellos das Call Center entlastet, ist jedoch im Hinblick auf die Ungenauigkeit der Antwort problematisch. Da auch das Repertoire dieser Software relativ begrenzt ist, erhält ein Kunde häufig Antworten auf Fragen, die er gar nicht gestellt hat. So wird auch für den Kunden offensichtlich, daß ihm keine individuelle, sondern eine standardisierte Behandlung zuteil wurde. Damit wird das primäre Ziel, nämlich die Kundenzufriedenheit zu erhöhen, eher negativ beeinflußt.

Bei einer von der Firma NetWorks durchgeführten Untersuchung über die e-mail-Kultur von Unternehmen ergab sich zudem ein Ergebnis, das auf die noch unzureichende Bedeutung hinweist, die der Bearbeitung von e-mails derzeit beigemessen wird. So betrug bei den 400 befragten Unternehmen die durchschnittliche Bearbeitungszeit für e-mails 1,5 Tage, angeforderte Unterlagen wurden in nur 46% der Fälle und innerhalb von 3,5 Tagen verschickt. Außerdem wurden in 25% der Fälle für die Tester erkennbare Standardtexte eingesetzt. Sowohl die durchschnittlichen Responsezeiten variierten je nach Branche von 1,5 bis zu 5 Tagen als auch die Rücklaufquoten, die zwischen 22 und 86% lagen (siehe Abb. 77, vgl. Kruse, Call Center profi, 1998, S. 11).

Neuere Entwicklungen im Telefonservice

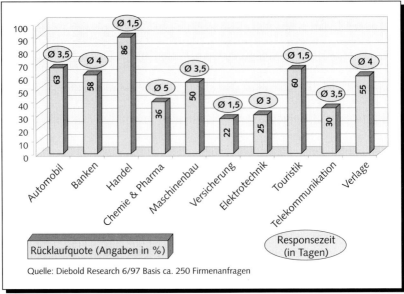

Abb. 77: Rücklaufquoten und durchschnittliche Responszeiten von e-mails (branchenübergreifende Betrachtung)

Außerdem nimmt das e-mail-Aufkommen durch die steigende Anzahl an Usern ständig zu. So erhält beispielsweise der Neckermann-Versand durchschnittlich 350 e-mails pro Tag, das entspricht einer Steigerung von 300% gegenüber dem Vorjahr (vgl. Kruse, Call Center profi, 1998, S. 10).

Diese Daten lassen den Schluß zu, daß bisher der kundengerechten Bearbeitung von e-mails zu wenig Beachtung geschenkt wurde, dies aber in Anbetracht der daraus resultierenden negativen Sympathiewirkung in Kürze geändert werden sollte.

Für die synchrone Textkommunikation (Chats) gilt ähnliches wie für die Bearbeitung von e-mails. Auch hier sollten die Textbausteine, die den Agents eine schnellere Beantwortung ermöglichen, als solche nicht erkennbar sein. Allerdings übernimmt in diesen Fällen keine Software das Erkennen von Schlüsselwörtern und die Zuordnung von Antworten, sondern der Agent ist hier gezwungen, die Anfrage des Kunden persönlich zu lesen und darauf zu antworten, so daß ungenaue oder unzutreffende Antworten eher die Ausnahme sind. Chats haben derzeit im Gegensatz zu e-mails eine eher untergeordnete Bedeutung für die Unternehmen, da diese kaum in Call Centern eingesetzt werden.

Neuere Entwicklungen im Telefonservice

Wie bereits erwähnt, wurde auch die kombinierte Kommunikation in Form von Call-(Me)Back-Diensten in der Mehrzahl der Call Center implementiert. Im Gegensatz dazu wird sich nach Auffassung von Call Center-Dienstleistern die komfortablere und technisch anspruchsvollere Internet-Telefonie in Call Centern frühestens in zwei bis drei Jahren durchsetzen (vgl. o. V., Tele Talk, 1999b, S. 79). Dabei ergeben sich die Potentiale der Internet-Telefonie vor allem aus den Vorteilen, die sowohl dem Nutzer als auch dem Call Center-Betreiber erwachsen. Die Vorteile für den Nutzer liegen vor allem darin, daß er, anstatt eine e-mail abzusenden, die möglicherweise nie beantwortet wird, eine bequeme und persönliche Sprachverbindung mit sofortiger Antwort erhält. Der Call Center-Anbieter seinerseits kann gezielt auf Kundenwünsche eingehen, die Anfragen sofort und effizient beantworten und die Möglichkeit des Cross-Sellings nutzen (vgl. Bauerfeld, Office Management, 1998, S. 51).

Nicht zu vergessen sind die erheblichen Einsparpotentiale, die durch die nur bis zum nächsten Einwahlknoten anfallenden Gesprächskosten entstehen. Gerade für Unternehmen, die ihr Call Center für eine Region zentralisieren, wie etwa das in Irland angesiedelte und für ganz Europa zuständige Call Center von Xerox, ist dies besonders relevant, da die Kunden nur zum Ortstarif telefonieren und der Rest der dabei anfallenden Kosten vom Call Center übernommen werden.

Die IP-Telefonie kann jedoch mehr als nur Kosten sparen, denn gerade im Kundenservice können entscheidende Verbesserungen realisiert werden. Zu den Pionieren im Einsatz der IP-Telefonie gehört die Cornèr Banca, eine Privatbank im schweizerischen Lugano. Die Agents haben in diesen Unternehmen kein Telefon mehr auf ihrem Schreibtisch, sondern telefonieren ausschließlich von ihrem PC aus. Die klassischen Leistungsmerkmale wie Anrufumleitung, Rückfrage und Makeln stehen dabei über eine grafische Bedienoberfläche zur Verfügung und sind einfach zu handhaben. Nach Aussagen der Mitarbeiter dieses Call Centers verliert man auch bei vielen Anrufern damit nicht so leicht den Überblick. Außerdem ist die Integration weiterer Kommunikationskanäle wie e-mail oder Fax schneller mit der bereits vorhandenen Technik realisierbar als dies bei einem klassischen Call Center der Fall wäre (vgl. Hohgräfe/Michalik, Office Management, 1999, S. 52 f.).

Entscheidende Nachteile der Telefonie via Internet ergeben sich vorrangig aus der schlechten Sprachqualität sowie der derzeit noch vorherrschenden Zeitverzögerung der Datenübertragung, die aus der Überlastung der Netze resultiert. Es bleibt also zu hoffen, daß die permanente Erhöhung der Bandbreite des Internet auch der Internet-Telefonie den Weg ebnet.

Neuere Entwicklungen im Telefonservice

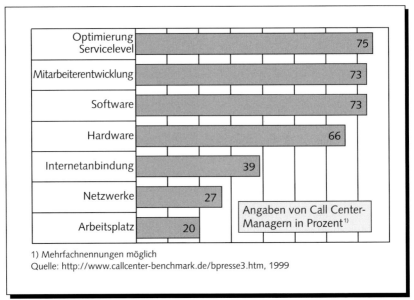

Abb. 78: Call Center-Management: Höchster Entwicklungsbedarf in den kommenden zwei Jahren

Trotz der enormen Potentiale, die das Internet den Call Centern bietet, nutzen erst 10% der deutschen Call Center das Internet, wohingegen in Amerika bereits ein Anteil von 83% das Internet verwendet (o. V., Blick durch die Wirtschaft, 1998b, S. 5). So verwundert es um so mehr, daß Call Center-Manager der Internetanbindung eine so geringe Bedeutung beimessen (siehe Abb. 78).

Zusammenfassend bleibt festzuhalten, daß Computerwelt und Kommunikationswelt sich zunehmend annähern und angleichen. Es kommt dabei entscheidend darauf an, daß der Kunde von zu Hause, unterwegs oder vom Büro jederzeit und einfach auf die für ihn relevanten Dienste zugreifen kann (vgl. Hallensleben, Handelsblatt, 1999, S. 52).

Bei der rasanten Entwicklung der Technik, welche die Aufgabenbereiche des Call Centers entscheidend prägt, stellt sich die Frage, wohin diese im Hinblick auf die drei Säulen des Call Centers, nämlich Personal, Organisation und Technik, in der Zukunft führen kann. Nun reichen die Phantasien der Entwickler recht weit, so daß einige Produktideen in deren praktischer Umsetzung zweifelhaft erscheinen, während andere schon in ersten Zügen in Unternehmen eingesetzt werden.

Neuere Entwicklungen im Telefonservice

Zu letzterem zählt die sogenannte Video-over-IP-Technologie, bei der über das Internet zusätzlich zur Sprache Videobilder übertragen werden. Dazu müssen die PCs im Call Center und der des Anwenders zusätzlich mit einer Kamera ausgestattet sein. Diese Kameras sind schon heute zu einem relativ geringen Preis im Handel erhältlich. Diese Technologie bietet die Möglichkeit, den Berater für den Kunden sichtbar zu machen. Produkte und Dienstleistungen, die bisher nicht über das Call Center angeboten werden konnten, können jetzt dank der möglichen Visualisierung verbunden mit einer persönlichen Beratung vermarktet werden. Bereits jetzt bietet die Sparkasse Detmold ein solches Gespräch via Videobanking an. Diese Technologie beschränkt das Gespräch allerdings nicht auf zwei Interaktionspartner, sondern gerade die Möglichkeit zur Rücksprache mit Experten und damit einer Videokonferenz machen sie so interessant.

Dadurch werden natürlich ganz neue Anforderungen an das Personal gestellt. Für den Agenten spielen neben der Rhetorik auch Gestik, Mimik und Körperhaltung eine Rolle (vgl. Wünderlich, Call Center profi, 1999, S. 40ff.).

Eine organisatorische Entwicklung, die sich für die Zukunft abzeichnet, ist die des »virtuellen Call Centers«. Bei diesen virtuellen Call Centern existiert keine räumliche Abgrenzung, so daß die Mitarbeiter entweder an Tele-Arbeitsplätzen zu Hause arbeiten oder im Unternehmen verteilt als Agents agieren. Auch hier werden durch eine zentral gelegene ACD-Anlage die Anrufe an die einzelnen Home-Agents verteilt. So kann auch in gewissem Maße ein Monitoring der Agents erfolgen, dennoch ist eine Kontrolle im Hinblick auf weiche Faktoren, wie etwa das Verhalten am Telefon, problematisch. Die technische Seite stellt dagegen keine Schwierigkeit dar. Derzeit haben Unternehmen bereits Software zur Fernwartung und -steuerung der Systeme in den virtuellen Filialen auf den Markt gebracht (vgl. o. V., Tele Talk, 1999d, S. 69f.).

Eine Technologie, die in der weiteren Zukunft, also in etwa 10 Jahren, in Call Centern zum Einsatz kommen soll, umfaßt die Einbindung des Fernsehens in die Kommunikationsmedien. So soll eine großräumige Bildschirmleinwand das bisher gewohnte Fernsehen, den Computer, das Internet und das Telefon ersetzen. Mit einer VRG-Brille (Virtual Reality Glasses) kann der Kunde sich virtuell mit dem Berater besprechen oder Produkte besichtigen (vgl. Hanrath, Call Center profi, 1999, S. 24).

Welche Entwicklungen sich in der Zukunft tatsächlich umsetzen lassen, bleibt offen. Klar ist jedoch: »... Der Service, den ein künftiges Call- oder

besser Service-Center ... insgesamt bieten wird, wird eine Dimension erreichen, die weit über den heutigen Standard hinausgeht ...« (Hanrath, Call
Center profi, 1999, S. 24).

Anhang

Literaturverzeichnis

A

Achterholdt, G. [1988]: Corporate Identity, Wiesbaden 1988.
Advance Bank (Hrsg.) [1999a]: Die Advance Bank – Hintergrundinformationen, Online im Internet, URL: ‹http://www.advance-bank.de/index-java.html/presse/q0204.html›, Abfrage 17. 06. 1999; 14.35 Uhr MEZ.
Advance Bank (Hrsg.) [1999b]: Hintergrundinformationen, Online im Internet, URL: ‹http://www.adbank.de/presse/q0202.html›, Abfrage 17. 05. 1999; 15.40 Uhr MEZ.
Advance Bank (Hrsg.) [1999c]: Online im Internet, URL:‹http://www.advancebank.de/service/f01.html›, Abfrage 17. 06. 1999; 14.30 Uhr MEZ.
Aggett, N. [1993]: Telemarketing in Europa unter dem Aspekt des Europäischen Binnenmarktes, in: Greff, G./Töpfer, A. (Hrsg.), Direktmarketing mit neuen Medien, 3. völlig überarbeitete und erweiterte Aufl., Landsberg/Lech 1993, S. 513–526.
Albrecht, K./Zemke, R. [1987]: Service-Strategien, Hamburg/New York 1987.
Allen, M. [1988]: Strategic Management of Consumer Services, in: Long Range Planning, Vol. 21, 1988, No. 6, S. 20–25.
Altschul, K. [1995]: Kundenzufriedenheit bestimmt die Strategie, in: Absatzwirtschaft, 38. Jg., 1995, Heft 1, S. 24–28.
Ambiel, B. [1987]: Telefon-Marketing, Freiburg 1987.
Ambiel, B./Schwalbe, H. [1988]: Besser telefonieren – mehr verkaufen, Freiburg i. Br. 1988.
Andreasen, A. R. [1982]: Verbraucherzufriedenheit als Beurteilungsmaßstab für die unternehmerische Marktleistung, in: Hansen, U./Stauss, B./ Riemer, M. (Hrsg.), Marketing und Verbraucherpolitik, Stuttgart 1982, S. 182–195.
Argyle, M. [1989]: Körpersprache und Kommunikation, 5. Aufl., Paderborn 1989.
Atteslander, P. [1991]: Methoden der empirischen Sozialforschung, 6. Aufl., Berlin/New York 1991.

B

Bachinger, R. (Hrsg.) [1990]: Unternehmenskultur – Ein Weg zum Markterfolg, Frankfurt 1990.

Backhaus, K./Erichson, B./Plinke, W./Weiber, R. [1994]: Multivariate Analysemethoden, 7. völlig überarbeitete und erweiterte Aufl., Berlin et al. 1994.

Bänsch, A. [1990]: Verkaufspsychologie und Verkaufstechnik, 4. Aufl., München/Wien 1990.

Bauer, E. [1994]: Analyse von Kundenerwartungen intern und extern, in: Mehdorn, H./Töpfer, A. (Hrsg.), Besser – Schneller – Schlanker, TQM-Konzepte in der Unternehmenspraxis, Neuwied/Kriftel/Berlin 1994, S. 109–136.

Bauerfeld, Dr. W. [1998]: Noch überwiegt Skepsis, in: Office Management, 46. Jg., Nr. 10/98, S. 50–51.

Bay, R. H. [1988]: Erfolgreiche Gespräche durch aktives Zuhören, Ehningen 1988.

Becker, A. [1993a]: Telefonmarketing wird immer raffinierter, in: Impulse, 13. Jg., 1993, Heft 2, S. 76–80.

Becker, A. [1993b]: Reklamation ist ein Glücksfall für Ihr Unternehmen, in: Impulse, 13. Jg., 1993, Heft 10, S. 90–96.

Becker, H. [1993]: Der Einsatz von Telefax im Rahmen des Direktmarketing, in: Greff, G./Töpfer, A. (Hrsg.), Direktmarketing mit neuen Medien, 3. völlig überarbeitete und erweiterte Aufl., Landsberg/Lech 1993, S. 249–262.

Behrens, G. [1988]: Das Konsumentenverhalten, Heidelberg 1988.

Berekoven, L./Eckert, W./Ellenrieder, P. [1987]: Marktforschung, 3. Aufl., Wiesbaden 1987.

Berthel, J. [1992]: Personal-Management, 3. Aufl., Stuttgart 1992.

Beyering, L. [1987]: Individual Marketing, Landsberg/Lech 1987.

Birt, D. [1990]: Praxis-Handbuch Direktmarketing, Landsberg/Lech 1990.

Birkigt, K./Stadler, M. M. [1988a]: Corporate Identity – Grundlagen, in: Birkigt, K./Stadler, M. M./Funck, H. J. (Hrsg.), Corporate Identity – Grundlagen, Funktionen, Fallbeispiele, 4. Aufl., Landsberg/Lech 1988, S. 17–63.

Birkigt, K./Stadler, M. M./Funk, H. J. (Hrsg.) [1988b]: Corporate Identity – Grundlagen, Funktionen, Fallbeispiele, 4. Aufl., Landsberg/Lech 1988.

Blattberg, R. C./Deighton, J. [1993]: Die neue Dimension: Immer enger, mein Kunde, mit Dir, in: Harvard Business Manager, 15. Jg., 1993, Heft 1, S. 96–107.

Blickhäuser, J./Gries, T. [1989]: Individualisierung des Konsums und Polarisierung von Märkten als Herausforderung für das Konsumgüter-Marketing, in: Marketing ZFP, 11. Jg., 1989, Heft 1, S. 5–10.

Böing, E./Barzen, D. [1992]: Kunden-Portfolio im Praktiker-Test, Teil 1 + Teil 2, in: Absatzwirtschaft, 35. Jg., 1992, Heft 2, S. 85–89, Heft 3, S. 102–107.
Bräuer, T. [1991]: Direktmotivation, in: Absatzwirtschaft, 34. Jg., 1991, Heft 11, S. 102–103.
Brehm, J. [1993]: Mit Telefon-Power zum Erfolg, in: EDV-Handelszeitung (EHZ), o.Jg., 1993, Heft 12, S. 34–45.
Brors, P. [1994]: Gleich Feierabend, in: Wirtschaftswoche, Heft 46, 48. Jg., 1994, S. 118–120.
Brosius, G./Brosius, F. [1995]: SPSS, Base System und Professional Statistics, Bonn et al. 1995.
Bruhn, M. [1985]: Marketing und Konsumentenzufriedenheit, in: Das Wirtschaftsstudium, 14. Jg., 1985, Heft 6, S. 300–307.
Bruhn, M. [1986]: Beschwerdemanagement, in: Harvard Manager, 8. Jg., 1986, Heft 3, S. 104–108.
Bruhn, M. [1991]: Qualitätssicherung im Dienstleistungsmarketing – eine Einführung in die theoretischen und praktischen Probleme, in: Bruhn, M./ Stauss, B. (Hrsg.), Dienstleistungsqualität, Wiesbaden 1991, S. 21–47.
Bruhn, M./Stauss, B. (Hrsg.) [1991]: Dienstleistungsqualität: Konzepte, Methoden, Erfahrungen, Wiesbaden 1991.
Bunk, B. [1993]: Das Geschäft mit dem Ärger, in: Absatzwirtschaft, 36. Jg., 1993, Heft 9, S. 65–69.

C

Camp, R. C. [1994]: Benchmarking, München/Wien 1994.
Christian, K. [1987]: Die Persönlichkeit im Telemarketing-Dialog, in: Verkauf & Marketing, 15. Jg., 1987, Heft 4, S. 11–13.

D

Daimler-Benz (Hrsg.) [1999]: Customer Assistance Center in Maastricht eröffnet, Online im Internet, URL:‹http://www.daimler-benz.com/categor/news/text/81015_g.htm›, Abfrage 25. 03. 1999; 16.38 Uhr MEZ.
Dallmer, H. [1987]: Methoden zur Datengewinnung im Database-Management, in: Thexis, 4. Jg., 1987, Heft 2, S. 26–29.
Dallmer, H. (Hrsg.) [1989a]: Innovation im Direct-Marketing, Gütersloh 1989.
Dallmer, H. [1989b]: Direct-Marketing, in: Bruhn, M. (Hrsg.), Handbuch des Marketing, München 1989, S. 535–562.
Dallmer, H. [1991a]: System des Direct Marketing – Entwicklung und Zukunftsperspektiven, in: Dallmer, H. (Hrsg.), Handbuch Direct Marketing, 6. Aufl., Wiesbaden 1991, S. 3–16.

Dallmer, H. (Hrsg.) [1991b]: Handbuch des Direct Marketing, 6. Aufl., Wiesbaden 1991.

Davidow, W. H./Uttal, B. [1991]: Service total – mit perfektem Dienst am Kunden die Konkurrenz schlagen, Frankfurt a. M./New York 1991.

DDV (Hrsg.) [1993]: Presseinformation 20/1993 vom 08. 11. 1993.

DDV (Hrsg.) [1994]: Das Telefon als Marketing-Instrument, Frankfurt 1994.

Dell (Hrsg.) [1999]: Dell Überblick, Was ist Dell?, Online im Internet, URL: ‹http://www.euro.dell.com/countries/eu/deu/gen/corpinfo/emea/default.htm›, Abfrage 17. 05. 1999; 16.32 Uhr MEZ.

Demmer, Ch./Metzmacher, D. [1992]: Kurze Leitung Kundenfreundlichkeit am Telefon, in: Capital, o.Jg., 1992, Heft 11, S. 299–304.

Deutsche Marketing Vereinigung e. V./Deutsche Bundespost Postdienst (Hrsg.) [1992]: Das Deutsche Kundenbarometer: Qualität und Zufriedenheit – Eine Studie zur Kundenzufriedenheit in der Bundesrepublik Deutschland, Düsseldorf et al. 1992.

Diller, H./Kusterer, M. [1988]: Beziehungsmanagement, in: Marketing ZFP, 10. Jg., 1988, Heft 3, S. 211–220.

Döring, P. [1992]: Effektiv telefonieren, Landsberg/Lech 1992.

E

Ebeling, P. [1989]: Hauptfehler am Telefon, in: Direkt Marketing, 25. Jg., 1989, Heft 3, S. 85.

Engelhardt, W. H./Schütz, P. [1991]: Total Quality Management, in: Wirtschaftswissenschaftliches Studium, 20. Jg., 1991, Heft 8, S. 394–399.

Engert, Ch. [1991]: Die neuen Chancen des »alten« Kommunikationsmittels Telefon, in: Direkt Marketing, 26. Jg., 1991, Heft 9, S. 352–354.

F

Felgenhauer, E.-M. [1998]: In- oder Outhouse, das ist die Frage..., in: Call Center profi, 1. Jg., Nr. 3/98, S. 44–46.

Fetzner, E.-M. [1998]: Strategien gegen Burn-Out, in: Call Center profi, 1. Jg., Nr. 5/98, S. 46–48.

Fraenkel, R. [1991]: Zivilrechtliche Aspekte des Direct Marketing, in: Dallmer, H. (Hrsg.), Handbuch Direct Marketing, 6. Aufl., Wiesbaden 1991, S. 89–97.

Frerichs, A. [1998]: So finden Sie den richtigen Standort, in: Call Center profi, 1. Jg., Nr. 4/98, S. 38–41.

Frey, J. H./Kunz, G./Lüschen, G. [1990]: Telefonumfragen in der Sozialforschung: Methoden, Techniken, Befragungspraxis, Opladen 1990.

Friedrichs, J. [1985]: Methoden der empirischen Sozialforschung, 13. Aufl., Opladen 1985.

Frisch, W. [1990]: Service-Management – absatzpolitische Vorteile durch gezielten »Dienst am Kunden«, in: Fortschrittliche Betriebsführung und Industrial Engineering, 39. Jg., 1990, Heft 3, S. 125–131.

Fuzinski, A./Meyer, C. [1997]: Vom klassischen Netz ins World Wide Web, in: Call Center profi, o. Jg., Nr. 1/97, S. 8–13.

G

Geffroy, E. K. [1994]: Das einzige was stört ist der Kunde, Clienting ersetzt Marketing und revolutioniert Verkaufen, 2. Aufl., Landsberg/Lech 1994.

Gilles, P. [1988]: Recht und Praxis des Telemarketing, in: Neue Juristische Wochenzeitschrift, 41. Jg., 1988, Heft 39, S. 2424–2432.

Goodman, J. A./Malech, A. R./Marra, T. R. [1986]: Beschwerdepolitik unter Kosten/Nutzen-Gesichtspunkten – Lernmöglichkeiten aus den USA, in: Hansen, U./Schoenheit, I. (Hrsg.), Verbraucherzufriedenheit und Beschwerdeverhalten, Frankfurt a. M./New York 1987, S. 165–202.

Greff, G. [1991]: Möglichkeiten und Grenzen des Telefon-Marketing, in: Dallmer, H. (Hrsg.), Handbuch des Direct-Marketing, 6. Aufl., Wiesbaden 1991, S. 289–303.

Greff, G. [1992]: Direktkommunikation und ökologisches Bewußtsein, in: Response Direktmarketing-Magazin, 3. Jg., 1992, Heft 5, S. 19–26.

Greff, G. [1993a]: Telefon-Verkauf mit Power, Kunden gewinnen, betreuen und behalten, Wiesbaden 1993.

Greff, G. [1993b]: Was hat Telefon-Verkauf mit Ökologie zu tun?, Teil 1, in: EHZ, o. Jg., 1993, Heft 2, S. 58–63.

Greff, G. [1993c]: Was hat Telefon-Verkauf mit Ökologie zu tun?, Teil 2, in: EHZ, o. Jg., 1993, Heft 3, S. 92–97.

Greff, G. [1993d]: Direktkommunikation und ökologisches Bewußtsein, in: Greff, G./Töpfer, A. (Hrsg.): Direktmarketing mit neuen Medien, 3. Aufl., Landsberg/Lech 1993, S. 357–375.

Greff, G./Töpfer, A. (Hrsg.) [1993a]: Direktmarketing mit neuen Medien, 3. völlig überarbeitete und erweiterte Aufl., Landsberg/Lech 1993.

Greff, G./Töpfer, A. [1993b]: Corporate identity on the telephone: Is a poor telephone user a sure loser?, in: EDMAGRAM, March 1993, No. 1/93, S. 13, 14, 27.

Gröhlich, D. [1987]: Telefonmarketing – neu definiert. Mit neuem Konzept Telefonmarketing zeitgemäß einsetzen, in: Direkt Marketing, 23. Jg., 1987, Heft 12, S. 495–498.

Gröhlich, D. [1988]: Erfolgreich praktiziertes Telefonmarketing. Teil 3, Gesprächsaufbau am Telefon nach Skript: Begrüßung, Gespräch, Fragen und Antworten, in: Direkt Marketing, 24. Jg., 1988, Heft 11, S. 454–458.

Grunwald, B. [1994]: Rank Xerox – Preisträger 1992 der höchsten europäischen Qualitätsauszeichnung des European Quality Awards: »Führend durch Qualität – Qualität durch Führen«, in: Stauss, B. (Hrsg.): Qualitätsmanagement und Zertifizierung, Wiesbaden 1994, S. 397–422.

Gwynne, P./Levy, M. [1993]: Kostenloser Softwaresupport: Das Ende der Fahnenstange, in: European Computer Sources, o. Jg., 1993, Heft November 1993, S. 98–103.

H

Härtner, R. [1998]: Direkter Draht zum Kunden, in: Office Management, 46. Jg., Nr. 4/98, S. 42.

Hallensleben, J. [1999]: Das Internet verändert die Telekommunikation, in: Handelsblatt, Nr. 33, 17. 02. 1999, S. 52.

Hammann, P./Erichson, B. [1990]: Marktforschung, 2. Aufl., Stuttgart/New York 1990.

Hammer, M./Champy, J. [1994]: Business Reengineering, Die Radikalkur für das Unternehmen, 2. Aufl., Frankfurt/New York 1994.

Hanrath, R. [1999]: Service Center wird zum Herz im Unternehmen, in: Call Center profi, 2. Jg., Nr. 1/99, S. 24–26.

Hansen, U./Hoffmann, A. [1987]: Heißer Draht zum Kunden, in: Absatzwirtschaft, 30. Jg., 1987, Heft 9, S. 100–103.

Hansen, U./Jeschke, K. [1991]: Beschwerdemanagement für Dienstleistungsunternehmen: Beispiel des Kfz-Handels, in: Bruhn, M./Stauss, B. (Hrsg.), Dienstleistungsqualität: Konzepte, Methoden, Erfahrungen, Wiesbaden 1991, 199–223.

Hansen, U./Jeschke, K. [1992]: Nachkaufmarketing, in: Marketing ZFP, 14. Jg., 1992, Heft 2, S. 88–97.

Hansen, U./Schoenheit, I. (Hrsg.) [1987]: Verbraucherzufriedenheit und Beschwerdeverhalten, Frankfurt a. M./New York 1987.

Harris, T. A. [1990]: Ich bin o. k. – Du bist o. k., Reinbek bei Hamburg 1990.

Hell, H. [1989]: Die Erfolgsstory des Direktmarketing, Landsberg/Lech 1989.

Henn, H. [1994]: Direct Relationship Marketing der Dell Computer GmbH, in: Müller, W./B. Bauer, H. H. (Hrsg.), Wettbewerbsvorteile erkennen und sichern. Erfahrungsberichte aus der Marketing-Praxis. Neuwied/Kriftel/Berlin 1994, S. 159–168.

Hentschel, B. [1991]: Beziehungsmarketing, in: Das Wirtschaftsstudium, 20. Jg., 1991, Heft 1, S. 25–29.

Hermanns, A./Flegel, V. (Hrsg.) [1992]: Handbuch des Electronic Marketing, München 1992.

Heskett, J. L./Sasser, W. E. jr./Hart, C. W. L. [1991]: Bahnbrechender Service – Standards für den Wettbewerb von morgen, Frankfurt a. M./New York 1991.
Hohgräfe, B./Michalik, C.-S. [1999]: Internet-Telefonie – Mehr als nur ein Kostenkiller, in: Office Management, 47. Jg., Nr. 3/99, S. 52–53.
Hooffacker, G. [1991]: Telefon-Marketing. Psychologie und Technik der telefonischen Kundenwerbung, München 1991.
Holland, H. [1993]: Direkt Marketing, München 1993.
Horovitz, J. [1989]: Service entscheidet – im Wettbewerb um den Kunden, 2. Aufl., Frankfurt a. M./New York 1989.
Horovitz, J./Panak, M. J. [1993]: Marktführer durch Service: Lehren aus 50 hervorragenden europäischen Unternehmen, Frankfurt a. M./New York 1993.

J

Jansen, A. [1992]: Wenn Telefone heiß laufen, in: Verkauf & Marketing, 20. Jg., 1992, Heft 4, S. 28–29.
Jeschke, H./Hundenborn, G. [1991]: Telefonmarketing, in: Direkt Marketing, 26. Jg., 1991, Heft 10, S. 21–23.
Jung, M. [1990]: Ausschöpfungsprobleme bei repräsentativen Telefonumfragen 1990, in: Forschungsgruppe Telefonkommunikation (Hrsg.), Telefon und Gesellschaft, Band 2, Berlin 1990, S. 386–399.
Justus, A. [1993]: Telefon-Marketing als integraler Bestandteil eines Direktmarketing-Konzeptes in den neuen Bundesländern, in: Greff, G./Töpfer, A. (Hrsg.), Direktmarketing mit neuen Medien, 3. völlig überarbeitete und erweiterte Aufl., Landsberg/Lech 1993, S. 541–555.

K

Kähler, W.-M. [1993]: Statistische Datenanlyse mit SPSS/PC+, 3. Aufl., Braunschweig/Wiesbaden 1993.
Kamiske, G. F. et al. [1994]: Quality Function Deployment – oder das systematische Überbringen der Kundenwünsche; in: Marketing ZFP, 16. Jg., 1994, Heft 3, S. 181–190.
Kirchner, G. [1992]: Direktmarketing-Kommunikation, Wiesbaden 1992.
Kirchner, G./Sobeck, S. [1990]: Lexikon des Direktmarketing, 2. Aufl., Landsberg/Lech 1990.
Kirsten-Roos, K./Kruse, J. P. [1998]: Branche fordert Ausbildungs-Offensive, in: Call Center profi, 1. Jg., Nr. 3/98, S. 10–20.
Klawitter, Ch. [1990]: Wettbewerbsrechtliche Grenzen der Telefonwerbung, in: Markenartikel, o. Jg., 1990, S. 595–598.

Kniszewski, P. [1992]: Computer-Telefon – PC und Anrufbeantworter: Anruf genügt, in: CHIP, o.Jg., 1992, Heft 8, S. 104–106.

Kocks, U. [1993]: Service 0130 – Ein Post-Service im Verkaufskonzept, in: Greff, G./Töpfer, A. (Hrsg.), Direktmarketing mit neuen Medien, 3. völlig überarbeitete und erweiterte Aufl., Landsberg/Lech 1993, S. 475–482.

Köpe, K. C. [1988]: Gedanken und Thesen zum Einsatz des Telefon-Computers, in: Verkauf & Marketing, 16. Jg., 1988, Heft 1, S. 35–40.

Koinecke, J. [1990]: Effizientes Verkaufs-Management, Landsberg/Lech 1990.

Kordupleski, R. E./Rust, R. T./Zahorik, A. J. [1994]: Qualitätsmanager vergessen zu oft den Kunden, in: Harvard Business Manager, 16. Jg., 1994, Heft 1, S. 65–72.

Kotler, P. [1991a]: Die Zukunft im Industriemarketing, in: Thexis, 8. Jg., 1991, Heft 5, S. 11–14.

Kotler, P. [1991b]: The Role of Telephone Marketing in the New Marketing Paradigm, Vortrag auf dem European Telephone Marketing Symposium, Kopenhagen 1991.

Kotler, P./Bliemel, F. [1992]: Marketing-Management, 6. Aufl., Stuttgart 1992.

Kreutzer, R. [1990]: Die Basis für den Dialog, in: Absatzwirtschaft, 33. Jg., 1990, Heft 4, S. 104–113.

Kreutzer, R. [1991]: Database-Marketing – Erfolgsstrategie für die 90er Jahre, in: Dallmer, H. (Hrsg.), Handbuch Direct Marketing, 6. Aufl., Wiesbaden 1991, S. 623–642.

Kridlo, St. [1993]: Rechtliche Aspekte beim Einsatz des Direktmarketing, in: Greff, G./Töpfer, A. (Hrsg.), Direktmarketing mit neuen Medien, 3. völlig überarbeitete und erweiterte Aufl., Landsberg/Lech 1993, S. 117–127.

Kroeber-Riel, W. [1990]: Zukünftige Strategien und Techniken der Werbung, in: Zeitschrift für betriebswirtschaftliche Forschung, 42. Jg., 1990, Heft 6, S. 481–491.

Kroeber-Riel, W. [1992a]: Konsumentenverhalten, 5. Aufl., München 1992.

Kroeber-Riel, W. [1992b]: Strategien und Technik der Werbung, 3. Aufl., Stuttgart et al. 1992.

Kroeber-Riel, W. [1993]: Bildkommunikation. Imagerystrategien für die Werbung, München 1993.

Kruse, A. [1993]: Teleshopping in Deutschland: Eine neue mediale Vertriebs- und Einkaufsform, in: Greff, G./Töpfer, A. (Hrsg.), Direktmarketing mit neuen Medien, 3. völlig überarbeitete und erweiterte Aufl., Landsberg/Lech 1993, S. 301–319.

Kruse, J. P. [1998]: Produktivität um 400 Prozent steigern, in: Call Center profi, 1. Jg., Nr. 5/98, S. 10–13.

Kruse, J. P. [1999]: Technik, die Kunden begeistert, in: Call Center profi, 2. Jg., Nr. 2/99, S. 58–59.
Kuba, R. [1991]: Telefon als Zeitfresser, in: Direkt Marketing, 26. Jg., 1991, Heft 8, S. 16.

L

Läbe, S. M./Stolpmann, F. N. [1993]: Dienst am Kunden total?, in: Absatzwirtschaft, 36. Jg., 1993, Sonderheft Oktober, S. 22–34.
Lechelt, F. [1993]: Vertriebsunterstützung mit V. A. S.- ein Erfahrungsbericht, in: Budde, R. (Hrsg.), Der Verkaufs- und Marketingprofi, Loseblatt-Ausgabe, 38. Nachlieferung, Heft 9, Landsberg/Lech 1993, S. 1, 19–26.
Leicher, R. [1991a]: Am Telefon sind die ersten 5 Sekunden wichtiger als die folgenden 5 Minuten, in: Direkt Marketing, 26 Jg., 1991, Heft 6, S. 28–30.
Leicher, R. [1991b]: Die Wirkung der Telefonstimme nicht unterschätzen, in: Direkt Marketing, 26. Jg., 1991, Heft 9, S. 36–37.
Leicher, R. [1991c]: Reklamation am Telefon – Alptraum oder Chance?, in: Direkt Marketing, 26. Jg., 1991, Heft 5, S. 18–19.
Leicher, R. [1991d]: Wie reagieren Sie auf »zu teuer« am Telefon?, in: Direkt Marketing, 26. Jg., 1991, Heft 12, S. 28–29.
Leicher, R. [1992]: Auf Emotionen des Telefonpartners reagieren, in: Direkt Marketing, 27. Jg., 1992, Heft 5, S. 30–31.
Leidermann, R. [1990]: The Telephone Book, Hamburg 1990.
Leinen, J. [1992]: Direktmarketing und ökologische Verantwortung, in: Direkt Marketing, 28. Jg., 1992, Heft 11, S. 28–30.
Lemmer, R. [1991]: Sternstunde am Draht, in: Wirtschaftswoche, 45. Jg., 1991, Heft 22, S. 67.
Lingenfelder, M./Schneider, W. [1991]: Die Kundenzufriedenheit – Bedeutung, Meßkonzepte und empirische Befunde, in: Marketing ZFP, 13. Jg., 1991, Heft 2, S. 109–119.
Link, J. [1993]: Merkmale und Einsatzmöglichkeiten des Database-Marketing, in: Wirtschaftswissenschaftliches Studium, 22. Jg., 1993, Heft 1, S. 23–28.
Linnenkohl, K. [1992]: Gutachtliche Äußerung zur Frage der rechtlichen Zulässigkeit der »Kontaktanrufe« im Rahmen des Projektes »Corporate Identity am Telefon«, Kassel 1992 (unveröffentlicht).
Löwenthal, T. [1993]: Der Einsatz des digitalen Funktelefon D2 im Direktmarketing, in: Greff, G./Töpfer, A. (Hrsg.), Direktmarketing mit neuen Medien, 3. völlig überarbeitete und erweiterte Aufl., Landsberg/Lech 1993, S. 205–218.

M

Mehdorn, H./Töpfer, A. (Hrsg.) [1994]: Besser – Schneller – Schlanker, TQM-Konzepte in der Unternehmenspraxis, Neuwied 1994.

Meininger, J. [1982]: Transaktionsanalyse, Landsberg/Lech 1982.

Meffert, H. [1985]: Marketing und Neue Medien, Stuttgart 1985.

Meffert, H. [1991]: Marktorientierte Unternehmensführung und Direct Marketing, in: Dallmer, H. (Hrsg.), Handbuch Direct Marketing, 6. Aufl., Wiesbaden 1991, S. 31–49.

Meffert, H. [1992]: Marketingforschung und Käuferverhalten, 2. völlig überarbeitete und erweiterte Aufl., Wiesbaden 1992.

Meffert, H./Birkelbach, R. [1992]: Customized Marketing, in: Thexis, 9. Jg., 1992, Heft 1, S. 18–19.

Miyabayashi/A. [1994]: Der Weg zum TQM – Leadership, in: Mehdorn, H./Töpfer, A. (Hrsg.), Besser – Schneller – Schlanker, TQM-Konzepte in der Unternehmenspraxis, Neuwied 1994, S. 215–232.

Möhlmann, B./Rieker, J./Risch, S. [1993]: Die Millionenfehler, in: Manager Magazin, 23. Jg., 1993, Heft 9, S. 193–205.

Müller, W. [1991]: Kundenzufriedenheit dank Service-Denken, in: Innovatio, o. Jg., 1991, Heft 6, S. 19–21.

Müller, W. [1994]: Kundenbindungs-Management, in: Müller, W./Bauer, H. H. (Hrsg.), Wettbewerbsvorteile erkennen und sichern. Erfahrungsberichte aus der Marketing-Praxis, Neuwied/Kriftel/Berlin 1994, S. 187–208.

Müller, W./Bauer, H. H. (Hrsg.) [1994]: Wettbewerbsvorteile erkennen und sichern. Erfahrungsberichte aus der Marketing-Praxis, Neuwied/Kriftel/Berlin 1994.

Müller, W./Riesenbeck, H.-J. [1991]: Wie aus zufriedenen auch anhängliche Kunden werden, in: Harvard Business Manager, 13. Jg., 1991, Heft 3, S. 67–79.

N

National Institute of Standards and Technology (Hrsg.) [1999]: Malcolm Baldrige National Quality Award 1997 Winners, Online im Internet, URL: ‹http://www.quality.nist.gov/docs/winners/97win/97win.htm›, Stand 05. 01. 1998, Abfrage 23. 06. 1999; 12.07 Uhr MEZ.

Neff, P. K. [1992]: Brüsseler Geschütze, in: Absatzwirtschaft, 35. Jg., 1992, Heft 5, S. 134–136.

Nordemann, W. [1991]: Telefonwerbung – bald ganz verboten?, in: Archiv für Presserecht (AfP), 22. Jg., 1991, Heft 2, S. 484–487.

Normann, R./Ramírez, R. [1994]: Werte schaffen mit Kunden und Lieferanten, in: Harvard Business Manager, 16. Jg., 1994, Heft 1, S. 53–64.

O

Oeser, Stefan [1994]: Gesprächspartner Computer, in: Absatzwirtschaft, 37. Jg., 1994, Heft 10, S. 72–75.

Olins, W.: Corporate Identity, Frankfurt a. M./New York 1990.

o. V. [1987]: Beschwerdemanagement – Meckern erwünscht, in: Wirtschaftswoche, 41. Jg., 1987, Heft 37, S. 80–90.

o. V. [1989]: Der gute Ton am Telefon fördert das Geschäft, in: Impulse, 9. Jg., 1989, Heft 5, S. 170–171.

o. V. [1991a]: Per Telefon auf Kundenfang, in: Direkt Marketing, 26. Jg., 1991, Heft 7, S. 18–19.

o. V. [1991b]: Telefonmarketing: BGH-Richter schließen sich der DDV-Argumentation an, in: Direkt Marketing, 26. Jg., 1991, Heft 8, S. 4.

o. V. [1992]: Geschäft mit heißen Ofen – Exklusiv: Mit Audiotext bekommt das Telefonmarketing einen neuen Push: Der »Code 0190«, in: Werben & Verkaufen, o. Jg., 1992, Heft 19, S. 70–73.

o. V. [1993a]: Bei Anruf Geld, in: TopBusiness, Report I – Verlagsbeilage, Januar 1993, S. 42–45.

o. V. [1993b]: Der direkte Draht zu mehr Profit, in: EDV-Handelszeitung (EHZ), o. Jg., 1993, Heft 11, S. 22–26.

o. V. [1993c]: Der Kunde – Ihr wertvollster Besitz, in: Response, 4. Jg., 1993, Heft 4, S. 22–25.

o. V. [1993d]: Die verlorene Ehre des König K., in: Manager Magazin, 23. Jg., 1993, Heft 9, S. 181–192.

o. V. [1993e]: Direktmarketing mit Umsatzzuwächsen, in: FAZ, 26. Jg. vom 10. 11. 1993.

o. V. [1994a]: Computergesteuerter Telefon-Kurzschluß, Telemarketing, EDV-unterstütztes Anrufmanagement spart Arbeitszeit und schafft zufriedene Kunden – auf Dauer, in: Reponse, 5. Jg., 1994, Heft 9, S. 29–39.

o. V. [1994b]: Maul halten, zahlen, in: Der Spiegel, 1994, Heft 26, S. 68–77.

o. V. [1994c]: Wettbewerbsfaktor Telefon, in: acquisa, o. Jg., 1994, Heft 4, S. 57 f.

o. V. [1998a]: Dell Computer verbucht mit neuen Konzepten einen großen Erfolg, in: FAZ, 31. Jg., Nr. 117, 22. 05. 1998; S. 27.

o. V. [1998b]: Deutsche Call Center haben Nachholbedarf im Personalmanagement, in: Blick durch die Wirtschaft, 41. Jg., Nr. 95, 19. 05. 1998, S. 5.

o. V. [1998c]: Deutsche Call Center im Leistungsvergleich, in: FAZ, 31. Jg., Nr. 183, 10. 08. 1998, S. 20.

o. V. [1999a]: Call-Center sichert den Service der Advance Bank, in: Computerwoche, Nr. 24, 14. 06. 1996, S. 7, Online im Internet, URL: ⟨http:/

/www.computerwoche.de/archiv/1996/24/C24TC14.TDW.html>, Abfrage 17. 06. 1999; 14.25 Uhr MEZ.

o. V. [1999b]: Internet im Call Center, in: Tele Talk, 7. Vol., Nr. 4/99, S. 78–79.

o. V. [1999c]: Verknüpfung von Internet und Call Center – was wird schon praktiziert?, in: Tele Talk, 7. Vol., Nr. 6/99, S. 72–76.

o. V. [1999d]: Virtuelle Verteiltechnik, in: Tele Talk, 7. Vol., Nr. 6/99, S. 69–70.

P

Prisma, Unternehmensberatung für Telekommunikation GmbH (Hrsg.) [1992]: Vom Kunden zum König, Wie Telefon-Service zum Wettbewerbsinstrument Nr. 1 wird, Prisma Service-Tag am 7. u. 8. Mai 1992, Wiesbaden.

Prisma, Unternehmensberatung für Telekommunikation GmbH (Hrsg.) [1993]: Wettbewerbs-Vorsprung durch Service-Strategien, 2. Service-Dialog, Unterlagen aus dem Seminar und Workshop für Führungskräfte am 11. u. 12. Mai 1993, Wiesbaden.

Prochazka, K. [1989]: Direkt zum Käufer, Landsberg/Lech 1989.

Pümpin, C./Kobi, J.-M./Wüthrich, H. A. [1986]: Unternehmenskultur – Basis strategischer Profilierung erfolgreicher Unternehmen, Bern 1986.

R

Reising, H. [1993]: Telemarketing im Endverbrauchermarkt: Intensivierung der passiven Telefonkontakte und regelmäßige aktive Kundenpflege, in: Greff, G./Töpfer, A. (Hrsg.), Direktmarketing mit neuen Medien, 3. völlig überarbeitete und erweiterte Aufl., Landsberg/Lech 1993, S. 483–497.

Rensmann, F. J. [1993]: Database-Marketing: Die Renaissance des individuellen Marketing, in: Greff, G./Töpfer, A. (Hrsg.), Direktmarketing mit neuen Medien, 3. völlig überarbeitete und erweiterte Aufl., Landsberg/Lech 1993, S. 93–116.

Ritz Carlton Hotel Company [1994]: The Ritz Carlton Hotel Company – Preisträger 1992 der höchsten amerikanischen Qualitätsauszeichnung des Malcom Baldrige National Quality Awards: Zusammenfassung der Bewerbungsunterlagen, in: Stauss, B. (Hrsg.), Qualitätsmanagement und Zertifizierung, Wiesbaden 1994, S. 365–394.

Roth, M. [1990]: Telefonmarketing durch eine Agentur oder im eigenen Unternehmen?, in: Direkt Marketing, 25. Jg., 1990, Heft 10, S. 24–26.

Rückle, H. [1985]: Körpersprache für Manager – Signale des Körpers erkennen und erfolgreich umsetzen, 3. Aufl., Landsberg 1985.

S

SAP (Hrsg.) [1995]: Presseinformation vom 31. 01. 1995 – Spitzenposition im Markt für Standard-Anwendungssoftware weiter ausgebaut, Walldorf 1995.

Schaller, G. [1988]: Markterfolge aus der Datenbank, Landsberg/Lech 1988.

Scheer, K.-P. [1999]: Call Center-Boom hält auch 1999 an!, in: Call Center profi, 2. Jg., Nr. 2/99, S. 18–21.

Scheiter, S./Binder, C. [1992]: Kennen Sie Ihre rentablen Kunden?, in: Harvard Business Manager, 14. Jg., 1992, Heft 2, S. 17–22.

Schlesinger, L. A./Heskett, J. L. [1992]: Dem Kunden dienen – das müssen viele Dienstleister erst noch lernen, in: Harvard Business Manager, 14. Jg., 1992, Heft 1, S. 106–116.

Schmidlechner, A. [1989a]: Problemlöser Telefon. Mit Datenbank und Telefon Kundenkontakte aufbauen und pflegen, in: Direkt Marketing, 25. Jg., 1989, Heft 11, S. 438–442.

Schmidlechner, A. [1989b]: Telefon als Vertriebsalternative?, in: Direkt Marketing, 25. Jg., 1989, Heft 6, S. 230–236.

Schmidlechner, A. [1989c]: Telefonmarketing – Ein Instrument zur Erhöhung der Kundenbindung?, in: Direkt Marketing, 25. Jg., 1989, Heft 10, S. 400–406.

Scholz, C. [1989]: Personalmanagement, München 1989.

Schoss, J. [1993]: Strategisches Telemarketing, in: Greff, G./Töpfer, A. (Hrsg.), Direktmarketing mit neuen Medien, 3. völlig überarbeitete und erweiterte Aufl., Landsberg/Lech 1993, S. 189–204.

Schreiber, G. [1998]: Besserer Telefonservice hat seinen Preis, in: Office Management, 46. Jg., Nr. 4/98, S. 40–42.

Schüring, H. [1992]: Database Marketing (Einsatz von Datenbanken für Direktmarketing, Verkauf und Werbung), 2. Aufl., Landsberg/Lech 1992.

Schütze, R. [1992]: Kundenzufriedenheit, After Sales-Marketing auf industriellen Märkten, Wiesbaden 1992.

Schuler, H. [1991]: Telefonservicecenter: Kundenorientierung par Excellence, in: acquisa, o. Jg., 1991, Heft 11, S. 60–61.

Schuler, H. [1992 a]: Zehn Tips für den Telefonservice, in: Weiterbildung, o. Jg., 1992, Heft 2, S. 46–48.

Schuler, H. [1992b]: Profitable Kundenkontakte mit dem Telefon schaffen, in: Deutscher Vertriebs- und Verkaufs-Anzeiger, o. Jg., 1992, Heft 42, S. 15.

Schuler, H. [1992c]: Der richtige Ton im Gespräch mit dem Kunden, in: Deutscher Vertriebs- und Verkaufs-Anzeiger, o. Jg., 1992, Heft 43, S. 8.

Schuler, H. [1992d]: Der Anruf nach dem Kauf (After Sales Telefonat), in: Deutscher Vertriebs- und Verkaufs-Anzeiger, o. Jg., 1992, Heft 44, S. 24–26.

Schuler, H. [1992e]: Vom Reagieren zum Agieren am Telefon, in: Deutscher Vertriebs- und Verkaufs-Anzeiger, o. Jg., 1992, Heft 45, S. 25–29.

Schuler, H. [1992f]: Wie Sie telefonische Anfragen und Bestellungen verkaufsaktiv behandeln? Teil 2: Die Telefonische Bestellung – Chance zur Kundenbindung und für Zusatzverkäufe, in: Deutscher Vertriebs- und Verkaufs-Anzeiger, o. Jg., 1992, Heft 46, S. 10–12.

Schuler, H. [1992g]: Reklamationen – Chancen zum Verkauf und zur Kundenbindung. Teil 1: – Wie Sie am Telefon unzufriedene und aufgeregte Kunden zu treuen Kunden gewinnen, in: Deutscher Vertriebs- und Verkaufs-Anzeiger, o. Jg., 1992, Heft 47, S. 19–30.

Schuler, H. [1992h]: Wie Sie sich und Ihre Mitarbeiter für die positive Reklamationsbehandlung fit machen, in: Deutscher Vertriebs- und Verkaufs-Anzeiger, o. Jg., 1992, Heft 48, S. 16–20.

Schuler, H. [1998]: Strategien gegen Frust und Streß, in: Call Center profi, 1. Jg., Nr. 1/98, S. 27–30.

Schuler, H./Holzmann, U. [1997]: Gezielte Bewerberauswahl in 5 Stufen, in: Call Center profi, o. Jg., Nr. 3/97, S. 28–31.

Schulz, M. [1999]: Hotline and more!, in: TeleTalk, 7. Vol., Nr. 4/99, S. 54.

Schulz von Thun, F. [1990]: Miteinander reden – Störungen und Klärungen, Psychologie der zwischenmenschlichen Kommunikation, Band 1, Reinbek bei Hamburg 1990.

Seiwert, G./ Kettemann, T. [1998]: So schöpfen Sie Kundenkontakte optimal aus, in: Call Center profi, 1. Jg., Nr. 3/98, S. 26–28.

Simon, H. [1993]: Industrielle Dienstleistungen und Wettbewerbsstrategie, in: Simon, H. (Hrsg.), Industrielle Dienstleistungen, Stuttgart 1993, S. 3–22.

Speechly, N. [1992]: Geschickter Umgang mit verärgerten Kunden lohnt sich, in: European Computer Sources, o. Jg., 1992, Heft 11, S. 34–37.

Sprenger, R. K: [1992]: Mythos Motivation – Wege aus einer Sackgasse, 4. Aufl., Frankfurt/New York 1992.

Stauss, B. (Hrsg.) [1991]: Erfolg durch Service-Qualität, München 1991.

Stauss, B. [1991a]: Augenblicke der Wahrheit, in: Absatzwirtschaft, 34. Jg., 1991, Heft 6, S. 96–105.

Stauss, B. [1991b]: »Augenblicke der Wahrheit« in der Dienstleistungserstellung: Ihre Relevanz und ihre Messung mit Hilfe der Kontaktpunkt-Analyse, in: Bruhn, M./Stauss, B. (Hrsg.), Dienstleistungsqualität, Wiesbaden 1991, S. 345–365.

Stauss, B. [1991c]: Kundendienstqualität als Erfolgsfaktor im Wettbewerb, in: Thexis, 8. Jg., 1991, Heft 2, S. 47–51.

Stauss, B./Hentschel, B. [1991]: Dienstleistungsqualität, in: Wirtschaftswissenschaftliches Studium, 20. Jg., 1991, Heft 5, S. 238–244.
Stein, M. [1990]: Die Hohe Schule des Telefonierens – T. A. S., Wien 1990.
Stippel, P. [1993]: Bei Anruf Geld, in: Absatzwirtschaft, 36. Jg., 1993, Heft 2, S. 30.
Sturm, S. [1991]: Bei Anruf Tausch, in: Manager Magazin, 21. Jg., 1991, Heft 7, S. 128–133.

T

Telekom (Hrsg.) [1994a]: Die wichtigsten statistischen Daten zum Geschäftsjahr 1993, Bonn 1994.
Telekom (Hrsg.) [1994b]: Ein Unternehmen im Wandel. Auf dem Weg zum Konzern. Das Geschäftsjahr 1993; Bonn 1994.
Thieme, J./Ceyp, M. [1998]: Planungsstufen eines Call Centers, in: Absatzwirtschaft, 41. Jg., Nr. 5/98, S. 88–94.
Tholen, J. [1993]: Direktmarketing und Telemarketing in den USA, in: Greff, G./Töpfer, A. (Hrsg.), Direktmarketing mit neuen Medien, 3. völlig überarbeitete und erweiterte Aufl., Landsberg/Lech 1993, S. 527–539.
Tödtmann, C. [1993]: Leichteste Übung, Benchmarking, in: Wirtschaftswoche, 47. Jg, 1993, Heft 35, S. 42–45.
Töpfer, A. [1987]: Grundlagen und Medien für erfolgreiches Direktmarketing, in: Thexis, 4. Jg., 1987, Heft 4, S. 16–21.
Töpfer, A. [1989]: Marketing-Qualität als ganzheitlicher Ansatz für langfristige Wettbewerbsvorteile, in: Thexis, 6. Jg., 1989, Heft 6, S. 8–17.
Töpfer, A. [1990]: Direktmarketing, in: Poth, L. (Hrsg.), Marketing (Loseblattsammlung), 14. Nachlieferung, Neuwied/Kriftel/Berlin 1990, S. 1–64.
Töpfer, A. [1991]: Direkt-Marketing im Spannungsfeld zwischen Qualität und Quantität, in: Sparkassen-Werbedienst, 49. Jg., 1991, Heft 9, S. 196–200.
Töpfer, A. [1992a]: Direktmarketing mit neuen Medien, in: Hermanns, A./Flegel, V. (Hrsg.), Handbuch des Electronic Marketing, München 1992, S. 663–682.
Töpfer, A. [1992b]: Service als strategischer Erfolgsfaktor, in: Weber, R. (Hrsg.), Service-Management (Loseblattsammlung), 3. Nachlieferung, Landsberg/Lech, 3/1992, S. 1–25.
Töpfer, A. [1992c]: Service strategisch nutzen: Vom Add-on zum Wettbewerbsvorteil, in: Weber, R. (Hrsg.), Service-Management (Loseblattsammlung), 5. Nachlieferung, Landsberg/Lech, 9/1992, S. 1–26.
Töpfer, A. [1992d]: Telefonservice: noch überwiegen die Defizite, in: Weiterbildung, o. Jg., 1992, Heft 2, S. 52–53.

Töpfer, A. [1993a]: Erfolgsfaktoren beim Einsatz von Direktmarketing, in: Greff, G./Töpfer, A. (Hrsg.), Direktmarketing mit neuen Medien, 3. völlig überarbeitete und erweiterte Aufl., Landsberg/Lech 1993, S. 25–58.

Töpfer, A. [1993b]: Erfolgsfaktoren des Stadtmarketing: 10 Grundsätze, in: Töpfer, A. (Hrsg.), Stadtmarketing – Herausforderung und Chance für Kommunen, Baden-Baden 1993.

Töpfer, A. [1994]: Mit Vertrauensvorschuß und Kiss aus der Krise, in: Management & Seminar, 21. Jg., 1994, Heft 6, S. 35–39.

Töpfer, A./Greff, G. [1991]: Verliert, wer schlecht telefoniert, in: Response, 2. Jg., 1991, Heft 12, S. 19–24.

Töpfer, A./Greff, G. [1992a]: Viele Unternehmen sind »falsch verbunden«. Schlechte Noten für den Telefonkontakt mit den Kunden, in: Blick durch die Wirtschaft, 35. Jg., 10. 01. 1992, S. 7.

Töpfer, A./Greff, G. [1992b]: Corporate Identity am Telefon: Wer schlecht telefoniert, verliert, in: Gabler's Magazin, 5. Jg., 1992, Heft 2, S. 6–8.

Töpfer, A./Greff, G. [1993]: Servicequalität durch Corporate Identity am Telefon (CIT), in: Greff, G./Töpfer, A. (Hrsg.), Direktmarketing mit neuen Medien, 3. völlig überarbeitete und erweiterte Aufl., Landsberg/Lech 1993, S. 71–91.

Töpfer, A./Knierim, A. [1993]: Corporate Identity als Grundlage für erfolgreiches Direktmarketing, in: Greff, G./Töpfer, A. (Hrsg.), Direktmarketing mit neuen Medien, 3. völlig überarbeitet und erweiterte Aufl., Landsberg/Lech 1993, S. 59–69.

Töpfer, A./Mann, A. [1993]: Einsatz und Akzeptanz des Direktmarketing – Ergebnisse einer empirischen Untersuchung, in: Greff, G./Töpfer, A. (Hrsg.), Direktmarketing mit neuen Medien, 3. völlig überarbeitete und erweiterte Aufl., Landsberg/Lech 1993, S. 391–438.

Töpfer, A./Mann, A. [1994]: Service und Total Quality Management, in: R. Weber (Hrsg.), Service-Management (Loseblattsammlung), Teil VIII; Nr. 7, 14. Nachlieferung, Landsberg/Lech, 12/1994, S. 1–37.

Töpfer, A./Mehdorn, H. [1995]: Total Quality Management – Anforderungen und Umsetzung im Unternehmen, 4. Aufl., Neuwied/Kriftel/Berlin 1995.

Trommsdorff, V. [1989]: Konsumentenverhalten, Stuttgart/Berlin/Köln 1989.

U

Uehlinger, H.-M. [1987]: SPSS/PC+ Benutzerhandbuch, Band 1, Stuttgart 1987.

V

VBA (Hrsg.) [1999]: DaimlerChrysler Call Center, Online im Internet, URL: ‹http://www.vba-service.de/vba4_99/intern.htm›, Abfrage 17. 06. 1999; 13.02 Uhr MEZ.

Visser, C. [1999]: Mehr als nur Telefonservice – Großer Andrang bei der Call Center Kongreßmesse in Berlin, Online im Internet, URL: ‹http://www.tagesspiegel-berlin.de›, Abfrage 17. 06. 1999; 12.59 Uhr MEZ.

Vögele, S. [1991]: 100 Erfolgsregeln für Direktmarketing, Landsberg/Lech 1991.

Volk, H. [1991]: Vom Schein zum Sein – Corporate Identity ist mehr als Öffentlichkeitsarbeit, in: Zeitschrift Führung und Organisation, 60. Jg, 1991, Heft 1, S. 49–53.

W

Wage, J. L. [1991]: Psychologie und Technik des Verkaufsgesprächs, 11. Aufl., Landsberg/Lech 1991.

Walberer, J. [1994]: Ruf noch mal an, in: Manager Magazin, 24. Jg., 1994, Heft 10, S. 203–206.

Walther, G. [1992]: Phone-Power: Das Telefon als effektives Erfolgsinstrument, Düsseldorf/Wien 1992.

Wanner, H. [1991]: Telefonverkauf, 2. Aufl., Würzburg 1991.

Watzlawik, P./Beavin, J. H./Jackson, D. D. [1990]: Menschliche Kommunikation: Formen, Störungen, Paradoxien, 8. unveränderte Aufl., Bern et al. 1990.

Weber, M. R. [1984]: Telefonmarketing: Das Telefon im Dienste des Unternehmens und seiner Kunden, Landsberg/Lech 1984.

Weber, M. R. [1989]: Erfolgreiches Service-Management: Gewinnbringende Vermarktung von Dienstleistungen, Landsberg/Lech 1989.

Webster, F. E. [1992]: The Changing Role of Marketing in the Cooporation, in: Journal of Marketing, Vol. 56, 1992, Heft 4, 1–12.

Weisse, D. [1998]: Motor für Veränderungen im Unternehmen, in: Call Center profi, 1. Jg., Nr. 3/98, S. 22–25.

Wiercks, F. [1993]: Erfolgreich durch kopieren, in: Top Business, o. Jg., 1993, Heft 12, S. 60–61.

Wolter, F.-H. [1984]: Durch Telefonverkauf zu höheren Umsätzen. Was tun? Landsberg/Lech 1984.

Wünderlich, J. [1999]: Kundenberatung per Video, in: Call Center profi, 2. Jg., Nr. 2/99, S. 40–42.

X

Xerox (Hrsg.) [1999]: Go to market 2000, Online im Internet, URL: ‹http://www.xerox.at/2b12.htm›, Abfrage 02. 06. 1999; 14.27 Uhr MEZ.

Y, Z

Zeithaml, V. A./Parasurman, A./Berry, L. L. [1991]: Communication and Control Processes in the Delivery of Service Quality, in: Lovelock, C. H. (Hrsg.), Services Marketing, 2. Aufl., London 1991, S. 406–423.

Zeithaml, V. A./Parasurman, A./Berry, L. L. [1992]: Qualitätsservice, 2. Aufl., Frankfurt/New York 1992.

Zemke, R./Anderson, K. [1994]: Umwerfender Service, Die Bibel für den direkten Kundenkontakt, Frankfurt/New York 1994.

Zink, K. J. [1994]: Qualität als Herausforderung, in: Zink, K. J. (Hrsg.), Qualität als Managementaufgabe – Total Quality Management, 3. Aufl. 1994, Landsberg/Lech 1989, S. 9–46.

Anhang

Autoren-Kurzbiographien

Univ.-Prof. Dr. Armin Töpfer, Jahrgang 1944, leitet den Lehrstuhl für Marktorientierte Unternehmensführung an der Technischen Universität Dresden sowie die Forschungsgruppe Management und Marketing in Kassel. Vorher war er an der Universität Freiburg und Leiter des Fachbereichs Organisation und Personalwesen der E. A. P. Europäische Wirtschaftshochschule Düsseldorf, später Berlin, mit dem Hauptsitz in Paris und weiteren Standorten in Oxford und Madrid. Danach leitete er den Schwerpunkt Management an der Universität/GHS Kassel.

Er lehrt und forscht auf den Gebieten Management und Marketing mit den Schwerpunkten Strategisches Marketing, Marktforschung, Technologiemarketing, Internationales Management, Dienstleistungsmarketing, Human-Ressourcen-Management, Total Quality Management/Business Excellence, Geschäftsprozeß-Optimierung, Benchmarking und Wertorientierte Unternehmensführung. In diesen Bereichen arbeitet er national und international mit großen und mittelständischen Unternehmen/Institutionen zusammen. Er ist Herausgeber der Schriftenreihen »Management und Marketing« und »Forum Marketing«.

Neben seiner Vortrags-, Trainings- und Beratungstätigkeit in der Wirtschaft und der Öffentlichen Verwaltung ist er Mitglied im Beirat von Industrie- und Dienstleistungsunternehmen. Er ist Jury-Mitglied für Awards in Marketing, Human-Ressourcen-Management und Qualitätsmanagement sowie Mitglied des President's Club der European Foundation for Quality Management (EFQM) in Brüssel, des Executive Board des Center for Quality of Management – Europe des CQM in Boston.

Günter Greff, Jahrgang 1947, ist alleiniger Inhaber der Günter Greff Medien GmbH. Das Unternehmen gründet oder beteiligt sich an innovativen Multimediafirmen, die sich schwerpunktmäßig mit den Themen Computerbased-Training (CPT), Distance Learning und WEB-Based-Training beschäftigen. Kernstück der Unternehmensgruppe ist das Mastertool, »ET« (Electronic Teacher), das neue Maßstäbe im WEB-Based-Training setzt.

Bekannt ist Günter Greff als »Telemarketingguru« und »Call Center Spezialist«. Er machte sich 1980 mit DM 4.000,– selbstständig und gründete in der Folgezeit die TAS Telemarketing GmbH, die PRISMA Unternehmensberatung für Telefonkommunikation GmbH, die TellSell Unternehmensberatung für Marketing und Vertrieb und die Telcare GmbH in Wilhelmshaven, die

Anhang

heute Teil des weltweiten Call Center Netzwerkes von Sykes Enterprises, Tampa, Florida ist.

Greff ist Dozent zum Thema »Call Center Management« am Lehrstuhl für Marktorientierte Unternehmensführung der Technischen Universität Dresden. Er ist Mitglied der NSA (National Speakers Association), USA, und ein begeisternder Vortragsredner. Seit 1997 ist er Herausgeber der Zeitschrift »Call Center Profi«.

Stichwortverzeichnis

0130er Telefonnummer 86, 98, 120, 166
0190er Telefonnummer 98
800er Telefonnummer 98
900er Telefonnummer 98

ABC-Analyse 112
ACD-Statistik 211
Advance Bank 186f.
After-Sales-Leistung 85ff.
Analyse
– Bedarfs- 4f., 66, 135, 140f.
– Ursache-Wirkungs- 131ff.
Anforderungen
– Mindest- 67ff.
– von Informationsunterlagen 40ff., 58ff.
Anfrage
– kaufanbahnende 58ff., 139ff.
– Preis- und Produkt- 40ff., 58ff., 138ff.
– Service- und Kundendienst- 40ff., 58ff.
ANI 97
Assessment-Center 116, 212
AT & T 97
»Augenblicke der Wahrheit« 25ff., 54ff., 131ff., 76
Auslastungsgrad 211, 213, 209
Auswertung
– der registrierten Anrufe 40ff.
– des Fragebogenrücklaufs 38f.
Automatische Anrufverteilsysteme (ACD) 97f., 112
Automated Number Identification (s. ANI) 97

Benchmarking 117, 129f., 204
Beschwerdemanagement 21, 163ff.
Beschwerdemanagement-System 189ff.
– EDV-gestütztes 191
Bestellannahme 138, 147ff.
Beziehungsteufel 138f., 146ff.
Burn-Out 214

Call Center
– -Aufbau 203f., 208ff.

– Business Plan 208f.
– -Dienstleister 223
– Entwicklungsstufen 204f.
– Gründe für den Einsatz 209
– klassisches 205, 223
– -Management 203ff., 206f., 216, 220ff.
– -Organisation 204
– Overflow- 186
– -Personal 211ff., 204
– -Technik 212, 204, 207
– -Tempel 204, 207
– virtuelles 225
– Wettbewerbsvorteil 206, 212
– -Ziele 203, 209ff.
Call-(Me)Back-Button 218f., 223
Call-Now-Button 219
Change Management-Team 211
Chat 218, 222
Checklisten
– Ist-Analyse der Servicequalität 8f.
– Stimme und Sprechweise 159
– Reklamationsbehandlung 170f.
– Telefongestützte Servicestrategie 195ff.
Citibank 38, 96
CIT-Check-Up 128ff.
CIT- Diagnose 128ff.
CIT-Schlüssel 21, 103ff., 130ff., 195ff.
CIT-Strategie 128ff.
CIT-Studie 19ff., 31ff., 76ff., 124ff., 139f.
CIT-Telefon-Audit 21ff., 117ff., 128
Cornèr Banca 223
Critical Incident Analyse 105
Cross-selling 150f., 223
CTI-Technik (Computer Telephone Integration) 97ff., 220
Customer Assistance Center 188f., 205
Customer Interaction Center 204ff.
Customer Service Center 205f., 225f.

DaimlerChrysler 188f.
Database 93ff., 106ff., 114, 197
DBV-Versicherung 184f.

247

Dell 187 f.
- Computer 87
- Support 187
Deutsche Lufthansa AG 99
Diagnosefehler 89 ff.
Differenzierung
- gegenüber dem Wettbewerb 43 ff., 81 ff., 91 ff., 119 f.
Direktbank 186
Direkt-Banking 186
Direktmarketing 77, 81 f., 109, 143, 206
- Ausgaben für 16
Direktverkauf
- am Telefon 143 ff.
Domino Pizza 97
Drei-Komponenten-Modell 29 ff.

e-mail 218, 221 ff.
- halbautomatische Beantwortung 217
- vollautomatische Beantwortung 217
Erfolgskontrolle 109, 116, 121 ff., 145, 169
Erreichbarkeit 204, 209 f.

FAQ's 217
Fremdeinschätzung
- durch Experten 35 ff.
- durch Kunden 35 ff.
Fremdtest 10, 158

Gespräche
- verkaufsanbahnende (s. Anfrage, kaufanbahnende)
Gesprächs
- -atmosphäre 60 ff., 135 ff., 154, 210
- -verlauf 33, 36, 60 ff., 138 ff., 214
Gesprächsführung
- emotionale 62 ff., 135 ff., 172 ff.
- sachliche 62 ff., 135 ff., 172 ff.
- verkaufsorientierte 138 ff., 147 ff.
Gesprächsverlauf
- optimaler 66 f., 141 ff., 177 ff.
Gestaltungsfelder 17 f., 78, 130 ff.

Hawthorne-Experimente 35
Home-Agents 225

Implementierungsschritte 77, 103 ff., 117 ff.
Inbound-Skript 141 ff.
Incentive-Programme 2, 116
Informationsflußmanagement 211, 220
Informationssystem 207
Infrastruktur
- räumliche 77, 114 f., 154
- technische 77, 113 f., 129, 154, 199
Input-Prozeß-Outputanalyse 106
Internet 206, 216 ff.
Internet-Formulare 218
Internet-Telefonie/IP-Telefonie 220, 223
- Nachteile 223 ff.
Irradiation 88
ISDN 96 f.

Kann-Kriterien 36 ff.
KO-Kriterien 36 ff.
Kommunikation
- affektive 29 ff.
- Ebenen der 29 ff.
- emotionale 29, 209
- integrierte 217 ff.
- kognitive 29 ff.
- kombinierte 217 ff., 223
- sachliche 29, 209
Kommunikationsmedien 203, 209, 220
Kompetenz
- Fach- 210, 220
- kommunikative 210
- Methoden- 210
- soziale 209 f.
Kontaktanrufe 10, 27, 35 ff., 53 ff.
Körpersprache 152 ff.
Kosten
- der Telefonarbeit 109 ff., 168
- Opportunitäts- 123 ff.
Kunden
- -anforderungen 31 ff., 43 ff., 69 ff., 117 ff.
- -befragungen 30 ff., 111, 117 ff., 126 ff.
- -bindung 15, 44, 77 f., 86 ff., 95, 104 f., 129, 135 ff., 147, 163 ff., 203, 209
- Geschäfts- 43 ff., 48 ff., 56
- -informationssysteme 93 ff., 114, 145

Stichwortverzeichnis

- Privat- 43 ff., 48 ff., 56, 189
- Stamm- 35 ff., 146 ff.
- -urteile 32 ff., 67 ff.

Learning by doing 115 f., 200
linguistische Verfahren 217, 220
Lost-Calls 107 ff., 120, 122
Low-Level-Dienste 221

Marketingphilosophie 34 f., 47
Messen und Erfassen
- der eingehenden Anrufe 40 ff.

Messung der Servicequalität
- externe 121 ff., 126 ff.
- interne 91, 121 ff., 126 ff.

me-too-Service 91
Mitarbeiter
- Anforderungen an 44 ff., 77, 83 f., 115 f.
- Schulung der 39, 109, 115 f., 120, 200, 214

Mitarbeitermotivation 2, 77, 115 ff., 121, 135, 141, 200, 210
Moment of Truth (s. »Augenblicke der Wahrheit«) 25 ff., 54 ff., 131 ff.
MOT's (s. »Augenblicke der Wahrheit«)
Muß-Kriterien 36 ff., 62

Neckermann-Versand 222
Negativmultiplikator 53, 76 f., 164
Null-Service 89

OE-Prozess 131 ff.
Outsourcing 113

PC
- multimediafähiger 219 f.

Personalentwicklung 212
Personalrekrutierung 212
Pop-up-Screen 220
Power Dialing 95
Predictive Dialing 95 f.
Pre-Sales-Leistung 85 ff.
Projektgruppe 121, 209 f.
Projektmanagement 209
Promotor
- Fach- 121
- Macht- 121

Prozeßanalyse
- zur Defizitermittlung 60, 105 f., 196

Push-to-talk-Button 219

Qualifikation
- des Personals 212, 220
- generalisiertes Wissen 220
- Spezialwissen 220

Qualitätssicherungssystem 188

Re-Engeneering 111
Reklamationsbehandlung
- aktive 166 ff., 176 ff.
- Checkliste zur 170 f.
- Fehler bei der telefonischen 52 f., 167, 174 ff.

Reklamationsgründe
- analysieren 168 ff.

Responsezeiten 221
Ritz-Carlton Hotel 84
Rufnummernidentifizierung (s. ANI) 97

SAP AG 113
Schnittstellenreduzierung 111 f.
Selbsteinschätzung
- durch Unternehmen 8 ff., 34 f., 48 ff., 67 ff.

Selbsttest 8 ff., 156 ff.
Service
- -budget 84
- -erwartungen 32 ff., 69 ff.
- -Informationssystem 95
- Kann- 85 ff.
- Muß- 85 ff.
- ökologische Ausrichtung des 82 f.
- -philosophie 83 ff., 115 f.
- -pionier 86
- -strategie 83 ff., 89, 103 ff., 117, 129 ff., 185 ff., 195 ff.
- Soll- 85 ff.
- -ziele 32 ff., 69, 83 ff., 107, 110 f., 117, 185 ff., 196

Servicefallen 21, 78, 89 ff.,
Servicemeetings 116 f., 200
Servicequalität
- Umsetzungsprobleme 92 f.

Servicequalität am Telefon
- Vergleich nach Branchen 66 ff.

249

Stichwortverzeichnis

- IST-Analyse der 8f., 31f., 48ff., 119f.
Software-Diagnoseprogramm 190
Software-Hotline 98
SOLL – IST
- -Differenz 73ff., 122, 127f.
- -Vergleich 32ff., 73, 119f., 127f.
SOLL-Profil 32ff., 67ff.
Sprachdialogsysteme 98f.
Sprech
- -tempo 152ff
- -weise 152ff.
SPSS 38f.
Sympathie 154, 210f., 222

Techniken
- Einsatz neuer 93ff., 134, 221ff.
Teilnehmer der Befragung 38
Tele-Arbeitsplätze 225
Telefon 81, 223, 225
Telefonarbeitsplätze
- servicegerechte 96f., 111ff.
- Austattung und Wertigkeit der 40ff.
Telefonmarketing
- -agentur 113
- aktives 16ff., 39ff., 88, 95, 146, 166, 205f.
- Inbound- (s. Telefonmarketing, passives)
- Outbound- (s. Telefonmarketing, aktives)
- passives 16f., 97ff., 138ff., 172ff., 205f.
Telefonservice
- Beispiele für guten 19, 142, 144ff., 148ff., 179f.
- Beispiele für schlechten 5ff., 28, 52, 63, 139, 146ff., 167, 172ff., 176

- -Pool 111f., 120
- Stellenwert des 39ff., 89ff., 103ff.
- Verbesserung des 35, 93ff., 103ff., 117ff., 141ff., 152ff., 166ff., 195ff.
- Zukunftsperspektiven im 93ff.
Telefontraining 143ff.
Telefonvermittlung 204f.
Telefonzentrale 204f.
- Bewertung der 48ff., 66ff.
- Erreichbarkeit der 48ff., 198

Textbausteine 222
Textkommunikation 222
Time-to-Market 209

Übungen
- Atem- 159f.
- Stimm- 159
Unternehmensphilosophie 2f., 31, 34, 47, 87
Ursache-Wirkungsanalyse
- mehrstufige und vernetzte 131ff.
USP (Unique Selling Proposition) 87f.

Verkaufsaktive Bestellannahme 136ff., 147ff.
- sieben Phasen 148ff.
Videobanking 225
Video-over-IP 225
voice-mail 217
Voice Mail Systeme 98f.

Wiedergutmachung 164, 168ff.

Xerox 189ff., 223

Zentrale
- Bewertung der (s. Telefonzentrale)